W0353317

BUR

Biblioteca Universale Rizzoli

Dello stesso autore

L'élite senza potere
Vita e Pensiero, Milano 1963.
Ripubblicato da Bompiani, Milano 1973.

Consumi e società
Il Mulino, Bologna 1964.

L'integrazione dell'immigrato nella società industriale
(in coll. con G. Baglioni)
Il Mulino, Bologna 1966.

L'attivista di partito
(in coll. con A. Manoukian, F. Olivetti e A. Tosi)
Il Mulino, Bologna 1967.

Statu nascenti
Il Mulino, Bologna 1968.

Classi e generazioni
Il Mulino, Bologna 1970.

Italia in trasformazione
Il Mulino, Bologna 1976.

Movimento e istituzione
Il Mulino, Bologna 1977.

Innamoramento e amore
Garzanti, Milano 1979.

Le ragioni del bene e del male
Garzanti, Milano 1981.

L'albero della vita
Garzanti, Milano 1982.

L'amicizia
Garzanti, Milano 1984.

L'erotismo
Garzanti, Milano 1986.

Pubblico e privato
Garzanti, Milano 1987.

L'altruismo e la morale
(in coll. con S. Veca)
Garzanti, Milano 1988.

Genesi
Garzanti, Milano 1989.

Gli invidiosi
Garzanti, Milano 1991.

Il volo nuziale
Garzanti, Milano 1992.

Valori
Rizzoli, Milano 1993.

L'ottimismo
Rizzoli, Milano 1994.

Ti amo
Rizzoli, Milano 1996.

Il primo amore
Rizzoli, Milano 1997.

Abbiate coraggio
Rizzoli, Milano 1998.

Le sorgenti dei sogni
Rizzoli, Milano 2000.

La speranza
Rizzoli, Milano 2001.

L'arte del comando
Rizzoli, Milano 2002.

Il mistero dell'innamoramento
Rizzoli, Milano 2003

FRANCESCO ALBERONI

TI AMO

BUR

ISBN 88-17-10784-0

Prima edizione BUR: novembre 1997
Prima edizione Superbur Saggi: gennaio 2000
Decima edizione BUR Saggi: ottobre 2006

Sommario

Capitolo Primo
L'amore di coppia

Capitolo Secondo
L'innamoramento

Capitolo Terzo
I legami amorosi

Capitolo Quarto
La comunità

Capitolo Quinto

Capitolo Sesto
Altre forme di amore

Capitolo Settimo
L'erotismo

Capitolo Ottavo
La passione amorosa

Capitolo Nono
La gelosia

Capitolo Decimo
La rinuncia

Capitolo Undicesimo
Conquista e riconquista

Capitolo Dodicesimo
La costruzione della coppia

Capitolo Tredicesimo
L'istituzione:
oggettivazioni spirituali e materiali

Capitolo Quattordicesimo
Tipi di vita in comune

Capitolo Quindicesimo
Fedeltà-infedeltà

Capitolo Sedicesimo
La crisi precoce

Capitolo Diciassettesimo
La coppia che dura

Capitolo Diciottesimo
La crisi tardiva

Capitolo Diciannovesimo

Capitolo Ventesimo
La coppia innamorata

Indici

Ti amo

CAPITOLO PRIMO

L'amore di coppia

Una scienza dell'amore

Ci sono tanti tipi di amore, l'amore della madre, l'amore dei fratelli, l'amore dell'amicizia. Ma noi parleremo dell'amore erotico, la passione amorosa, l'amore degli amanti, l'amore degli sposi, l'amore di coppia: l'amore che ci fa dire «ti amo». Cercheremo di capire come sorge, che forme assume, come si sviluppa, che problemi incontra, perché declina o perché dura. Questo amore, infatti, può nascere lentamente dall'amicizia o apparire bruscamente come colpo di fulmine. Può essere una infatuazione passeggera di pochi giorni o pochi mesi. Oppure durare molti anni, anche tutta la vita. Può essere fatta di sessualità torrida o di dolce tenerezza. Può restare una passione insoddisfatta o può sbocciare in un matrimonio. Può produrre un idillio o un conflitto. Può spegnersi nella monotonia o, invece, conservare la freschezza vibrante delle origini.

Chi ama, chi desidera essere riamato, si pone innumerevoli domande, poiché sa che la passione, la gelosia, i sogni, gli ideali, l'erotismo, l'amore, possono rendere la sua vita meravigliosa oppure trasformarla in un inferno. I gesti che ci rendono felici o le parole che ci gettano nella disperazione vengono da pochi esseri umani con cui siamo legati in modo intenso, essenziale.[1] Il più grande dei trionfi può essere avvelenato da una parola cattiva, dalla mancanza di attenzione della persona amata. Ma come dare una risposta a queste domande? Non esiste ancora una teoria, una scienza dell'amore, una *eros-sologia.*

Eppure la coppia ha acquistato una importanza molto grande nel mondo moderno. Un tempo c'era la famiglia estesa, c'erano i parenti. Oggi la gente si sposa perché «si piace», perché «è innamorata». E resta insieme finché continua a piacersi, finché continua a considerarsi innamorata. Anche i figli non costituiscono più un motivo sufficiente per restare uniti, se «non ci si ama». A cementare l'unione è rimasto soltanto il legame amoroso fra un uomo e una donna. E questo unisce due individui molto più liberi, ricchi, maturi, ciascuno con una sua rete di relazioni, il suo lavoro, le sue concezioni politiche e religiose. La coppia è una unità dinamica, un crogiuolo creativo in cui due personalità si fondono, si alleano, discutono, si completano per affrontare un mondo sempre più complesso. L'amore è il mordente di questa tensione e di questa unione.

Ma cosa significa «sono innamorato»? Che cosa significa «ti amo»?[2] C'è chi dice che si innamora continuamente, o che è sempre innamorato. Altri, invece, sostengono che nella vita ci si può innamorare veramente solo poche volte. Talvolta capita, dopo aver parlato a lungo con una persona, che questa ci confessi di aver avuto numerose relazioni, ma un unico grande amore. Dietro le parole innamoramento, amore, volersi bene, affetto, tenerezza, passione, attrazione erotica, ci sono diversi significati. Noi vogliamo mettere ordine in questo disordinato sistema di esperienze. Vogliamo creare le basi per una vera scienza dell'amore. Creare una casistica, una tipologia delle forme di amore in modo che ciascuno possa riconoscersi in esse. Capire da quali processi sono scaturite e quale sia il loro possibile sviluppo. Fornire una mappa, una spiegazione, una guida.

Legami amorosi

Esistono tre tipi di legami amorosi: i legami forti, i legami medi ed i legami deboli. I ***legami forti*** sono quelli che si stabiliscono durante l'infanzia fra il figlio ed i genitori, fra fratelli. I legami forti sono esclusivi. Nessuno può prendere il posto di nostra madre, di nostro padre o di nostro figlio. I legami forti resistono al cambiamento del carattere, al mutamento dell'aspetto. Il figlio continua ad amare la madre anche se è invecchiata, imbruttita, ammalata. La madre o il padre continuano ad amare il figlio anche se diventa un delinquente o un drogato, anche se è sfigurato dalla malattia.

L'unica forza capace di stabilire un legame forte al di fuori dell'infanzia, al di fuori dei legami famigliari, è l'*innamoramento.* Due persone che non si conoscevano per nulla, innamorandosi, diventano indispensabili l'una per l'altra come un figlio per i genitori. Questo è veramente un fenomeno sconcertante.

I ***legami medi*** sono quelli che stabiliamo con gli amici intimi. Coloro con cui ci confidiamo, coloro che godono della nostra fiducia. L'amicizia è libera, disinteressata, priva delle gelosie, delle invidie che talvolta troviamo anche fra fratelli. Però anche l'amicizia più forte è vulnerabile. Se l'amico ci inganna, ci tradisce, qualcosa si rompe per sempre. Noi possiamo perdonargli, però il nostro rapporto non ritorna luminoso come prima. Se litighiamo con nostro padre o nostra madre, oppure con nostro fratello, il legame resiste alla prova. Dopo un po' di tempo tutto viene dimenticato. Non così per l'amicizia. Uno scontro violento, gli insulti, le minacce, le offese, lasciano una lesione difficilmente riparabile. Noi possiamo preferire un amico ad un fratello, fidarci molto più di lui che dell'altro. Tuttavia l'amicizia resta un legame del secondo tipo. È vulnerabile alle offese morali e, quando è rotta, è rotta per sempre.

Abbiamo, infine, i ***legami deboli.*** Sono quelli che stabiliamo con i compagni di lavoro, con i vicini di casa, con gli amici delle vacanze. Molte forme di attrazione erotica, anche intense, producono dei legami deboli. Una persona può piacerci, possiamo desiderarla pazzamente. Però basta una parola sgarbata, un gesto volgare e sprezzante e ci passa la voglia di stare con lei. Talvolta, terminato il rapporto sessuale, vorremmo essere già lontani.

Legame debole non significa però che dimentichiamo il rapporto. Anzi possiamo ricordarlo con piacere per tutta la vita. Alcune esperienze erotiche ci restano impresse in modo indelebile. Ricordiamo lo sguardo d'intesa, il desiderio, il contatto frenetico fra i nostri corpi. Ricordiamo con una punta di nostalgia qualcosa che avrebbe potuto nascere. Fra due persone che hanno fatto l'amore resta spesso un sottile legame di confidenza e di fiducia, perfino di complicità, che assomiglia all'amicizia. Legame debole significa solo che non sentiamo il bisogno di stare insieme a quella persona, che non ne sentiamo la mancanza. Che non costituiamo con lei una collettività compatta, un «noi» solidale, unito da una fede, da un amore, da un dovere, da un destino.

Da dove partire?

Allora, da dove dobbiamo partire per la nostra ricerca sull'amore di coppia? Da quali tipi di legami? La coppia è una relazione stabile, che dura nel tempo. Dobbiamo perciò guardare ai *legami forti*. Se domandate alla gente perché si è sposata, vi risponde «perché ero innamorata». Perciò dobbiamo guardare all'innamoramento.

Eppure, se sfogliamo le riviste e gli articoli che trattano dell'amore di coppia, vediamo che non ne parlano, non lo studiano. Prevale l'idea, nata con Freud,[3] che l'amore sorga a poco a poco dall'attrazione erotica soddisfatta. Incomincia con lo sguardo ricambiato. Se l'altro risponde nello stesso modo, si passa all'incontro graduale dei corpi: le mani si sfiorano, si stringono. Poi il primo bacio, il primo appuntamento amoroso. Quando tutto va bene, segue la relazione sessuale, la fusione fisica. Ancora un po' più in là compare la tenerezza, la passione, l'intimità. Perché secondo questa tesi, l'amore diventa tanto più forte quanto migliore è l'intesa, la soddisfazione reciproca. Finché l'altro non ci appare indispensabile e sentiamo con dolore la sua mancanza. Allora siamo innamorati. Insomma l'innamoramento sorgerebbe, a poco a poco, dalla soddisfazione reciproca.

Questa concezione gradualista dell'innamoramento è smentita dalla realtà. L'amore, dopo un avvio graduale ed incerto, di solito esplode rapidamente. In inglese ed in francese, infatti, si usa l'espressione *fall in love* e *tomber amoureux*. Spesso due persone si innamorano prima di aver avuto esperienze sessuali, si desiderano prima di essersi conosciute a fondo, si cercano anche quando non sono corrisposte.[4] La passione amorosa non cresce gradualmente in rapporto alla reciproca soddisfazione sessuale. Erompe inattesa fra due estranei e li trascina, loro malgrado, l'uno verso l'altro. E non è solo desiderio sessuale, non è solo tenerezza. È qualcosa di diverso. È uno stato emotivo nuovo, sconosciuto, inatteso ed inebriante. Il massimo dell'intensità dell'amore, del desiderio, della passione, si ha proprio all'inizio del rapporto. Semmai declina nel tempo con la conoscenza e l'intimità. Esattamente il contrario di quanto dovrebbe accadere secondo il meccanismo del rafforzamento graduale.

Per capire il processo amoroso non bisogna partire dal basso, dall'attrazione sessuale e poi salire gradualmente, ma partire dall'alto, dall'esplosione, dall'innamoramento. E l'innamoramento non è solo erotismo o piacere. È una esperienza unica ed inconfondibile, uno sconvolgimento radicale della sensibilità, della mente e del cuore, che fonde insieme due persone diverse e lontane. L'innamoramento produce una trasfigurazione del mondo, una esperienza del sublime. È follia, ma anche scoperta della propria verità, del proprio destino. È fame, brama ma, nello stesso tempo, slancio, eroismo, dimenticanza di sé. «Ti amo», per noi, per la nostra tradizione, non vuol dire solo «mi piaci», «ti voglio», «ti desidero», «ti sono affezionato», «provo dell'affetto», ma «tu per me sei l'unico volto fra gli infiniti volti del mondo, l'unico sognato, l'unico desiderato, l'unico a cui io aspiro sopra ogni altra cosa e per sempre». Come dice il *Cantico dei cantici*: «Ci sono sessanta regine, ottanta concubine e fanciulle senza numero; ma la mia colomba, la mia perfetta, è l'unica».

Se vogliamo aderire ai fatti, dobbiamo studiare il processo di formazione della coppia partendo dall'innamoramento. Quindi da un evento discontinuo, esplosivo, straordinario. Intendiamoci, non sosteniamo che tutte le coppie si formino in questo modo. Ci sono coppie basate sull'attrazione erotica, il piacere di stare insieme, l'abitudine, l'aiuto reciproco, il bisogno economico e su altri meccanismi che studieremo in seguito. Ma il meccanismo fondamentale con cui nella vita adulta si formano i legami amorosi forti, è l'innamoramento.

Dall'innamoramento

Quando siamo innamorati il nostro amato non è confrontabile e rimpiazzabile da nessun altro. Egli è l'unico, assolutamente l'unico essere vivente capace di darci gioia. Chiunque altro incontriamo, fosse anche il nostro divo preferito, non ci basta. Se non c'è il nostro amato, il mondo resta arido, vuoto. L'innamorato che si domanda se è corrisposto, l'innamorato che sfoglia la margherita, sa che nessuna forza potrà ormai sradicare il suo amore, mentre teme che il suo amato possa ancora essere sedotto, portato via. Perciò gli domanda continuamente: «mi ami?». E non si stanca di sentire la stessa risposta: «sì, ti amo». Perché quella risposta è l'unico punto fisso su cui ricostruire il mondo. Tutto il suo universo ha cambiato centro, si muove attorno alla persona amata. Il suo amore è la precondizione di qualsiasi altro desiderio, di qualsiasi altra attività.

La persona innamorata si trova in una condizione straordinaria. Vive una sorta di ebbrezza, di estasi. Platone considerava l'innamoramento un delirio ispirato dal dio, una follia divina. Come l'ispirazione artistica e il dono profetico. L'innamorato vede ogni cosa trasfigurata. La natura, l'aria, i fiumi, le luci, i colori sono più luminosi, più intensi. Si sente trascinato da una forza cosmica che lo porta verso la sua meta e il suo destino. Le contraddizioni della vita quotidiana perdono di senso. Egli si sente schiavo e prigioniero, eppure, nello stesso tempo, libero e felice. Soffre, si tormenta, ma non vorrebbe mai e poi mai rinunciare al suo amore.

L'innamoramento agisce sulla psiche come la temperatura sui metalli. Li rende fluidi, incandescenti e possono così mescolarsi, saldarsi insieme, assumere nuove forme che poi diventano permanenti. L'amore rende le persone plastiche, le fonde insieme, le trasforma, le salda. In questo modo produce *legami forti* che possono resistere a traumi, conflitti, delusioni.

Noi possiamo lottare contro il nostro amore, rifiutarlo, fare ogni sforzo per restare lontani dalla persona che amiamo, per dimenticarla. Possiamo giudicarla cattiva, crudele, possiamo odiarla. Possiamo considerare il nostro amore una malattia. Tormentarci con il dubbio, la gelosia. Però il nostro amore continua ugualmente. Ci si impone, prevale. È qualcosa che va contro il giudizio dell'intelletto o che riesce sottilmente a sedurlo. Anche quando il nostro amato ci tratta male, siamo sempre pronti a trovare una scusante. Pensiamo che, se riuscissimo a toccare certe corde del suo cuore, cambierebbe. L'innamorato è convinto di conoscere l'amato meglio di quanto lui stesso si conosca. E pensa che, se si conoscesse nello stesso modo, non potrebbe non ricambiare il suo amore.

L'innamoramento, anche se poi svanirà, ci fa pensare che ameremo per sempre, qualunque cosa accada. Ci mette spontaneamente in bocca le parole del matrimonio. «Sei tu disposto a prendere in matrimonio questa persona e ad amarla nella buona e nella cattiva fortuna, nella ricchezza e nella povertà, nella salute e nella malattia, finché morte non vi separi?»

L'innamoramento ci fa amare l'altro per ciò che egli è, rende amabili anche i suoi difetti, anche le sue mancanze, anche le sue malattie.[5] Quando ci innamoriamo è come se aprissimo gli occhi. Vediamo un mondo meraviglioso e la persona amata ci appare come un prodigio dell'essere. Ogni essere è in se stesso perfetto, diverso dagli altri, unico, inconfondibile. Così ringraziamo il nostro amato di esistere, perché la sua esistenza arricchisce non solo noi stessi, ma il mondo. Scrive Properzio: «*Tu mihi sola domus, tu Cynthia sola parentes omnia tu nostrae tempora laetitiae*».[6] Egli non dice solo «mi piaci, ti desidero», ma «tu sei la mia sola casa, tu sei tutta la mia famiglia, tu sei la delizia della nostra epoca».

È così che una madre vede il suo bambino e il bambino sua madre. Eppure il legame dell'innamoramento emerge improvviso fra due persone che non si sono mai incontrate. Grazie all'innamoramento due sconosciuti sentono fra di loro una affinità profonda, una sostanza comune che va al di là delle loro persone coscienti. Per questo possono dirsi: «Io sono te e tu sei me». Ne *Il convito*, di Platone, Aristofane spiega questo tipo di esperienza dicendo che gli esseri umani un tempo erano una unità indivisa, che Zeus ha poi separato in due parti, perennemente alla ricerca della metà perduta.

Tuttavia, a differenza del legame di sangue che «esiste», che «è scontato», questo legame è anche tutto da costruire, da realizzare. Gli amanti sentono il compimento del loro amore come un dovere sacro, una chiamata come quella della patria, della fede. La persona innamorata si sente obbligata interiormente ad impegnarsi, a stabilire un patto, un giuramento. L'amore perciò non è solo piacere, desiderio, sentimento, passione, è anche impegno, giuramento, promessa. Non è solo costretto a «pensarsi per sempre», ma è costretto anche ad «impegnarsi per sempre». È *progetto* di edificazione di qualcosa che si propone di durare nel tempo.

La coppia amorosa

L'innamoramento è sempre esistito o ha fatto la sua comparsa solo nel mondo moderno? È sempre esistito. La Bibbia ci parla dell'amore di Abramo per Sara, di Giacobbe per Rachele, della passione della moglie di Putifarre per Giuseppe, dell'innamoramento di Davide per Betsabea, di Sansone per Dalila. Platone tratta dell'innamoramento nel *Fedro*, nel *Liside* e nel *Convito*. Nel *Liside*, Ippotale è pazzamente innamorato di Liside, non fa che ripeterne il nome, lo chiama nel sonno, arrossisce, ne canta in tutti i modi, in versi ed in prosa, la bellezza e le lodi. Nel *Fedro*, dopo aver scherzato a lungo, Socrate improvvisamente diventa serio, dice di aver peccato contro il dio Eros e di dover correggere quanto ha detto. L'amore non può essere oggetto di scherzo profano, perché ci è dato dagli dei. Esso, come la divinazione e la creazione artistica, è *follia divina*. Questa follia è un dono, una rivelazione, un contatto con il mondo supremo delle idee. Colui che ama si solleva dal mondo e intravvede la bellezza assoluta. Nell'amato traluce la perfezione eterna del dio. Nel *Convito* Diotima, infine, spiega a Socrate che l'amore è desiderio di immortalità, perché ha come scopo di appropriarsi in perpetuo del bene, e se ne appropria generando. È quindi creazione, ascesa verso l'alto, verso l'Assoluto.

Nel mondo romano troviamo l'innamoramento nelle poesie di Catullo e di Properzio. Lo troviamo nel *Mahābhārata* indiano, ne *Le mille e una notte* arabo-islamico e in tutta la storia della letteratura dell'occidente dalla *Vita nova* di Dante fino a *Lolita* di Nabokov. Dovunque ci imbattiamo in questo amore violento, appassionato che esplode travolgendo i due amanti e li trasporta in una sfera superiore. L'amore vero, l'amore che unisce, si presenta come esperienza straordinaria, rivelazione, passione.

Le ricerche degli antropologi rafforzano la nostra tesi. Scrive Helen Fisher: «Anche le popolazioni che negano di possedere il concetto di "amore" o "innamoramento" si comportano in modo simile. I mangaiani della Polinesia non fanno gran caso a chi sia il loro partner sessuale, ma accade che, se a un giovane non viene concesso di sposare la ragazza che ama, si uccida per la disperazione... Storie d'amore, miti, leggende, poesie, canzoni, manuali, pozioni, amuleti, liti da innamorati, appuntamenti, fughe e suicidi fanno parte della vita nelle società tradizionali di tutto il mondo».[7] In una ricerca condotta su 168 culture, gli antropologi William Jankoviak e Edward Fischer riuscirono a scoprire prove dirette dell'esistenza dell'amore romantico nell'87 per cento di popolazioni estremamente diverse l'una dall'altra.[8]

C'è una sola conclusione possibile. L'innamoramento è un fatto universale e, nella tradizione dell'occidente, è un fattore essenziale della formazione della coppia. È una delle radici spontanee della monogamia. Però il suo rapporto con il matrimonio varia nel tempo. Per millenni il matrimonio è stato un negoziato fra famiglie. Si pensava che l'amore sarebbe sorto in seguito come effetto della vicinanza, dell'aiuto reciproco e della nascita dei figli. L'elogio dell'innamoramento è il prodotto della società borghese, dell'emergere dell'individuo con la sua scelta personale. Lo vediamo affacciarsi a Firenze nel 1200, nella poesia di Dante, dei trovatori, nei romanzi medioevali, nell'amore di Abelardo ed Eloisa. Tuttavia nel medioevo il matrimonio non è ancora fondato sull'innamoramento. La borghesia nascente resta ancora profondamente influenzata dai modelli culturali signorili e del clero.

Il tema dell'amore come base del matrimonio esplode nella letteratura popolare del Settecento. Nel mondo intellettuale però si afferma solo molto più lentamente.[9] George Sand vede il matrimonio come una prevaricazione, un limite, una prigione, e lo rifiuta. Stendhal tratta in modo approfondito varie forme di amore, ma non dedica nessuno spazio al matrimonio d'amore e alla vita coniugale.[10] Il modello del matrimonio fondato sull'innamoramento si generalizza in tutte le classi sociali dei paesi occidentali nel corso dell'Ottocento. E si diffonde in tutto il mondo nel XX secolo soprattutto grazie al cinema di Hollywood.

Nei recenti movimenti giovanili vi è stata una spinta alla promiscuità e alla vita comunitaria ma, con il ritorno dell'individuo, è ritornato l'innamoramento, la coppia e il matrimonio. Ed oggi, con il prolungamento della vita, l'emancipazione femminile, la caduta della natalità, questo tipo di amore è rimasto l'unica forza capace di unire, fondendoli, due individui adulti, e farne una coppia amorosa.

Rovesciamo la prospettiva

La maggior parte dei sociologi e degli psicologi non hanno capito l'importanza dell'innamoramento. Per esempio Ortega lo considera una imbecillità temporanea, una angina psichica.[11] Per de Rougemont è un'oscura sopravvivenza di una eresia medioevale, che disprezza il mondo e tende alla morte.[12] Per Fromm il vero amore nasce dalla volontà e si meraviglia che talvolta scaturisca dal territorio infuocato e irrazionale dell'innamoramento.[13] Gli psicologi e i sociologi americani lo considerano un prodotto culturale recente.[14] Sbagliano. Come abbiamo visto l'innamoramento c'è sempre stato.

Per la psicoanalisi l'innamoramento è il prodotto di un desiderio sessuale frustrato, inibito alla meta, mentre la fusione fra l'amante e l'amato è il prodotto della *regressione* ai primissimi mesi di vita, quando l'unico oggetto è la madre.[15] Tutti i comportamenti degli innamorati sono ricondotti alla regressione. Gli innamorati non si dicono paroline dolci, non usano vezzeggiativi? Non cercano l'uno il corpo dell'altro avidi della sua pelle, dei suoi umori, come fa il lattante con il seno materno? In altre parole, l'amato o l'amata sono soltanto dei sostituti della madre della prima infanzia.

Anche questa tesi è insostenibile. L'innamoramento sviluppa la creatività, l'intelligenza, la capacità di affrontare i problemi concreti in modo adulto. È certamente vero che gli innamorati tendono a fondersi fisicamente e psichicamente come hanno fatto nell'infanzia. Però non sono dei bambini. La parola *regressione* va usata con prudenza. Freud l'ha introdotta per spiegare le nevrosi e le psicosi, esperienze dolorose, patologiche. È un processo che indebolisce le capacità critiche, che fa vivere nel passato. Invece l'innamoramento è un trionfo della gioia di vivere, costituisce uno slancio verso il futuro, fa desiderare il futuro, fa progettare il futuro. Rispetto alla situazione regressiva, bloccata della nevrosi, l'innamoramento è liberazione, è guarigione.

Due giovani che sono sempre vissuti in famiglia, dipendenti dal padre e dalla madre, grazie all'innamoramento, trovano la forza di lasciarla, di rendersi autonomi, di crearne una nuova. Grazie all'innamoramento due persone che appartengono a nazioni, razze, religioni diverse, trovano l'energia ed il coraggio di rompere con il proprio gruppo sociale per costituire una entità nuova, in cui vengono superati gli antichi odi e i pregiudizi consolidati. Il loro amore rompe con il passato e crea una entità sociale e culturale che non esisteva prima.

È questo il nostro punto di partenza. Per capire un fenomeno bisogna vedere quale è il suo significato profondo, che cosa produce nella vita sociale. L'errore di fondo commesso in tutti gli studi sull'innamoramento è stato quello di studiarlo come fatto psicologico, individuale. Come alterazione positiva o negativa della mente e del cuore. Come nevrosi o come psicosi, come stato emotivo normale o patologico. È come se osservassimo un individuo durante una azione bellica, impegnato a sparare ad altri esseri umani o a far saltare, con l'esplosivo, ponti e palazzi. Per capire la sua azione non dobbiamo scervellarci sulle sue emozioni. Dobbiamo cercare di capire il fenomeno guerra, la sua dinamica e la sua azione sugli individui singoli.

Se osserviamo l'individuo innamorato, e cerchiamo di capire il significato sociale del suo modo di essere e di agire, allora ci accorgiamo che quell'amore, quelle emozioni spezzano legami sociali e ne instaurano dei nuovi. Alla fine non ci sono più i due individui di prima, ma due persone nuove, in una *nuova collettività*, la coppia. Il modo corretto di analizzarlo non è quello della psicologia individuale, ma della sociologia. Anzi, in modo particolare, della *sociologia dei movimenti collettivi*.[16]

Solo in questo modo noi possiamo capire perché esistano quelle particolari emozioni, perché gli individui sperimentino una trasformazione così profonda, così straordinaria del proprio essere. Perché essi, in quel momento, sono gli artefici ed i protagonisti di una nuova nascita, dell'improvviso emergere, dell'improvviso sorgere di una nuova società.

L'essere umano nasce fisicamente da sua madre, e costituisce con lei una coppia in cui egli è completamente dipendente. Nel linguaggio comune, per indicarli, si dice «ho visto una donna *con* un bambino in braccio». Quel *con* indica che il bimbo è un oggetto, non un soggetto, è il prolungamento della madre, senza la quale non sopravvivrebbe. È stato un grave errore della psicoanalisi prendere questa relazione come modello paradigmatico di tutte le altre. La storia del loro rapporto è esattamente opposta a quella dell'innamoramento. Con il passare del tempo e la maturazione, il bambino si autonomizza e si distacca dalla madre. Nell'innamoramento, invece, due individui adulti ed autonomi, si uniscono e si fondono per formare una nuova entità sociale.

La società non nasce come il figlio dalla madre. Nasce dall'incontro-fusione di due individui adulti, eredi delle proprie società di provenienza, delle proprie tradizioni, che mettono insieme le loro storie personali ed i loro patrimoni culturali. Con la comunione dei due patrimoni culturali creano qualcosa di completamente nuovo, un *mutante sociale*.

Nell'atto sessuale un uomo ed una donna si abbracciano, congiungono i propri genitali, fondono per pochi istanti i loro animi nell'estasi dell'orgasmo, e questo basta per inseminare un uovo, per produrre un embrione. Ma nell'innamoramento questo processo di fusione coinvolge tutt'intera la personalità e la storia di due individui che, dall'unione, escono trasformati e uniti da un vincolo profondo, duraturo. Un vincolo che li porta a cambiare, ad adattarsi reciprocamente, a scontrarsi, a vivere insieme, a ristrutturare tutte le loro relazioni sociali. L'innamoramento è il prototipo ed il paradigma di questa nascita sociale, il *big bang*, l'apparizione di una nuova entità collettiva che, poi, ricrea la propria nicchia ecologica e il proprio mondo.

La vita umana, in realtà, non ha una sola nascita, una sola infanzia, ma è fatta di diverse rinascite, di diverse infanzie. Quando usciamo dalla famiglia ed entriamo nel gruppo di amici dell'adolescenza, quando ci innamoriamo e formiamo una nuova coppia, quando incominciamo un nuovo lavoro esaltante, quando emigriamo, quando partecipiamo ad una trasformazione sociale, politica, religiosa, allora avviene una rinascita che riguarda nello stesso tempo tanto l'individuo che la collettività. Nessuna collettività può nascere se gli individui non rinascono a loro volta. L'esperienza straordinaria, la follia divina dell'innamoramento, non è una regressione o una nevrosi, ma è l'esperienza del risveglio, l'*incipit vita nova*, quando tutto appare possibile come il primo giorno della creazione. L'innamoramento è l'esperienza intima, soggettiva della nascita, della creazione di un nuovo mondo.

L'innamoramento è l'artefice della nascita della più piccola comunità possibile, quella formata da due sole persone. Ma è, nello stesso tempo, la rinascita dell'individuo perché non può esserci nessun individuo senza una collettività. Esso è perciò nascita, emergenza, affermazione gioiosa, entusiasta del nuovo soggetto individuale e collettivo. Il grido del nuovo essere che si realizza edificando un sé, con una sua biografia, con la sua storia, la sua particolare specialissima vita.

La vita, il nascere, questo è il punto centrale, essenziale dell'innamoramento. Il nascere dell'individuo e il nascere della sua società nel momento in cui entrambi, proprio per l'affacciarsi all'essere, tendono alla perfezione e alla gioia. Noi non sappiamo che cosa prova il bambino alla nascita. Freud ha immaginato qualcosa di angoscioso, il trauma della nascita, paradigma di tutte le altre forme di angoscia.[17] Ma è vero? Noi sappiamo con certezza solo che cosa prova l'individuo adulto che si rinnova e rinasce nella conversione religiosa, nella scoperta, nell'innamoramento, nell'emergenza di un nuovo gruppo sociale. E non è angoscia. Egli spezza un involucro che lo rinserra, fuoriesce da una costrizione, da una prigione, da una modalità sbagliata d'essere che si è prolungata oltre misura. È un risveglio, un vedere, uno stupore. E il mondo che si affaccia gli appare straordinariamente bello, perfetto, predisposto per lui che è stato chiamato ad abitarlo, ad esistervi.

L'individuazione, la nascita non è un doloroso distacco dalla grande pace silenziosa, dalla felicità amniotica. Non è una lacerazione, un «essere gettato nel mondo», *Geworfen*, come scrive Heidegger.[18] È un risveglio, una liberazione, un affacciarsi non sul deserto, ma sulla Terra promessa. Guardandosi attorno, il rinato riconosce il valore, la bontà di tutto ciò che è. Maslow ha descritto questa esperienza di gioia estatica come *Peak-Experience*, come Esperienza dell'Essere.[19] L' Essere è in se stesso bello, l'Essere è in se stesso buono. Ed è in questo universo meraviglioso che l'individuo nascente sente di avere un posto creato per lui, una meta e un destino.

La nascita dell'individuo adulto è nascita ad un tempo dell'individuo e della sua collettività che si afferma nel mondo. Quindi non un atto di regressione, ma di maturazione individuale e sociale. L'amore di Eloisa ed Abelardo, quello di Dante per Beatrice, le storie d'amore raccontate dai poeti e dai drammaturghi, da Shakespeare, a Goethe, a Manzoni, fanno parte dei passi in avanti della civiltà.

CAPITOLO SECONDO

L'innamoramento

Perché ci innamoriamo?

Incominciamo con un caso che, a prima vista, sembra fatto apposta per dimostrare la teoria psicoanalitica. E cioè che l'innamoramento è il prodotto di una sessualità repressa che, ad un certo punto, emerge in forma esplosiva, idealizzando l'oggetto. È il caso di un giovane che chiameremo *Student*. Costui, prima di innamorarsi, aveva avuto modeste esperienze sessuali. Era timido, inibito, con continue fantasie erotiche. Dopo un amore appassionato e infelice, diventa un intraprendente dongiovanni. Ci sono tutti gli elementi per giungere alla conclusione che l'innamoramento, rompendo la diga che l'imbrigliava, ha consentito alla sua sessualità compressa di esprimersi liberamente.

Ma, se esaminiamo con prudenza i dettagli di quanto gli è accaduto, scopriamo che non è così. Il nostro giovane è andato all'università, ha superato le prime prove, riesce bene. Un giorno incomincia a provare simpatia per una sua compagna di corso, un desiderio spasmodico di incontrarla, di vederla, di stare con lei, di parlarle. Non c'è nessuna particolare fantasia erotica, sogni erotici, nulla. È felice quando le è vicino, pensa a lei quando si trova lontano. Però non capisce di essere innamorato. Non applica questa parola al suo stato. Eppure ha già avuto una esperienza di innamoramento infantile, una esperienza intensa, che ricorda benissimo.

A poco a poco il suo desiderio cresce, diventa spasmodico, doloroso. Allora lo riconosce, riesce a dargli il suo nome: è innamorato. Sente il bisogno di dirlo alla ragazza. Così si reca tutte le sere sotto le sue finestre nella speranza di poterla incontrare e di poterle parlare. Ma lei lo evita. Ha capito benissimo che quel bel giovane con gli occhi spiritati che cammina sotto la sua finestra, è innamorato di lei. E, poiché non vuol incoraggiarlo, fa in modo di non farsi mai incontrare sola. Per mesi si farà accompagnare da un amico o da una amica. Lui impiegherà un tempo lunghissimo per decifrare questo comportamento come rifiuto.

Ora domandiamoci: se l'innamoramento è il sintomo di una pulsione sessuale, qualcosa avrebbe dovuto manifestarsi. Possibile che il sintomo non faccia trasparire nulla dell'impulso che lo ha generato? Il sintomo è un compromesso. Ebbene, che cosa lo attrae nella donna di cui si innamora? Non il corpo. Non la desidera eroticamente. Lo affascina il suo modo di parlare, la sua grazia, il racconto della vita sociale che conduce, una vita superiore alla sua, più ricca, più interessante. *Student* è povero, lei è di famiglia agiata. Gli parla di luoghi di villeggiatura, di automobili, di viaggi in paesi stranieri con gli amici. Cose a cui lui non ha nemmeno mai pensato ma che, dette da lei, lo incantano, gli fanno intravvedere un mondo meraviglioso. La donna gli evoca un ambiente, un modo di vivere raffinato e glielo fa desiderare.

A che passo si sta preparando *Student*, quando si innamora? Alla espressione della sua sessualità o ad un tipo di vita sociale più alto, più maturo? Che cosa esprime, come sintomo, il suo innamoramento? Il bisogno di un corpo femminile o il bisogno di uscire dall'ambiente limitato, chiuso in cui è sempre vissuto, per accedere, con quella donna, ad un altro modo di vivere?

Egli aspira ad una nuova vita. La sessualità c'era prima e ci sarà dopo perché, come abbiamo detto, egli aveva una grande carica erotica. Ma ciò che interessa al nostro giovane, durante l'innamoramento, è qualcosa a cui non aveva mai pensato: un vero rapporto amoroso con la sua donna. Una intimità spirituale e fisica che potrebbe continuare per tutta la vita, una intimità per sempre. Egli si sente pronto a questo nuovo tipo di esperienza mai provata prima.

Ecco l'essenziale, il passo in avanti decisivo, la «maturazione» prodotta dall'innamoramento. Nella mente di quest'uomo sta nascendo un progetto che ingloba la sua sessualità e va oltre. Non è il bisogno di una madre e delle sue cure, ma è il progetto di una vita in cui, lui adulto, vive con una donna adulta. È il progetto di una vita a due. Una vita sociale con la propria casa, i propri amici, nel mondo. Una vita a cui non aveva mai pensato. Perché, prima di questo evento, era stato figlio, allievo di una scuola, maschio desideroso di una donna. Era vissuto con gli altri, ma non era mai stato pronto a condividere la propria esistenza con un'altra persona, ad essere marito, con tutti i doveri, gli obblighi, gli impegni che questo comporta.

Una donna non avrebbe agito come *Student*. Una donna avrebbe capito subito la natura del suo desiderio, perché abituata fin dall'infanzia ad immaginare la propria vita con il matrimonio e i figli, perché educata a pensarsi come membro di una coppia. Ma questo giovane uomo non aveva avuto questo tipo di pensieri. Perciò il nuovo desiderio si presenta come una irruzione estranea a cui non sa nemmeno dare un nome. Si sta attivando un engramma genetico, ma non è l'engramma del desiderio sessuale. È quello del desiderio di una vita entro una coppia, parte di una coppia, in cui egli non può fare a meno dell'altra, perché l'altra è la condizione della pensabilità stessa del suo desiderio. *Il suo innamoramento è un «io» che sta diventando un «noi»*. Ed è per questo che percepisce ormai se stesso come individuo isolato, mutilato, incompleto. Prima era un figlio, un allievo, il membro di un gruppo di amici. Ora è la metà di una coppia che aspira all'esistenza.

Ma questo amore nascente non è ricambiato. Viene respinto subito, senza possibilità d'appello, nel momento stesso in cui diventa cosciente. Per quasi un anno *Student* è come pazzo di dolore, non riesce a capire perché un amore così grande venga ignorato. Il mondo gli appare assurdo, pensa al suicidio.

È a partire da questo fallimento doloroso che *Student* sviluppa una sessualità separata dall'amore. Quando capisce che la sua donna non vuol nemmeno incontrarlo, egli si domanda perché frequenti altri uomini, che cosa abbiano costoro in più e di diverso da lui. E pensa che il suo fallimento sia dipeso dalla sua inesperienza, dalla sua timidezza. Si guarda attorno e vede che i giovani della sua stessa età sono più sicuri, sanno corteggiare una ragazza. Il suo interesse si sofferma in particolare su quello che gli appare il più maturo ed il più disinibito del suo gruppo: un dongiovanni. E, per la prima volta, prova gelosia. Perché pensa che, con la sua esperienza, il dongiovanni potrebbe riuscire dove lui ha fallito. Allora gli si avvicina, se lo ingrazia, fa in modo di diventare suo amico. Poi, quando è sicuro dell'amicizia, gli rivela il suo amore, il suo segreto. A un amico si può chiedere di non fare la corte alla donna che si ama, si può addirittura chiedergli di darti una mano. Nel frattempo lo osserva, lo studia, lo imita.

L'amicizia e l'identificazione con l'amico gli consentono di fare i primi passi verso una direzione completamente diversa da quella seguita prima di innamorarsi, e da quella che avrebbe seguito se il suo innamoramento fosse stato ricambiato. Per non doversi mai più trovare nella situazione di amare una donna che non sa conquistare per inesperienza, egli prende come modello l'amico più esperto. Vanno insieme a ballare, conoscono delle ragazze. Fa molte esperienze sessuali. Ma ne prova ben poco piacere. In realtà non ha nessun interesse erotico. Le fa perché vuol imparare. E impara. È un ottimo allievo, compie progressi incredibili. Acquista sicurezza, aggressività, fascino. Ha successo, ha moltissime avventure. Però le donne che trova non sono un sostituto della donna amata. Gli servono solo per conoscere la mentalità della donna, per imparare a sedurla, per imparare l'arte della schermaglia erotica, per non ricadere più nello stesso errore. Per non presentarsi impreparato all'appuntamento dell'amore. La sessualità e la seduzione non sono un fine, ma un mezzo.

Che cosa ci ha insegnato questo caso? Che l'innamoramento non è semplicemente l'esplosione di una sessualità inibita alla meta. E nemmeno una regressione. Ma è una maturazione. Il passaggio ad una vita a due, ad una comunità erotico-amorosa adulta. Nel caso di *Student* il tentativo fallisce. Allora egli si prepara per il nuovo appuntamento. E così avviene. Molti, molti anni dopo si innamorerà in modo travolgente. E questa volta sarà ricambiato. Vivrà insieme alla sua donna una straordinaria esperienza erotica ed avventurosa.

Quando ci innamoriamo?

Ci innamoriamo quando siamo pronti a mutare, quando siamo pronti a lasciare una esperienza già fatta ed usurata, e abbiamo lo slancio vitale per compiere una nuova esplorazione, per cambiare vita. Quando siamo pronti a mettere a frutto capacità che non avevamo sfruttato, ad esplorare mondi che non avevamo ancora esplorato, a realizzare sogni e desideri a cui avevamo rinunciato. Ci innamoriamo quando siamo profondamente insoddisfatti del presente ed abbiamo l'energia interiore per iniziare un'altra tappa della nostra esistenza.

Alcuni dicono che si innamorano in continuazione, ogni mese, ogni anno. Questo è impossibile. Danno il nome di innamoramento all'improvvisa comparsa di una attrazione, di un desiderio erotico. Chiamano innamoramento una cotta, una di quelle attrazioni improvvise che sono solo delle *esplorazioni* che poi non si sviluppano in un innamoramento vero e proprio.

L'amore vero è diverso. Partiamo dal caso che ci racconta Dino Buzzati nel suo romanzo *Un amore*. Un uomo di mezz'età, *Antonio*, dopo una vita solitaria, si innamora follemente di una giovane prostituta. Perché? Ce lo spiega lui stesso, alla fine del libro, quando Laide, la prostituta di cui si è innamorato e di cui è stato pazzamente geloso, resta incinta. Lui allora, finalmente, prova un senso di pace e capisce. Capisce che, fino al momento in cui si è innamorato, la sua è stata una vita incompleta, mutilata. Aveva sempre rinunciato alle donne, all'amore perché non aveva mai avuto il coraggio di rischiare. L'amore per Laide non è perciò un atto di follia, ma un atto di maturazione che avrebbe dovuto avvenire anni ed anni prima. «Che cos'era stata Laide», conclude, «se non la concentrazione in una persona sola dei desideri cresciuti e fermentati per tanti anni e soddisfatti mai?».[1] Il desiderio di tutte le donne che non aveva avuto la forza o la capacità di fare sue. «Le incontrava, gli sembravano creature irraggiungibili, era inutile pensarci, tanto non gli avrebbero mai badato... Solo che lui gli rivolgesse una parola e quelle sembravano seccate, i suoi stessi sguardi gli davano fastidio, appena egli le fissava voltavano la testa dall'altra parte.»[2] Così Antonio, per tutta la vita, ha rinunciato a sedurle, a conquistarle, ha rinunciato al loro amore. Si è sempre accontentato di rapporti con le prostitute. Fino alla soglia della vecchiaia, quando, improvvisamente, qualcosa dentro di lui si ribella, rompe gli argini e lo porta a desiderare follemente non una donna a pagamento, ma una donna tutta per lui, una donna che lo ami. «Ma non era strano e comico che questi assilli gli venissero alla tenera età di cinquant'anni?»[3] si domanda. No. L'innamoramento è l'ultimo disperato tentativo per cambiare vita, per avere anche lui quanto altri avevano avuto prima, per accedere ad una completezza umana e ad una dignità a cui ogni uomo ha il diritto di aspirare.

Il caso di *Antonio* non è perciò sostanzialmente diverso da quello di *Student*. *Antonio* è vecchio, *Student* è giovane, ma entrambi passano dal desiderio sessuale al desiderio di formare una coppia. L'innamoramento è un atto di maturazione che in *Student* avviene a vent'anni, in *Antonio* tardissimo, quando ormai è vicina la fine. Però in entrambi l'innamoramento avviene solo quando si è accumulato tanto rifiuto del passato e tanto desiderio di vita, tanto slancio vitale da rendere possibile un nuovo balzo in avanti, una nuova rinascita, con tutti i rischi che questa comporta.

Ci sono perciò periodi in cui la persona non è in condizione di innamorarsi, qualsiasi sia lo stimolo, qualsiasi sia la seduzione. Uno è rappresentato dalla depressione. Il depresso non può innamorarsi perché non ha slancio vitale, non ha sufficiente desiderio di vivere,[4] non ha speranza. Per innamorarsi occorre perlomeno un barlume di speranza di poter essere ricambiati.[5] Lo stesso avviene anche dopo la morte di una persona profondamente amata, nel *lutto*, quando l'energia vitale è concentrata a curare la ferita,[6] e il mondo appare privo di attrattiva.

L'altra situazione in cui noi non possiamo innamorarci, è quando siamo già innamorati. Perché l'amore del nostro amato o della nostra amata sono la fonte dei nostri desideri. Con loro desideriamo mangiare, ballare, stare con gli amici. Senza di loro il nostro animo si svuota di ogni desiderio, si pietrifica. Quando siamo innamorati, un'altra persona ci piace solo se siamo sicuri di essere ricambiati dal nostro amato. Nel preciso momento in cui ne dubitiamo, sparisce il desiderio e piombiamo nella più cupa solitudine. La persona amata non è un oggetto d'amore fra tanti. È la porta[7] che ci dà accesso a tutti gli altri oggetti.

Se una persona ci dice che era innamorata di qualcuno ma poi, improvvisamente, si è innamorata di un altro, dobbiamo avere dei forti dubbi sul primo tipo di innamoramento e dubbi altrettanto grandi sul secondo. Innamorarsi vuol dire eleggere qualcuno al di sopra di ogni altro, viverlo come l'unico, l'insostituibile, colui con cui nessun altro potrà essere confrontato. Scrive Roland Barthes «l'altro che io amo e che mi affascina è *atopos*. Io non posso classificarlo, perché egli è precisamente l'Unico, l'Immagine irripetibile che corrisponde miracolosamente al mio desiderio».[8] Quando qualcuno dice di essere innamorato di due persone intende dire in realtà altre cose: per esempio che vuol bene ad una, ma si è innamorato di un'altra. Oppure che sta facendo delle *esplorazioni* amorose. L'innamoramento infatti incomincia sempre attraverso *esplorazioni*, tentativi, parte dei quali non si sviluppano. In queste esplorazioni una persona può trovarsi ed essere incerta fra due poli di attrazione. Ma non si può ancora dire che è innamorata.

Perché ci sia innamoramento occorre perciò un disagio del presente, il lento accumularsi di una tensione, molta energia vitale e, infine, un fattore scatenante, uno stimolo adeguato. In termini sociologici occorre la crisi del rapporto fra il soggetto e la sua comunità, poi qualcosa che trascina il soggetto verso un nuovo tipo di vita, fino ad una *soglia*, ad un punto di rottura, dove egli si getta verso il nuovo. Il vero innamoramento è preceduto da una crisi dei rapporti esistenti, dall'impressione di aver sbagliato, da una impressione di irrealtà, di inautenticità. E, nello stesso tempo, dall'acuta nostalgia di una vita più vera, più intensa, più reale.

Nel romanzo di Edith Wharton, *L'età dell'innocenza* il giovane Archer Newland sta per sposarsi con May, ma arriva dall'Europa la contessa Olenska, una donna affascinante, misteriosa. Allora incomincia a dubitare del suo mondo. I suoi valori gli appaiono convenzionali, falsi, inautentici. Archer sposa ugualmente May, ma, durante la cerimonia nuziale, ripensando a se stesso, a ciò che fa, ha l'impressione che tutto sia irreale. E si ripete che in qualche parte della terra «ci deve essere della gente *vera*, ...alla quale accadono delle cose *vere*...».[9]

In *L'amante di lady Chatterley*,[10] Constance si sposa durante la guerra. Finita la guerra il marito torna a casa paralizzato ed impotente. Vanno a vivere in una tenuta posta in un bacino minerario fumoso. Lei trova quel luogo orribile, angoscioso. La vecchia casa le sembra mummificata, morta. «Quanto al resto nessun calore di sentimento dava unità profonda a quell'organismo. La casa sembrava squallida come una strada abbandonata. Non si poteva parlare di vita... i domestici... erano spettri, non avevano esistenza concreta.»[11] Il marito le spiega che «ciò che conta è la lunga unione di tutta una vita, è la vita in comune... Io e te siamo sposati qualunque cosa accada. Abbiamo l'abitudine l'uno dell'altra. E l'abitudine a parer mio, ha un'importanza più vitale di ogni eccitamento fugace... A poco a poco, a forza di vivere insieme, due creature giungono ad una specie di unisono, tanto sono intimamente fuse insieme. Questo è il vero segreto del matrimonio».[12] Ma lei prova un senso di vuoto ancora maggiore, di totale inutilità: «ogni cosa del mondo, della vita, sembrava esausta: e la sua insoddisfazione era più antica delle colline».[13] È in quel momento che fa la sua comparsa Mellors, il guardacaccia, che diventerà il suo amante. Con lui finirà l'impressione di irrealtà e di morte. Per lui lascerà il marito, e con lui creerà una nuova vita ed una nuova comunità.

Il distacco che qui, come nella maggior parte dei casi, matura interiormente, qualche volta invece può essere dovuto a forze esterne. Tutti sanno che, durante le lunghe vacanze, le infatuazioni e gli innamoramenti sono frequentissimi. Perché la vacanza è come un'isola, separata dal resto del mondo. I legami abituali sono rallentati e lo slancio vitale cerca di ricrearne dei nuovi. Per lo stesso motivo l'innamoramento è più probabile quando un giovane o una giovane vanno all'università. È un nuovo mondo, una nuova vita in cui, di solito, si entra con un amore. Alcune persone si innamorano quando cambiano lavoro e città, soprattutto se restano a lungo lontani dalla moglie o dal marito. Esse sono aperte al nuovo, piene di vita, desiderose di fare. I vecchi rapporti appaiono lontani, affievoliti. Il marito o la moglie non partecipano ai loro problemi, non possono essere il compagno ed il complice. Mentre sul lavoro c'è un collega, un uomo o una donna, con cui passano giornate insieme, con cui lottano, con cui fanno progetti, con cui fanno viaggi. A poco a poco diventano amici, entrano in intimità, anche erotica. Ed è facile allora che si innamorino l'uno dell'altro. È una cosa che capita con una certa frequenza agli artisti cinematografici, quando lavorano per molti mesi fianco a fianco con un collega dell'altro sesso, in un paese straniero. Magari rappresentando una storia d'amore. In questo caso si trovano in una situazione che assomma insieme la comunione di interessi, l'isolamento della vacanza e l'intimità.

Da quanto abbiamo detto deriva un corollario fondamentale: quando una persona cambia, si trasforma, fa esperienze profondamente nuove, viene a trovarsi nella condizione di potersi innamorare un'altra volta. Quindi, una vita lunga ed intensa ben difficilmente può essere caratterizzata da un solo ed unico amore. Certo, ci sono coppie che continuano ad amarsi per tutta la vita. Ma anche in esse è probabile che, perlomeno uno dei due, abbia una esperienza di innamoramento per un'altra persona. Anche se poi decide di rinunciarvi per non mettere in crisi il suo rapporto fondamentale.

Di chi ci innamoriamo?

La psicoanalisi sostiene che noi ci innamoriamo di qualcuno che ci ricorda le persone amate durante l'infanzia. L'uomo si innamora di una donna che ricalca psicologicamente o fisicamente il modello materno. La donna quello paterno. Può trattarsi anche di un'altra persona, purché appartenga all'infanzia. Il paradigma della psicoanalisi richiede che tutto ciò che di importante avviene nella vita adulta sia la replica di qualcosa accaduto nella vita infantile. Per la psicoanalisi tutto è rimembranza. Anche l'innamoramento.

Per spiegarlo gli psicoanalisti, di solito, citano il saggio di Freud *Il delirio e i sogni nella Gradiva di Wilhelm Jensen*.[14] Ecco in breve il racconto. Un giovane archeologo, Norbert Hanold, scopre un bassorilievo pompeiano che rappresenta una fanciulla nell'atto di camminare. Ne resta affascinato e le dà un nome: «Gradiva», l'avanzante. In uno stato di delirio si reca a Pompei dove, davanti alla casa di Meleagro, vede muoversi la fanciulla del bassorilievo. Dapprima pensa sia una visione, poi un fantasma, infine scopre che è una donna reale, si chiama Zoe, e dimostra di conoscerlo benissimo. È Zoe stessa che gli svela il mistero. Loro due erano compagni di infanzia, avevano giocato assieme, si volevano bene e, poi, si erano persi di vista. Quando Hanold ha trovato il bassorilievo pompeiano ne è rimasto affascinato proprio perché Gradiva assomigliava a Zoe. La storia finisce con il matrimonio di Hanold e Zoe, innamorati e felici.

Per la maggior parte degli psicoanalisti ogni volta che ci innamoriamo siamo attratti da qualcosa che ci ricorda nostra madre o un'altra persona amata. Sono sempre le immagini e gli amori del nostro passato che guidano il nostro futuro.[15] Una versione aggiornata di questa stessa teoria ci è fornita da John Money secondo cui i bambini sviluppano una mappa dell'amore fra i cinque e gli otto anni. In base alle esperienze fatte si costruiscono una immagine mentale del compagno ideale, delle situazioni che trovano seducenti ed eccitanti. Poi, quando incontrano qualcuno che corrisponde a questi requisiti ideali, se ne innamorano.[16]

La concezione che esponiamo in questo libro si muove in direzione opposta. L'amore, anche se parte dai desideri e dai sogni del passato, è chiamato, evocato dal futuro. I grandi amori sono accelerazioni del processo di mutamento, movimenti in avanti. Essi tendono a rimpiazzare la vecchia società con una nuova, il vecchio rapporto erotico deteriorato con uno nuovo, creando una nuova coppia, una nuova comunità. Naturalmente possono fallire, ma la loro intenzione, il loro significato sta nell'esplorare una possibilità di vita più piena.

L'innamoramento avviene quando incontriamo qualcuno che ci aiuta a crescere, a realizzare nuove possibilità. Ad andare in una direzione che risponde alle nostre esigenze interne, alle spinte che la società esercita su di noi. Il fatto che la persona amata assomigli a nostra madre, a nostra zia, o a una qualsiasi altra immagine infantile, è solo il mezzo, lo strumento con cui si manifesta lo slancio vitale. Se abbiamo fatto dei sogni, se abbiamo amato e ammirato un attore o una attrice famosa, la persona di cui ci innamoriamo ce la ricorderà. Ma scegliamo lei perché giunge nel momento opportuno, perché, almeno sul piano simbolico, ci appare idonea a risolvere il nostro problema esistenziale.

Wilhelm Meister, un famoso personaggio di Goethe,[17] quand'era giovane leggeva la *Gerusalemme liberata* e singhiozzava quando arrivava alla scena in cui Tancredi ferisce mortalmente Clorinda che ama e, disperato, si china su di lei. Wilhelm sognava una donna guerriera come Clorinda. Un giorno, a teatro, vede recitare una giovane attrice, Mariane, vestita da ufficiale, con un giubbetto rosso e un cappello piumato. Una immagine di moderna guerriera che corrisponde a Clorinda. Se ne innamora, la segue e diventa lui stesso attore.[18]

Cosa significa questa vicenda? Che Wilhelm Meister si innamora perché ha incontrato una donna vestita da uomo che gli ricorda Clorinda? Certo, ma con l'aggiunta che l'ha incontrata in un teatro e che lei è un'attrice. E che lui, Wilhelm Meister, aveva già sognato il teatro, aveva già sognato una vita libera, dove esprimere la sua fantasia e la sua vocazione teatrale. Così quel giubbetto attiva la sua fantasia infantile, il suo bisogno di amore e la sua vocazione artistica. Mariane non è solo l'immagine mentale della donna ideale, Clorinda, ma l'evocazione di una possibilità, di una vocazione, di un destino.

Ogni grande cambiamento della vita di Wilhelm Meister è segnato da un amore. Quando Mariane lo lascia, egli conduce, per anni, un'esistenza arida e senza gioia finché non si imbatte di nuovo in una compagnia teatrale. Vi si aggrega felice, e si innamora di Philine, semplice, allegra spensierata. Con lei porta a compimento la sua vocazione teatrale: diventa capocomico con una propria compagnia. È la seconda tappa, a cui ne segue una terza, quando farà il suo ingresso nella società dei nobili e nel mondo della cultura. Per riuscirci si innamorerà di Nadine. Anche qui si attiva un ricordo infantile. Da bambino sostava a lungo davanti ad un quadro del nonno dove era rappresentato il giovane Antioco, ammalato, ai piedi della regina Stratonice. Un giorno Meister, camminando in un bosco, viene aggredito e ferito. Quando riprende i sensi vede china su di sé una giovane amazzone, Nadine, circondata da soldati. In quell'immagine si fondono due ricordi: il principe ammalato del quadro e Clorinda morente.[19] Così si innamora di Nadine. Che però non è più un'attrice, ma è la sorella del nobile Lotario di cui è ospite. Nadine lo sposa e Meister entra in una nuova società aristocratica, permeata dai valori della massoneria e dell'illuminismo.

Dunque noi possiamo innamorarci di qualcuno che ci evoca una immagine infantile, una persona sognata, un ideale, un personaggio dei romanzi, del cinema, della televisione, un divo o una diva. Ma quello che conta è il suo significato simbolico in quel momento, la porta del futuro che apre. Erica Jong osserva che molte femministe, molte scrittrici si sono innamorate follemente di cattivi soggetti, di ribelli. Infatti scrive: «Le giovani donne sognano l'amore e la passione così come gli uomini fanno sogni di conquista, perché tali sogni sono necessari per uscire di casa e crescere... Come potremmo sennò capacitarci del fatto che le più intrepide femministe sono state le amanti più intrepide? Sbagliamo se pensiamo che esse siano state solo per questo delle vittime.

Esse erano, in primo luogo, delle avventuriere».[20] No, esse si innamoravano di ciò che preparava il loro destino.

Se il soggetto è già pronto ad un cambiamento radicale, basta uno stimolo minimo, quasi un pretesto per scatenare l'innamoramento. Ci si innamora veramente della prima persona che passa in quell'istante, come accadeva a chi beveva alla fontana dell'amore, posta nella foresta di Ardenna dell'*Orlando furioso*.[21] Ne abbiamo un esempio nel caso che chiamerò *L'uomo di Torino.*

L'uomo di Torino si era sposato senza essere veramente innamorato. Aveva subito una cocente delusione amorosa e, dopo qualche anno, incontra una donna dolce, materna, fra le cui braccia si sente sicuro. Dopo il matrimonio si getta nel lavoro in modo ossessivo rinunciando alle sue aspirazioni artistiche. Ha successo, guadagna molto, è soddisfatto della posizione che è riuscito a raggiungere, del prestigio sociale ottenuto. Però sente di aver tradito la sua vocazione. Ha indossato una corazza che non riesce a togliersi e che lo soffoca. Più il tempo passa più trova sua moglie brutta, intellettualmente povera. Il suo corpo lo respinge. Ha rapporti sessuali per dovere, e prova piacere solo con le prostitute. Nella professione entra in conflitto con il suo datore di lavoro. Si sente incompreso, perseguitato. Incomincia a presentare dei gravi sintomi psicosomatici ed inizia una psicoterapia. Tutto questo in un periodo di fermenti politici e sociali. Una sera in cui, più cupo e solo del solito, gira senza meta per la città, incontra un amico che lo porta in un circolo culturale d'avanguardia. Qui c'è una donna giovane vivace, scatenata, che si diverte a punzecchiarlo. Dice di voler fare la regista. Lo invita ad andare con lei a teatro. Accetta. È un ambiente sconosciuto che lo attrae e lo stordisce. Continuano a parlare fino al mattino. Di tutto, della vita, dell'amore, del destino. Lei è una ribelle, lo spinge a scrollarsi di dosso tutti i freni, ad essere libero, a fare ciò che vuole. Si baciano, fanno all'amore. E lui si accorge di essere innamorato.

È un amore-rivolta, un amore che sovverte il tipo di vita

equilibrato, perbene che si era imposto. Come quello descritto da Buzzati nel suo romanzo *Un amore*. È una rivolta contro il tipo di vita che ha fatto fino a quel momento, che avviene quando la tensione ha raggiunto una *soglia critica*. A questo punto le qualità della persona che scatena l'innamoramento contano relativamente poco. Devono solo simbolizzare un modo di vita libero, gioioso, rappresentare la trasgressione. Non è necessario che ci sia una affinità intellettuale ed emotiva profonda.

Nei casi visti finora la spinta al mutamento è così forte che lo stimolo produce subito l'innamoramento. Ma, di solito, invece, il soggetto non è pronto, la persona che incontra non è adatta, o mancano altre condizioni. Allora il processo di innamoramento si ferma allo stadio iniziale e si presenta come infatuazione breve, cotta. Dopo un po' svanisce. E, qualche tempo dopo, il soggetto si sente attratto da un'altra persona. È ancora alla ricerca di qualcuno capace di risolvere il suo problema, di dare una risposta adeguata alle sue domande. Così fa nuovi tentativi, nuove *esplorazioni*.

Come nel caso che chiamerò *La donna di Milano*. Era venuta dalla provincia, aveva sposato un manager ambizioso che si era dedicato anima e corpo alla professione. Non ne era mai stata innamorata, però le piaceva, le dava sicurezza e una buona posizione sociale. Da lui ha due figli. Negli ultimi anni il marito si getta nella finanza e guadagna molto. Lei diventa una donna ricca, ma sola. Ha soldi da spendere, ma si annoia. Il marito è sempre occupato con i suoi affari e, quando torna a casa, si dedica ai figli.

Un giorno incontra un giovane collega del marito che, per cortesia, le fa un po' la corte. Lei si scopre donna. È invasa da un desiderio travolgente. Sta per perdere la testa per lui. Però le vicissitudini della vita li separano, e non succede nulla. Ma sarebbe bastata più insistenza da parte dell'altro e l'occasione di restare soli, per scatenare l'innamoramento. *La donna di Milano* fallisce la sua prima esplorazione. Ma le rimane una frenetica voglia di vivere. Dimagrisce, va dall'estetista, spende patrimoni in vestiti, ringiovanisce, guarda gli uomini con occhi bramosi. Ad una festa che dà in casa sua, c'è un loro conoscente bellissimo, un noto dongiovanni. Sa parlare alle donne con voce seducente, suona il piano, canta. Lei lo confronta con la piattezza del marito che la osserva silenzioso. Viene presa da una grande collera e dal desiderio di tradirlo, di punirlo, per vendicarsi dei suoi silenzi, dell'aridità del loro rapporto. Il dongiovanni l'invita a casa sua, hanno due o tre rapporti sessuali. È sconvolta. È convinta di essere innamorata. Gli scrive lettere appassionate a cui lui non risponde. Anzi si fa vedere sempre meno, dice che parte per lunghi viaggi. Un giorno, in una località di villeggiatura, lo incontra con una sua amante. Capisce che la tradisce e la tradirà sempre. Inferocita lo rimprovera, lui la scaccia. È la fine.

Dopo qualche tempo, fa una crociera con delle amiche. Conosce un giovane ingegnere tedesco appassionato di musica classica. Anche questa volta è di nuovo sul punto di innamorarsi. Ma il tedesco torna in Germania e non si fa più vivo. A lei resta un profondo languore e la sensazione che ormai sta cercando l'uomo della sua vita. Collerica per le frustrazioni subite, se la prende con il consorte che rappresenta la causa della sua infelicità. Lo accusa di essere vecchio, brutto, arido. Lo accusa di averla stuprata. Chiede la separazione. Nel frattempo incontra un giovane brillante e aggressivo, agli inizi della carriera. Lui è colpito da questa donna elegantissima, energica che può essere l'occasione della sua vita. Lei si sente forte, libera, innamorata. Ottenuto il divorzio, lo sposa.

L'innamoramento però non è sempre una rivolta contro una vita quotidiana noiosa e repressa. Talvolta è la strada per scoprire un nuovo mondo, come nel caso che chiameremo *Il manager del Giappone*. Si reca in Giappone per una multinazionale e con un contratto di diversi anni. I suoi colleghi aspettano soltanto il momento di tornare in Europa. Lui è ad un tempo attratto e respinto. Sente il fascino di un paese che gli resta chiuso, inaccessibile. Incomincia a studiarne la lingua, a frequentarne il teatro. Ha anche delle brevi avventure in cui assapora un erotismo diverso, misterioso. Però si sente solo, triste. Eppure anche pieno di vita, avido di qualcosa che non sa formulare.

In quel momento conosce una giovane insegnante universitaria sposata, ma in crisi con il marito che non ama. È un uomo rigido, tradizionalista, mentre lei vuol cambiare ed è affascinata dalla vita occidentale. Incominciano una relazione che entrambi pensano di mantenere sul piano dell'amicizia erotica. Invece si innamorano. Lui viene conquistato dalla forza dell'erotismo asiatico. Questa donna gli appare come una geisha, esperta in arti erotiche conturbanti e misteriose. Sa coprire e scoprire il suo corpo, muoverlo in modo da renderlo desiderabile come nessuna cortigiana occidentale saprebbe fare. Nello stesso tempo ha una purezza di passione, un nitore, una determinazione che gli ricordano i samurai. Ha l'impressione di aver scoperto in lei l'essenza della femminilità, una femminilità totalmente ignorata in occidente. Attraverso quella femminilità riesce a penetrare, con un atto immediato di identificazione, nel mondo asiatico come se si fosse abbattuto un muro, una barriera. Non si sente più solo occidentale, ma anche giapponese e prova un senso di straordinario arricchimento.

Quando una persona è innamorata, riceve dall'altra un flusso incredibile di informazioni. È una intera vita, è il mondo visto da un'altra vita che si rovescia dentro di lei. Una esperienza simile possono averla solo i genitori seguendo i figli che crescono, partecipando ai loro giochi, condividendo i loro gusti, le loro mode musicali. Noi diciamo infatti che i genitori restano giovani con i figli. Ma tutto questo si svolge nel corso degli anni. Nell'innamoramento, invece, l'irruzione della vita di un'altra persona avviene anche in pochi mesi. È come l'aprirsi di un nuovo universo, perché ogni essere umano è un universo. Amare perciò significa rinascere anche in questo senso, che diventiamo altro, ci sdoppiamo, abbiamo una seconda vita in parallelo con la nostra.

Nell'incontro fra persone provenienti da culture diverse, si travasa tutt'intera la cultura aliena che ci penetra, ci travolge, ci arricchisce, ci lascia stupefatti e ammirati. Perché non la conosciamo più dall'esterno, ma dall'interno, come se noi stessi fossimo stati allevati entro di essa fin dall'infanzia. Diventano nostri i gesti più riservati, le poesiole infantili, i vezzeggiativi, le relazioni fra parenti, le strade, le piazze, i colori del cielo. Ma non solo quelli di adesso, anche quelli del passato, quelli visti dagli occhi del nostro amato quando era bambino. Incontrandosi, innamorandosi, *Il manager del Giappone* e la sua donna fanno questa esperienza. Lui penetra nel mondo orientale. Lei in quello occidentale. Ciascuno aiuta l'altro a completarsi e raggiungere la sua meta.

Per contrapporre in modo sintetico il nostro punto di vista a quello della psicoanalisi, diciamo che l'individuo non si innamora del suo passato, ma del suo futuro, di ciò che può diventare.

La cosa apparirà chiara anche in quest'altro esempio che chiameremo *La ragazza che voleva studiare*. Nata poverissima in una provincia desolata del sud, aveva sempre desiderato ardentemente studiare, fare l'università, diventare una scrittrice. Ma sembrava un sogno impossibile. Finché il caso non le consente di andare a Roma, dove entra in contatto con quella massa enorme di persone che vive ai margini del mondo dello spettacolo, cinema e televisione. Dove sono possibili fortune improvvise, ma dove si incontrano anche individui che campano di espedienti, di imbrogli, di illusioni. È un ambiente in cui una donna deve concedersi con facilità, se vuol ottenere dei favori. La nostra ragazza, che è molto bella, viene subito avvicinata da diversi uomini che le promettono una rapida carriera.

Un giorno incontra un funzionario della televisione che le fa la corte, e da cui lei si sente attratta. È intelligente, colto, tormentato. Lei resta affascinata dalla sua cultura. Lo vede come un maestro. Con lui conosce intellettuali ed artisti. Vive una sorta di ebbrezza. Ma lui è sposato, vuol conservare buoni rapporti con la moglie ricca e potente. A poco a poco la ragazza scopre che, dietro la sua cultura, c'è anche viltà e corruzione. E, una sera, si accorge che frequenta un'altra amante. Amareggiata, decide di lasciarlo.

Si sposta a Milano, si accontenta di un lavoro modesto come impiegata e si iscrive all'università. Qui scopre la cultura accademica, seria, profonda. È un incontro entusiasmante, è ciò che aveva sognato. Lavora di giorno, studia la notte, ma è felice. Sebbene le facciano la corte un po' tutti, studenti e professori, li evita, vive isolata per anni come una vestale. Finché non incontra un grande studioso, un uomo eccezionale. Lo frequenta, lo stima, lo ammira. Lavorano insieme senza avere rapporti erotici. Sorge fra loro una vera intimità spirituale. Lui ha modo di apprezzare la sua intelligenza, la sua serietà morale, il suo coraggio. Conversano a lungo. Diventano amici. Una sera, camminando lungo i Navigli, ha l'impressione che ci sia una luce diversa nell'aria ed è presa da un senso di pace e di beatitudine. Quando lui si china per baciarla, capisce che quello sarà il suo grande amore. «Era come se fossi arrivata alla meta», racconta «come se fossi arrivata a casa.»

Anche in questo caso la preparazione è stata lunga, vi sono state molte esplorazioni. *La ragazza che voleva studiare* aveva già abbandonato tutte le strade più facili, aveva imparato a riconoscere le cose di valore. E l'uomo di cui si innamora non è il «primo che capita». È veramente il «più adatto». È colui che le consente di diventare ciò a cui si era preparata.

Noi abbiamo una oscura percezione delle nostre capacità e del nostro destino. E alcune persone l'hanno in misura più elevata. *La ragazza che voleva studiare* l'aveva elevatissima sin dall'infanzia. Allora aveva guardato troppo in alto rispetto alle sue possibilità del momento. Ma oggi possiamo dire che aveva guardato in alto perché era suo destino salire.

Il colpo di fulmine

Noi ci possiamo innamorare all'improvviso, anche in pochi giorni, perfino in poche ore, di una persona che non abbiamo mai visto prima. A questa esperienza si dà il nome di colpo di fulmine. Ne abbiamo avuto un esempio tipico nel caso de *L'uomo di Torino* in cui tutto si è svolto nel corso di una notte. Studiando altri casi di colpo di fulmine mi sono accorto però che, di solito, esso appare solo dopo un certo numero di esplorazioni, dopo una serie di tentativi ed errori.

Lo si vede molto bene nel caso che chiamerò *L'uomo ambizioso*, un manager che si era sposato con una donna bruttina ma molto ricca, e che è arrivato al vertice di una istituzione al seguito di un avventuriero senza scrupoli. Ha potere, prestigio, ricchezza ed è circondato da molte belle donne, che gli fanno apparire insignificante la moglie. Lui la tradisce. E lei, per rivalsa, di tanto in tanto scappa di casa con i figli. Poi l'impero dell'avventuriero crolla e crolla anche il suo matrimonio. Sentendosi libero, va a vivere con una donna molto bella e molto più giovane di lui, ma finisce presto. Riprova con una seconda, anche questa giovane e vistosa. Però si sente solo e vuoto. A questo punto trova un amico che gli propone di entrare come socio nella sua agenzia pubblicitaria. Lui accetta con entusiasmo. La nuova attività gli piace, fa progetti, viaggia molto. Un giorno, all'aeroporto di Roma, incontra una bellissima signora tedesca. Fanno il viaggio insieme fino a Milano. È il colpo di fulmine. *L'uomo ambizioso* capisce, sconcertato, turbato, che in realtà, nella sua vita non si era mai innamorato. Aveva sempre pensato solo al denaro e alla carriera. Aveva sempre visto le donne come dei trofei da esibire. Invece il nuovo sentimento che prova adesso è l'amore, e per quest'amore vale la pena di combattere fino in fondo. La segue per tutta la Germania facendole una corte spietata, senza badare al tempo, al denaro, senza demordere finché, alla fine, lei non divorzia dal marito e lo sposa. Un matrimonio riuscito. Il caso dell'*Uomo ambizioso* ci mostra che il colpo di fulmine è, in realtà, l'ultimo atto di un lungo processo di ricerca, finché l'individuo non arriva al grado di maturazione necessario, e non incontra la persona che risponde alle sue esigenze profonde.

Momenti di discontinuità. Ma l'espressione colpo di fulmine viene usata anche con un altro significato. Come momento magico in cui noi restiamo colpiti, rapiti, affascinati. In questa seconda accezione non coincide con l'innamoramento, è solo un momento del processo. Infatti in tutti gli innamoramenti, anche quelli che si sviluppano in modo graduale fra conoscenti e fra amici, noi abbiamo l'impressione che ci sia un momento particolarissimo, in cui avviene il cambiamento. Come se scattasse un interruttore, come se si accendesse una luce, come se cadesse un velo. Di qui espressioni come *tomber amoureux*, *fall in love*.

Da dove deriva questa impressione di *discontinuità*? Per rispondere prendiamo in esame un caso di cui abbiamo già parlato: l'uomo di Torino. *L'uomo di Torino* sostiene di essersi innamorato nel preciso momento in cui la ragazza che lo ha trascinato nella corsa notturna, dopo avergli raccontato della sua infanzia, gli butta le braccia al collo e scoppia a piangere. In realtà, questo gesto non avrebbe avuto conseguenze se, poi, lui non l'avesse reincontrata nei giorni successivi, e se non fossero andati a vivere insieme. Il momento fatale, perciò, è riconosciuto solo a posteriori, in seguito. Mentre lo stava vivendo, egli non si rendeva conto che stava avvenendo in lui qualcosa di irreversibile. Provava una emozione particolarmente intensa, ma nulla più. Eppure è stato quel pianto ad aprire la porta all'amore, a far cadere le barriere con cui si difendeva, ad aprire una breccia, senza la quale il processo non avrebbe potuto proseguire.

Prendiamo ora in esame un altro caso che chiamerò *L'uomo di Bari*. Si tratta di un individuo che vive lontano dalla moglie. Un giorno incontra una giovane donna che lo colpisce per il suo modo di guardare. Uno sguardo ironico, seducente e inquietante. Non la rivede per molti mesi. Nel frattempo il rapporto con sua moglie si è deteriorato. Quando la incontra di nuovo, la invita a cena, escono, l'abbraccia, si baciano. Lui sente il corpo morbido e rotondo della ragazza contro il suo. È una impressione fortissima. Però, fino a questo punto, non possiamo dire che *L'uomo di Bari* sia innamorato. Se non l'avesse più rivista, gli sarebbe rimasto solo un ricordo piacevole. Ma, proprio in quei giorni, gli arriva, improvvisa, una notizia che fa precipitare i suoi rapporti con la moglie. È sconvolto, pieno di collera. Incontra di nuovo la ragazza e questa volta si lascia andare. Si recano in un motel dove lui la spoglia. Quando la vede nuda sul letto è come folgorato dalla bellezza del suo seno. In seguito dirà sempre che è stato quello l'istante in cui si è innamorato. Noi invece ricordiamo che mesi prima era rimasto colpito dai suoi occhi. Poi dall'abbraccio del suo corpo. La «folgorazione del seno» avviene solo quando, dopo la grave rottura con la moglie, si abbandona all'attrazione, lascia cadere tutte le sue difese.

Questi *momenti di discontinuità* sono perciò degli istanti in cui il soggetto si abbandona, si apre. Noi resistiamo sempre all'amore, all'impulso di lasciarci andare. Non percepiamo gli stimoli che ci sollecitano. Viene però un momento in cui abbandoniamo le difese, ci apriamo, ci arrendiamo. Un po' come avviene nell'ipnosi, in cui il soggetto, ad un certo punto, abbassa la guardia e collabora con l'ipnotizzatore. Mentre chi veramente non vuol lasciarsi ipnotizzare si chiude in modo impenetrabile.

Che cos'è allora il *colpo di fulmine*? Il prodotto della decisione di abbandonarsi totalmente, senza riserve, al processo di fascinazione. Quando invece il soggetto si difende dalla seduzione amorosa, quando non vuol cedere, il processo avviene per tappe successive, per successive piccole rivelazioni, per successivi *momenti di discontinuità*.

Come nel caso de *L'uomo prudente*. Quest'uomo era reduce da due divorzi e, per di più, nella sua vita era sempre stato molto geloso. Aveva quindi eretto formidabili barriere contro un nuovo innamoramento. Conosce una giovane donna, bellissima, con cui lavora un anno senza nemmeno vederla come possibile oggetto erotico. Ha modo di apprezzarla, di stimarla intellettualmente e moralmente. Diventano amici, parlano a lungo. Una sera, ad un ricevimento, egli la guarda mentre si china a servire gli ospiti e rimane improvvisamente colpito dalla bellezza della sua schiena e delle sue gambe. Per la prima volta «la vede». Una seconda violenta rivelazione avviene quando gli appare abbronzata in costume da bagno. È letteralmente sconvolto dalla sua bellezza. Però capisce di essere innamorato alla follia solo più tardi. Quando vive già insieme a lei ed ha avuto un leggerissimo diverbio. Esce di casa per recarsi al lavoro e, d'un tratto, viene afferrato dal terrore che lei, irritata, non lo voglia più vedere. Pazzo d'angoscia, corre a cercarla e la trova sorridente e serena. La stringe a sé tremante. Anche l'ultima barriera è caduta. Ora sa che quella donna gli è indispensabile, che non può vivere senza di lei.

Dunque un amore nasce dal profondo e guarda verso il futuro. Però richiede che il soggetto l'accetti, lo voglia. Nel conflitto fra il processo di innamoramento e le resistenze del soggetto, ci sono come dei salti, dei cedimenti discontinui, delle prese di coscienza improvvise. *L'uomo di Torino* capisce subito di essere innamorato. Si autodefinisce subito in questo modo. *L'uomo di Bari* lo fa solo dopo che ha ricevuto una notizia che sconvolge la sua vita. *Student*, invece, se ne accorge solo molto tardi, perché il suo è un amore non ricambiato. Infine *L'uomo prudente* si difende anche se la sua donna lo ama.

Il colpo di fulmine non è, quindi, un fenomeno nevrotico, come dicono molti psicoanalisti. Essi sostengono che nel colpo di fulmine noi non conosciamo l'altra persona, per cui ciò che vediamo in lei è una nostra proiezione. Mentre, quando la conosciamo bene, il nostro amore sorge dal principio di realtà. I casi che abbiamo raccontato li smentiscono. La persona che vediamo nell'innamoramento è sempre qualcosa di misterioso e di sconosciuto che ci chiama. Anche quando ci innamoriamo di un nostro amico o di una nostra amica, c'è sempre un istante miracoloso in cui la osserviamo con occhi nuovi e scopriamo, d'un tratto, che possiede qualità straordinarie, che prima non avevamo notato.

Il pericolo maggiore nascosto nell'innamoramento improvviso deriva dal fatto che i due innamorati possono avere progetti completamente diversi e non saperlo. È ciò che accade ai protagonisti del film di Visconti, *Ossessione*. Lui è un camionista, vuol viaggiare, conoscere il mondo. Lei è una donna giovane, bella, sposata con un uomo ricco, vecchio e rozzo. Si innamorano. Uccidono il vecchio marito, simulando un incidente. Sono liberi di amarsi. Ma proprio ora che possono fare ciò che vogliono, fra loro sorge una divergenza. Lui vuole solo lei, non gli importa della casa e della trattoria. Vuole continuare a viaggiare con la donna amata. Ma lei ha un altro progetto. Ha assaporato il piacere di essere la padrona di casa, il piacere di possedere dei beni. E vuole condividerli con l'uomo che ama. Lui non vuole restare sul luogo del delitto, sa che è pericoloso, prima o poi saranno scoperti. Lei invece non vuole muoversi, vuole assaporare il piacere dell'agiatezza. Quella casa è il simbolo della sua conquista, del suo riscatto. Lui allora cerca di partire, di distrarsi con un'altra ragazza. Ma è inutile. Il richiamo dell'amore è più forte. Torna indietro. Ora anche lei ha capito che devono andarsene. Ma è troppo tardi. Fuggono inseguiti dalla polizia, la macchina precipita in una scarpata e lei muore fra le sue braccia.

Le affinità elettive

Nel film *Lezioni di piano*, di Jane Campion, una giovane donna inglese viene data in moglie ad un coltivatore della Nuova Zelanda. La ragazza è muta fin dai sei anni, comunica con i gesti, con la scrittura e suona appassionatamente il piano. Quando approda sulla costa sbarcano anche il suo pianoforte, che però non può essere trasportato nella giungla e resta sulla spiaggia. Poiché il marito e le cognate non le danno ascolto, chiede ad un vicino di accompagnarla per poterlo suonare nuovamente. Il vicino acconsente. Giunti sulla spiaggia, la sente suonare e ne resta profondamente colpito. Allora acquista lo strumento dal marito. Lo trasporta dalla spiaggia a casa sua, lo fa accordare e, poi, chiede alla donna di dargli lezioni di piano.

Vedendola suonare è preso da un desiderio irresistibile, travolgente di lei, dei suoi suoni, del suo corpo. Accorgendosi che, per la donna, il pianoforte rappresenta la vita, le fa un ricatto: le consente di darglielo se lei si lascia guardare le spalle nude, se si lascia toccare, se si corica nuda accanto a lui. Le propone di comperare il pianoforte con il proprio corpo, pezzo per pezzo. E lei accetta. Però, ad un certo punto, l'uomo si accorge di essere veramente innamorato e, allora, ha una crisi. Si vergogna di aver abusato del suo bisogno, si vergogna di averla trattata come una prostituta. Le dona il pianoforte e se ne va. Poiché l'ama, non vuole che lei faccia niente contro la propria libera volontà. A questo punto anche la donna si accorge di amarlo. Lo ama perché è stato l'unico che l'ha capita, che ha compreso il suo linguaggio. Dopo uno scontro violento con il marito, fugge con lui. Durante il viaggio, lei decide di liberarsi completamente del passato e fa gettare il pianoforte nell'oceano. Ma questo, cadendo, la trascina con sé. Non si era accorta che una sua caviglia era rimasta impigliata nella fune che lo teneva legato alla barca. Con un disperato atto di volontà, però, riesce a liberarsi dalla fune e riemerge. Ormai è libera dal suo passato e, insieme al suo amato, potrà ricominciare una nuova esistenza in Europa.

In questo delizioso racconto, l'amore sorge sulla base di una affinità elettiva. L'uomo è rimasto affascinato dalla donna che suona: dal suo corpo, dal suo volto e dal modo in cui lei si esprime: la musica. Un'arte sconosciuta che gli rivela la propria anima e l'anima di lei. La musica è qualcosa che essi hanno in comune in modo esclusivo. Essi soli la capiscono. Il marito pensa soltanto ad acquistare terreni e aspetta che l'amore coniugale nasca dalla vicinanza. Mentre lui, anche se la tratta come una prostituta, la desidera nella sua interezza, corpo e spirito. Perché la musica è il suo spirito. Egli è il primo uomo che non scinde il suo corpo dalla sua musica, che fonde sessualità e arte. Questo risveglia l'erotismo della donna, lo fa erompere e, contemporaneamente, le ridà l'uso della parola. Ciò che li unisce è perciò una affinità profonda: il rispetto reciproco delle loro essenze fisiche e spirituali.

Un altro esempio di reale affinità elettiva è quello del compositore Giuseppe Verdi e del soprano Giuseppina Strepponi. Verdi era nato in un piccolo paese dell'Emilia, era povero. L'aveva fatto studiare un uomo generoso, di cui poi aveva sposato la figlia. Ma le difficoltà della vita e le incomprensioni subite da giovane gli avevano lasciato un carattere chiuso e taciturno. Come per la ragazza di *Lezioni di piano*, la sua forma di espressione non era la parola, ma la musica. È questo che intuisce Giuseppina Strepponi, una cantante bella e famosa, nel giovane compositore ombroso. Penetra nella sua anima e vi evoca il canto più bello. Allo stesso modo, nella Strepponi Verdi intravvede la realizzazione della sua musica e l'incoronazione di tutti i valori di lealtà e di semplicità in cui credeva. Resteranno uniti tutta la vita, e lui non la lascerà mai.

Questo tipo di affinità non deve essere confusa con quella che provano tutti gli innamorati e che deriva dalle proprietà dello *stato nascente* amoroso. Tutti gli innamorati, infatti, hanno l'impressione che esista fra di loro una affinità profonda, addirittura una essenza comune. È come se l'uno fosse sempre stato in cerca dell'amato e, finalmente, lo avesse *riconosciuto* in mezzo ai mille volti della folla. Il *riconoscimento* è un fenomeno che si può spiegare tenendo presente che nella fase iniziale dell'innamoramento noi subiamo una profonda trasformazione emotiva e mentale. La nostra sensibilità si dilata e diventiamo capaci di capire, apprezzare, amare l'essere in se stesso. È come se intuissimo l'essenza dell'altro, quella che lui stesso non conosce. Ed è questa essenza che noi riconosciamo. Ma questo *riconoscimento* non vuol dire che esista fra di noi una *affinità personale* profonda, una comunanza di gusti, di valori. L'innamoramento può attrarre anche persone che scoprono le loro diversità solo in seguito.

È ciò che accade a *Madame Bovary*. Lei non ama suo marito e si sente incompresa nel villaggio in cui vive. Legge libri romantici, storie d'amore, sogna avventure, viaggi. Un giorno, nella casa di fronte alla sua, arriva un giovane di studio presso un notaio, Léon, con cui incomincia a parlare di Parigi, del mare, dei viaggi. Allora ha l'impressione di aver trovato qualcuno che ha la sua stessa sensibilità, i suoi stessi valori. Ma è vero? No. Léon è giovane, ha la sensibilità ed i sogni di un ragazzo. Però non ha né carattere, né spirito di avventura. Infatti finirà per farsi mantenere da lei e non riuscirà nemmeno ad accorgersi della tragedia della donna che lo ama. Non c'è nessuna vera affinità elettiva, solo una vaga concordanza di aspirazioni, di sogni.

Lo stesso avviene nel caso del grande compositore sinfonico Gustav Mahler e di sua moglie Alma. Mahler dirige l'Opera di Corte di Vienna. È famoso come esecutore, ma la sua grande musica non viene ancora capita. Egli lotta disperatamente per affermarla e cerca nella persona amata anche un'alleata, una complice. Alma ha ventidue anni. È bellissima, intelligente, affascinante e compone anche lei. Ma, se apprezza ed ammira il direttore d'orchestra, non capisce, non le piace la sua musica. Anche se è follemente innamorato, Mahler le scrive alcune drammatiche lettere in cui le espone, con estrema chiarezza, il suo disegno artistico. Per realizzarlo deve compiere uno sforzo terribile, una fatica sovrumana, e ha bisogno di lei, del suo aiuto. Le chiede di rinunciare alla musica che piace a tutti e dedicarsi a quella che lui sta creando.[22] La donna accetta, lo sposa, però, nell'intimo, non è affatto convinta. Già dopo pochi mesi, è infelice. Il marito non le piace fisicamente, sente la mancanza dei propri amici e ammiratori, della propria musica. Fra i due, in realtà, non c'è alcuna affinità elettiva. Alla fine Alma si innamora di Gropius e, poco tempo dopo, Mahler muore.

Dall'amicizia all'amore

C'è anche una forma di amore che sboccia, a poco a poco, dall'amicizia. Un amore che non si presenta come esplosione fra due sconosciuti, ma in cui le persone si incontrano, prima, sul terreno delicato della stima e della confidenza reciproca. Poi si affaccia il desiderio erotico. E l'erotismo, all'inizio, è soltanto una aggiunta, o un desiderio di conoscersi meglio. Solo l'intimità erotica, infatti, rivela aspetti sconosciuti e profondi della persona. La fiducia dell'amicizia consente un abbandono sereno. Non c'è nessuna messa in scena, nessuna necessità di sedurre, di apparire.

Nel colpo di fulmine sfolgorante e terribile, gli innamorati non si conoscono. Sono due sconosciuti affascinati dalla propria affinità e dalla propria diversità e che non sanno, in realtà, nulla l'uno dell'altro. Invece, nell'innamoramento che nasce dall'amicizia, esiste già una *affinità elettiva* ed esiste già un solido fondamento di confidenza, di stima, di fiducia.

Attenzione. Anche nel caso dell'amicizia l'innamoramento resta un fatto imprevisto e imprevedibile. Sboccia per conto proprio, scaturisce dal mondo interiore, dal profondo. C'è sempre un momento magico in cui l'amico o l'amica che credevamo di conoscere così bene, ci appaiono improvvisamente, diversi e meravigliosi. Lontani e, nello stesso tempo, intessuti di quel mistero che solo l'innamoramento sa scoprire negli esseri umani. Questo innamoramento è assolutamente identico, nella sua struttura, a quello che compare fra due sconosciuti. Eppure l'amicizia, la lunga serena amicizia, gli conferisce qualcosa di prezioso, di altrettanto prezioso dello stato nascente stesso. Perché l'innamoramento non è un atto, è un processo. È un succedersi di rivelazioni e di domande, è un succedersi di angosce, è un succedersi di prove. L'innamoramento, per diventare amore, deve conoscere anche ciò che l'altra persona è empiricamente. Noi possiamo innamorarci di qualcuno che si rivela diverso da come l'avevamo immaginato. Che ci delude, che ci disillude. Tutto questo si scopre nel tempo. Come facciamo a sapere che l'altro ci ama? Che l'altro non ci mente? Poniamo domande, poniamo prove, e l'altro le pone a noi. Solo così l'amore diventa conoscenza vera e non sogno. L'amore, per durare, deve diventare anche fiducia, anche stima. Deve cioè acquistare alcune delle proprietà dell'amicizia.

L'amore che sorge dall'amicizia ha già percorso una tappa di questo cammino. Noi conosciamo il nostro amico, i suoi limiti, ma anche le sue virtù. Abbiamo, soprattutto, fiducia in lui, nella sua lealtà. Se non fosse così, non sarebbe diventato nostro amico. L'amicizia ha una sostanza morale. È su queste conoscenze, su queste silenziose sicurezze morali che può contare l'amore nascente. L'amore resta turbamento, timore, resta commozione, pianto, resta desiderio indicibile di avere il nostro amato in noi. Ma, accanto a questi sentimenti, intrecciati ad essi, l'amicizia vi inserisce la fiducia, la confidenza reciproca e il rispetto della libertà. L'innamoramento che nasce entro l'amicizia è, perciò, più limpido e più sereno.

CAPITOLO TERZO

I legami amorosi

Quali sono i meccanismi fondamentali su cui è fondato l'amore? Tutte le forme di amore? Da cui dipende quindi anche l'innamoramento, la formazione della coppia e il suo destino? Essi sono: il principio del piacere, la perdita, l'indicazione e lo stato nascente.

Il principio del piacere

Incominciamo con *il principio del piacere*. È il punto di partenza più diffuso, più universalmente accettato. Noi ci leghiamo alle persone che soddisfano i nostri bisogni ed i nostri desideri. Se una persona ci procura piacere avremo tendenza a ritornare di nuovo da lei, a stare più a lungo con lei e stabilire rapporti più stretti. Il piacere rafforza il legame, la frustrazione lo indebolisce. Questo meccanismo è alla base dei riflessi condizionati e di tutte le teorie dell'apprendimento. È in base a questo meccanismo che il bambino si affeziona ai genitori, perché questi soddisfano tutti i suoi bisogni fondamentali, lo nutrono, lo tengono in vita, gli danno l'affetto di cui ha bisogno. È anche il meccanismo che sta alla base dell'amicizia. Noi diventiamo amici di chi ci è simpatico, di chi ci comprende, di chi ci ascolta, di chi ci sta a fianco nei momenti di gioia, di tensione, di dolore. Stare con l'amico ci procura piacere, ci diverte, ci fa star bene. Ogni incontro con l'amico ci aiuta a scoprire qualcosa di noi stessi e del mondo.[1] Ci arricchiamo attraverso la sua esperienza e ci rafforziamo grazie alla sua solidarietà. Noi ci fidiamo dell'amico, ricorriamo a lui in caso di bisogno, per confidargli un nostro problema o un nostro segreto. E, poiché risponde alle nostre domande, soddisfa le nostre esigenze, col passare del tempo, il legame si rafforza. Se, invece, l'amico ci delude, ci inganna, ci tradisce, il legame si indebolisce e, ad un certo punto, si spezza.

Ogni incontro erotico piacevole, ogni estasi raggiunta rafforza il nostro bisogno dell'altro. Se l'esperienza di piacere è bilaterale, si stabilirà fra le due persone un legame duraturo. Ciascuno cercherà di essere gradito, di piacere all'altro, di farlo felice. Eviterà tutte le situazioni sgradevoli, farà in modo che l'incontro risulti gioioso, perfetto. Perfetto per entrambi, perché possano ritrovarsi, continuare la loro relazione.

L'amore sboccia quando incontriamo una persona che ha le qualità che per noi sono importanti, che soddisfano desideri, sogni, ambizioni profonde che si sono formate nel corso della nostra vita, a partire dalla primissima infanzia, nel rapporto con i genitori.[2] Bisogni reali e bisogni simbolici, a volte coscienti, a volte inconsci. Perché l'amore sia bilaterale occorre che questi bisogni reciproci si corrispondano. Ma la vita amorosa della coppia richiede anche una attività intelligente, una gestione del rapporto. Ciascuno deve comprendere ciò che piace all'altro, tener conto delle sue esigenze, delle sue speranze, dei suoi timori. Solo così la reciproca soddisfazione raggiunge il massimo.

Però il principio del piacere, da solo, non basta per spiegare l'innamoramento. Perché questo meccanismo, per creare legami forti ha bisogno di tempo. Il legame diventa tanto più forte quanto più si ripete la soddisfazione reciproca, quanto più tempo passa. Come avviene nel rapporto fra figli e genitori, fra amici. Il legame forte è il risultato di una storia andata bene. Noi invece possiamo innamorarci in brevissimo tempo di una persona che non conosciamo, che non sappiamo se ci ama e che, talvolta, ci fa soffrire atrocemente. L'amore dell'innamoramento si presenta come qualcosa che si impadronisce di noi, che ci lega contro la nostra volontà, talvolta come una follia, come una malattia da cui vogliamo liberarci. Così amiamo persone in cui non abbiamo fiducia, che ci tradiscono. E continuiamo ad amarle nonostante il dolore, nonostante la disperazione, nonostante l'odio. Come diceva Madame de La Fayette della principessa de Clèves, «Ella si turbava nel vederlo, e tuttavia ne era lieta. E le sembrava di odiarlo per il dolore che quel pensiero le dava».[3]

La perdita

Il secondo meccanismo è quello della perdita. Noi, spesso, ci accorgiamo che una persona ci è indispensabile soltanto quando rischiamo di perderla, quando si allontana da noi o quando una potenza negativa, la malattia, la violenza, la morte ce la sottrae. Facciamo un esempio. Ci sono dei genitori stanchi, indaffarati, incolleriti con un figlio ribelle, che non studia, che non ubbidisce. Lo sgridano. Però un giorno, improvvisamente, si accorgono che il ragazzo è scomparso. Dimenticano subito i rimproveri, le collere. Lasciano ogni cosa per mettersi alla sua ricerca. Pensano solo a trovarlo. Si rendono conto di amarlo disperatamente, e che tutto il resto non aveva alcuna importanza. *L'essere-che-si-perde* diventa un oggetto assoluto d'amore. Il suo ritrovamento diventa la condizione necessaria perché tutte le altre cose possano riacquistare senso. Trovarlo diventa il fine ultimo e il resto diventa un mezzo per realizzare quel fine. Esso perciò *gerarchizza* tutte le altre relazioni, separa ciò che è essenziale da ciò che non è essenziale. Se il figlio viene ritrovato poche ore dopo, allora l'angoscia e il desiderio si dissolvono come un brutto sogno. Resta però un residuo: adesso sanno che per loro è essenziale, che lo amano. Se, invece, la ricerca continua spasmodica per giorni e giorni, per mesi e mesi, allora tutta la loro vita quotidiana si ristruttura in rapporto al compito di ritrovarlo, riabbracciarlo.

Questo tipo di esperienza ci rivela che l'oggetto amato è più importante di noi stessi, tant'è vero che, per salvarlo, siamo disposti a sacrificare la nostra vita. La perdita crea una discontinuità: da una parte c'è l'essenziale, dall'altra l'inessenziale. E i due piani sono incommensurabili, inconfrontabili. Siamo nel regno degli assoluti, dove vale la legge del tutto o del nulla.

Il meccanismo della perdita non funziona solo per gli oggetti individuali d'amore. La perdita ci rivela anche il valore dei nostri oggetti collettivi. Il valore della nostra patria, del nostro gruppo etnico, della libertà, ci appare quando è minacciato, quando un nemico ci invade o uccide alcuni dei nostri. Allora per essi siamo disposti a combattere fino alla morte. A Masada, gli zeloti, assediati, uccidono i loro famigliari e poi si suicidano per non cadere schiavi dei romani. I romani scelgono di morire nell'incendio di Sagunto pur di non cadere prigionieri dei cartaginesi. Nello sterminio dei tutsi, in Ruanda, molte madri hanno preferito uccidere i loro figli per non vederli torturati e, poi, fatti a pezzi con il machete.

Esistono due situazioni diverse di perdita. Nella prima non c'è un avversario, un nemico che ci minaccia, che vuol impadronirsi o distruggere i nostri oggetti d'amore. È il caso del bambino che si perde. È il caso della malattia. È il caso dell'angoscia che proviamo quando abbiamo l'impressione che la persona amata ci trascuri, non ci ami più. Nella seconda situazione, la perdita dipende da un *aggressore*, da un *nemico* che attacca e minaccia il nostro oggetto d'amore. Come nel rapimento o nell'invasione. La *gelosia* è il prodotto di entrambe le componenti. Infatti, perché ci sia gelosia, ci deve essere un rivale, qualcuno che ci sottrae il nostro oggetto d'amore e prende il nostro posto. Però occorre anche la complicità, il consenso della persona amata. Nella gelosia noi abbiamo paura che il nostro amato preferisca l'altro a noi. La nostra aggressività perciò si può rivolgere tanto contro chi amiamo quanto contro colui che ce lo porta via. Per indicare la forza che ci sottrae la persona amata, di qualunque specie si tratti (perdita, malattia, seduttore o nemico), noi useremo l'espressione: *potenza del negativo.*

Nella perdita noi ci accorgiamo di amare qualcuno che, in realtà, amavamo già prima. La perdita è una specie di brutale e drammatica riconferma di ciò che avremmo già dovuto sapere. In realtà, l'esperienza della perdita non ci rivela solo un amore preesistente. Aggiunge qualcosa, ci fa afferrare più profondamente l'importanza dell'oggetto. Ci lega di più all'oggetto amato. Di conseguenza, il legame amoroso si rafforza attraverso un succedersi di esperienze di perdita. La madre aspetta ansiosamente il suo bambino già prima che nasca e così lo protegge dai pericoli, dalle malattie, lo salva, lo fa nascere. Poi lo nutre, veglia su di lui, lo culla quando piange, lo cura quando pensa che stia male. Mentre dorme, gli sta accanto temendo che possa svegliarsi e piangere di paura. Lo protegge, lo difende da tutti i pericoli sempre in agguato. Lo salva dalla *potenza del negativo.* Ed ogni volta lo riscopre come fine ultimo, come valore. Ed ecco perciò la conclusione importantissima a cui siamo giunti. *La perdita non si limita a svelarci un amore che esiste già, contribuisce a crearlo.*

Abbiamo detto, parlando del meccanismo del piacere, che il legame amoroso è il precipitato storico delle esperienze positive avute. Possiamo aggiungere che i nostri oggetti d'amore sono anche il precipitato storico della lotta che abbiamo sostenuto per loro contro le potenze del negativo. Noi perciò amiamo ciò che ci ha dato piacere, ma *amiamo anche ciò che abbiamo salvato dal nulla. Ciò a cui abbiamo dato vita e che abbiamo conservato in vita.*

Noi amiamo ciò che, attraverso il nostro lavoro, il nostro sforzo, la nostra dedizione, è diventato una oggettivazione di noi stessi, il luogo in cui abbiamo messo il meglio delle nostre energie vitali. Amiamo il prodotto della nostra generosità, il dono della nostra vita che, oggettivandosi in qualcosa che è altro da noi, diventa più importante di noi stessi.

I genitori amano i figli perché li hanno nutriti, difesi, perché hanno passato notti insonni al loro capezzale, perché ogni volta, di fronte ad un pericolo, ad una minaccia, li hanno messi al primo posto, perché ne hanno fatto un fine ultimo ed hanno considerato tutto il resto un mezzo. Perché sono stati pronti a dare la vita per loro. Noi amiamo la nostra patria, il nostro partito perché ci siamo battuti, abbiamo speso la nostra vita e siamo stati sempre pronti a sacrificarla per essi.

Per questo motivo l'amore dei figli per i genitori è diverso da quello dei genitori per i figli. L'amore dei figli nasce dal principio del piacere, cioè dalla soddisfazione dei bisogni. Come l'amicizia o il legame erotico. Quello dei genitori invece nasce dalla dedizione, dall'oblio di sé. Come l'amor di patria. Ovviamente i due meccanismi spesso si mescolano e l'amore concreto scaturisce da entrambi. I genitori sono felici della dolcezza e dell'affetto dei loro figli. I figli sono ansiosi per la vita dei loro genitori e fanno di tutto per non farli soffrire e renderli felici. Ma è importante tener presente che i principi generativi dell'amore sono separati.

A differenza del meccanismo del piacere che produce un legame tanto più forte quanto più viene soddisfatto, il meccanismo della perdita è sottoposto ad un processo di ***saturazione.*** La lotta per trattenere in vita qualcuno che amiamo, produce sofferenza. E se la lotta diventa troppo prolungata, se la sofferenza diventa troppo grande, noi ci ribelliamo, ci difendiamo. È il caso del malato cronico, del malato incurabile che assistiamo con pazienza, devozione. Dapprima il nostro amore cresce, ma poi, quando la situazione si prolunga, quando non ci sono miglioramenti o quando l'esito diventa inevitabile, la pena, la sofferenza incominciano a pesarci sempre di più. A poco a poco allora avviene il distacco. E incominciamo a desiderare che quella tortura finisca.

Il meccanismo della perdita è, nella sua essenza, una lotta. E quando non c'è più speranza di vittoria, quando la lotta appare priva di scopo, il meccanismo si esaurisce. Ma ci sono perlomeno altre due situazioni in cui un amore basato sulla perdita svanisce o si trasforma addirittura in rancore. Il primo è quando, dopo aver tanto lottato, veniamo ripagati con l'ingratitudine. Il secondo, quando ci accorgiamo che l'altra persona ci ha ricattato, ha finto di essere ammalata o ci ha fatto ingelosire per tenerci legati.

Nella perdita noi ci leghiamo a ciò che tratteniamo, a qualcosa che ci viene sottratto. È una difesa da una potenza esterna, la *potenza del negativo*. Ma esiste anche una tendenza ad impossessarsi di ciò che è degli altri, ad estendere il proprio territorio, a soggiogare, a dominare, a vincere. L'animale difende il suo territorio dall'aggressore esterno ma, nello stesso tempo, cerca di invadere il territorio altrui. Una tendenza all'*affermazione*. Pensiamo a due figure come Don Giovanni e Casanova. Essi ardono d'amore, di desiderio, di passione per una donna. E perciò l'assediano con la loro seduzione. Però, una volta che la donna si è concessa, che ha «capitolato», il loro interesse scompare. L'*affermazione* esaurisce il suo effetto nella vittoria. Non crea amore stabile.

Molte donne si sono affermate attraverso la seduzione. Quando seduciamo qualcuno, quando l'altro ci ama, acquistiamo un enorme potere su di lui. E, ad alcune donne questo potere piace. Piace sentirsi amate, adorate. Piace dominare. Françoise Giroud attribuisce questo carattere ad Alma Mahler, la moglie del grande compositore viennese. Il pittore Klimt quando non era ancora famoso, si innamora di lei. Ma Alma lo tiene sulla corda, lo attrae e lo respinge, e lui le corre dietro adorante. Poi è la volta del suo professore di musica, Zemlinsky. «Questo» scrive Giroud «l'ha fatto impazzire. Facendosi abbracciare, accarezzare consentendogli tutte le libertà, parlando di fidanzamento, rifiutando il matrimonio, facendo il bello e il cattivo tempo. Tenendo con lui una corrispondenza infiammata, lo tortura per due anni».[4] Anche il caso di Lou Salomé – di cui parleremo estesamente in seguito – è dello stesso tipo. Vuol essere amata da Rée, da Nietzsche, da Andreas, tenerli tutti legati, tutti adoranti, senza concedersi mai. Ed in tutti questi casi il vero meccanismo che crea amore, dipendenza, è quello che trattiene, che conserva: il meccanismo della *perdita*.

L'indicazione

Questo meccanismo è stato analizzato in modo approfondito da René Girard,[5] che lo ha posto alla base di tutta la sua teoria socio-filosofica. Per Girard ogni nostro desiderio nasce perché imitiamo, facciamo nostri i desideri degli altri. Ci sono due fratellini. Diamo una mela al primo, e al secondo niente. Dopo un po' il secondo la vuole anche lui. Non perché abbia fame, ma perché l'ha avuta il primo. Si è identificato con il fratello e ha fatto proprio il suo desiderio. «L'uomo desidera intensamente» scrive Girard «ma non sa esattamente che cosa, poiché è l'essere che egli desidera, un essere di cui si sente privo e di cui qualcun altro gli sembra fornito. Il soggetto attende dall'altro che gli dica ciò che si deve desiderare... Non è con le parole, è col suo stesso desiderio che il modello indica al soggetto l'oggetto supremamente desiderabile.»[6] Sono gli altri, con il loro desiderio che ci *indicano* che cos'è desiderabile.

Noi vogliamo qualcosa solo perché ci identifichiamo con un altro che desidera la stessa cosa. E, proprio perché vogliamo esattamente il suo stesso oggetto, entriamo in competizione con lui. Ce lo ritroviamo sul cammino come avversario. «La rivalità» scrive Girard «non è il frutto di una convergenza accidentale dei due desideri sullo stesso oggetto. Il soggetto desidera l'oggetto perché lo desidera il rivale stesso. Desiderando questo o quell'oggetto, il rivale lo indica al soggetto come desiderabile»[7] e, nello stesso tempo, gli sbarra la strada perché lo vuole lui. Ogni amore è perciò triangolare. È costruito di gelosia e di competizione.

Secondo Girard, noi ci innamoriamo sempre di qualcuno che è già amato da un altro (il mediatore) e che ce lo indica come desiderabile proprio con il suo amore. La persona amata ci appare straordinaria e misteriosa perché ce la impone il desiderio del mediatore. Il soggetto esalta, trasfigura, rende divina una persona quanto più è amata, ammirata, dagli altri.

È l'*amore vanità* di cui parla Stendhal. L'innamorato si accorge di questa illusione solo quando riesce a raggiungere la sua meta. Quando la persona amata finalmente gli dice di sì, quando l'avversario, finalmente sconfitto, scompare. Ma allora scompare anche il desiderio. Svanito l'antagonista da cui prendevamo il desiderio, anche la nostra idealizzazione svanisce.

Come vedremo, questo meccanismo è importante per spiegare certe forme di amore competitivo oppure quello rivolto ai divi. Questi sono amati, adorati da milioni di persone. È questa indicazione collettiva che ce li fa apparire belli, desiderabili, straordinari. Però esso agisce anche nelle situazioni normali. Tutti conosciamo il proverbio che dice: «L'erba del vicino è sempre più verde».

Principio del piacere, *perdita* ed *indicazione* sono tre meccanismi indispensabili per spiegare l'esperienza amorosa. Ma, da soli, non sono sufficienti per spiegare come sia possibile l'innamoramento improvviso. Il meccanismo del piacere infatti richiede del tempo. Richiede che ci siano state numerose esperienze positive capaci di rafforzare il desiderio. La perdita presuppone un attaccamento precedente. E, infine, l'indicazione non può spiegare perché spesso noi ci innamoriamo di chi non ci viene indicato da nessuno, e senza che ci siano rivali. Dobbiamo perciò identificare un altro meccanismo fondamentale, il più importante di tutti, finora rimasto sconosciuto: lo stato nascente.

Lo stato nascente

Qual è il principio base dello stato nascente? Il passaggio dal disordine all'ordine. La soluzione di un problema.[8] Arthur Koestler, nel suo libro *L'atto della creazione*, scrive: «Quando la vita ci propone un problema, l'attacchiamo in conformità a un codice di regole che, nel passato, ci ha reso possibile affrontare problemi analoghi... Ma... la novità può arrivare ad un punto tale... ad un livello tale di complessità, che rende impossibile la soluzione con le regole del gioco applicate alle situazioni passate. Quando ciò accade diciamo che la situazione è bloccata... Una situazione bloccata accresce la tensione di un desiderio frustrato... Finché il caso o l'intuizione forniscono un collegamento con una matrice del *tutto diversa*».[9] Allora noi vediamo, scopriamo qualcosa di completamente nuovo.

Ma qual è il problema di cui l'innamoramento è la soluzione? È questo: noi esseri umani, fin dall'infanzia, abbiamo bisogno di oggetti assoluti e totali di amore. Come nostra madre, Dio, la patria, il partito. Qualcosa più importante di noi e che ci trascende.

Tutti gli oggetti concreti d'amore, invece, sono limitati e, spesso, diventano oppressivi e frustranti. Inoltre, quanto più sono importanti per noi, tanto più hanno la possibilità di deluderci. Se una cosa ci interessa poco, ci può anche fare poco male. Se, invece, per noi è essenziale, anche una sua disattenzione ci ferisce. Così finiamo per provare dei sentimenti aggressivi verso le persone che amiamo. I figli verso i genitori, le mogli verso i mariti. E viceversa. A questo duplice sentimento Freud ha dato il nome di *ambivalenza. L'ambivalenza è confusione, disordine.* e ci procura sofferenza.[10] Noi allora cerchiamo di diminuirla idealizzando i nostri oggetti d'amore, prendendo su di noi la colpa di quanto avviene o attribuendola a delle cause esterne.[11] Il marito si sente in colpa se sua moglie è nervosa. La moglie cerca di giustificare con la stanchezza, con il lavoro, con le preoccupazioni, il malumore del marito. Tutti i meccanismi con cui prendiamo su di noi l'aggressività che non rivolgiamo verso il nostro oggetto d'amore, li chiameremo *depressivi.* Tutti quelli con cui noi scarichiamo l'aggressività su qualche oggetto esterno li chiameremo *persecutivi.*[12]

I nostri oggetti d'amore (marito, moglie, amante, figli, partito, chiesa, qualunque cosa con cui ci identifichiamo e che amiamo) sono perciò sempre un costrutto ideale, il prodotto di una elaborazione. Essi sono collocati in un mito personale, continuamente rielaborato, rimaneggiato per ridurre le tensioni, per farli apparire buoni, splendenti, per abbassare il livello di ambivalenza. Ma questo lavoro continuo di riparazione, di aggiustamento, di compromessi pratici e di revisioni ideali, in certi casi può fallire. Durante la vita cambiamo, quello che ci andava bene prima non ci basta più. Nuove esperienze fanno nascere in noi nuove esigenze. Dopo aver raggiunto un traguardo, affiorano dentro di noi tutti i desideri a cui abbiamo dovuto rinunciare. Si modificano anche le persone che amiamo. Diventano diverse, vogliono altre cose, incompatibili con quelle che ci piacciono. Per questo le relazioni di coppia si deteriorano. Per questo la gente rompe coi vecchi amici, divorzia, litiga con i figli. Oppure continua a fingere che tutto sia come prima mentre, in realtà, tutto è profondamente mutato. Continua a recitare in una commedia in cui non sa più che cosa è vero e che cosa è falso. Non sa più nemmeno ciò che vuole.

È questa la situazione di ambivalenza, di disordine, di *entropia*, in cui tanto i meccanismi depressivi quanto quelli persecutivi falliscono, perché non riescono più a idealizzare gli oggetti d'amore. Il problema è insolubile con i meccanismi tradizionali. Questi sono entrati in *sovraccarico*. Subentra un senso di vuoto, di inutilità, di fallimento. Gli impulsi vitali non sanno dove indirizzarsi. Errano a caso, cercano nuove strade. L'individuo ha l'esperienza di una grande potenzialità vitale sprecata. Ha l'impressione che solo gli altri siano felici. Li vede ridere, divertirsi, e ne prova una invidia struggente. È come se i suoi desideri profondi non potessero più rivelarglisi direttamente. Li percepisce negli altri. Nel deserto dell'ambivalenza e del disordine, sente, attorno a sé, desideri e passioni smisurate, felicità a lui proibite. È così che, spesso, si trovano gli adolescenti. Pieni di vita, ma incapaci di dare a questa vita i suoi oggetti e le sue mete.

La soluzione di questo problema è sempre una *ridefinizione di se stessi e del mondo.* Può essere una *conversione* religiosa. Improvvisamente il soggetto si rende conto che tutte le cose che lo facevano soffrire non valgono nulla. Che le vie che seguiva erano sbagliate. Nella nuova setta, nella nuova chiesa, tutto diventa semplice e chiaro. Oppure può essere una conversione politica. Anche qui egli trova ciò che è essenziale, e subordina il resto a ciò che vale veramente di più.

Può essere, infine, l'*innamoramento.* Allora la sua meta ultima diventa una persona, perché è attraverso di lei che intravvede tutto ciò che è desiderabile e la perfezione del suo essere. Lo *stato nascente* segna il momento in cui il vecchio mondo, disordinato e ambivalente, perde di valore, e ne appare uno nuovo, splendente, luminoso. È il momento della morte e della rinascita.

All'inizio dello stato nascente la prima esperienza è quella dello stupore. Siamo stupiti perché il mondo abituale ci è diventato estraneo, privo di valore. E a volte siamo presi da un senso di tristezza, di precarietà. Ma subito dopo ci afferra una grande gioia. Sentiamo affluire in noi tutte le energie vitali della terra ed è come se ogni cosa magicamente rifiorisse. Nello stato nascente dell'innamoramento questa rinascita della vita passa attraverso il contatto e il rapporto con una ben definita persona. È lei l'unica porta di accesso al nuovo mondo.

Mentre ci avviciniamo al nostro amore, ci sentiamo finalmente autentici, liberi. Nello stesso tempo, sentiamo che la nostra libertà si può realizzare solo facendo ciò a cui siamo chiamati: realizzare il nostro destino. Fino alla morte. La letteratura amorosa, che ci parla così spesso di morte, non rivela un gioco macabro o un segno di nevrosi del narratore, ma è il sintomo che, nell'innamoramento, viene messo in discussione il significato della vita. Noi ci poniamo davvero la domanda metafisica: «chi siamo? perché siamo qui? che valore ha la vita?». La nostra esistenza non ci appare più come qualcosa di naturale, che è così perché così va il mondo. Ma come un'avventura in cui siamo stati coinvolti e che possiamo rifiutare. Una strada su cui ci siamo avviati quasi per caso, ma che possiamo cambiare. Il nostro passato ci ritorna in mente e noi lo analizziamo, lo giudichiamo. Lo stato nascente è anche il giorno del giudizio.

Lentamente, nella nostra coscienza, si stabilisce una divisione fra ciò che è essenziale e ciò che, invece, è inessenziale. Nella vita quotidiana tutto ci sembra essenziale, anche le cose più sciocche. Ma, nello stato nascente, ci accorgiamo di quanto siano inutili e vane molte preoccupazioni che prima ci assillavano, quando le confrontiamo con ciò che sta diventando per noi il massimo bene, il senso stesso della vita.

Anche nella persona più stanca, l'amore è come un risveglio. Il mondo si rivela stupefacente. Chi sta sperimentando questo stato non riesce più a tornare a vivere nel grigiore inerte del passato. L'innamorato desidera amare anche se soffre, anche se si tormenta. La vita senza amore gli sembra arida, morta, insopportabile. La persona che amiamo non è soltanto più bella e desiderabile delle altre. È la *porta*, l'unica *porta* per penetrare in questo nuovo mondo, per accedere a questa vita più intensa. È attraverso di lei, in presenza di lei, grazie a lei, che troviamo il punto di contatto con la sorgente ultima delle cose, con la natura, con il cosmo, con l'assoluto. Allora il nostro linguaggio abituale diventa inadatto ad esprimere questa realtà interiore. Spontaneamente scopriamo il linguaggio del presagio, della poesia, del mito.

Lo stato nascente non è mai un arrivare, è un intravvedere. Come nel caso di Mosè, il più grande dei profeti, ma a cui fu concesso di vedere solo da lontano la Terra promessa, non di raggiungerla. La persona amata ci è infinitamente vicina, ma infinitamente distante. Fra tutte le persone ci è la più cara. Eppure la vediamo come una meta ideale inconoscibile ed irraggiungibile. Se ci ama, non è certo perché noi lo meritiamo. Ma per una sorta di miracolo. Il suo amore è una grazia. Questa stessa persona è portatrice di una potenza straordinaria che ci meraviglia, che ci sembra incredibile. Come un sogno che potrebbe svanire.

La forza dello stato nascente è una potenza redentrice che trasfigura ogni cosa. Della persona amata noi amiamo anche i difetti, anche le mancanze, anche gli organi interni, i reni, il fegato, la milza. La persona veramente innamorata vorrebbe accarezzarli, baciarli come fa per le labbra, per il seno, per il sesso. È sbagliato parlare di idealizzazione. È una *trasfigurazione*, una redenzione di ciò che abitualmente è considerato inferiore. Ciò che è nascosto viene portato all'aperto, sullo stesso piano di ciò che è nobile, socialmente ammirato.

L'innamoramento reciproco è il riconoscimento di due persone che entrano in stato nascente e che riplasmano la propria vita a partire dall'altro. Perché ci sia innamoramento bilaterale bisogna, quindi, che anche l'altro sia pronto a rispondere, ad aprirsi nello stesso modo, a rinascere.

Il processo di stato nascente di solito inizia in uno dei due e, poi, lo scatena nel secondo, rompendo il suo stato di equilibrio instabile. Lo stato nascente ha una formidabile capacità di comunicarsi. È una potenza di seduzione straordinaria che investe il suo oggetto e lo trascina con sé. Cosa che aveva capito bene Dante. Infatti Francesca dice. «Amor ch'a nullo amato amar perdona».

L'innamoramento reciproco, quindi, non è il riconoscimento di due persone in condizioni normali, con le loro qualità definite. Ma il *riconoscimento* di due persone in uno stato straordinario, lo stato nascente. Due persone che intravvedono la fine della separazione del soggetto dall'oggetto, l'estasi assoluta, la perfezione. Essi sono perciò, l'uno per l'altro, da un lato esseri in carne ed ossa, con nome, cognome, indirizzo, con bisogni, debolezze. Dall'altro, sono potenze trascendenti, attraverso cui passa la vita nella sua interezza.[13]

CAPITOLO QUARTO

La comunità

Il «noi», la comunità

Con lo stato nascente ha origine un tipo particolare di processo sociale che chiamiamo *movimento collettivo*. Il movimento collettivo produce, in un impeto di fede e di emozione, una nuova *comunità*.[1] La nostra tesi è che *l'innamoramento sia il più semplice dei movimenti collettivi*. Esso è formato da due sole persone e non produce una chiesa, una setta o un partito, ma la coppia. *La coppia è perciò la più piccola delle comunità*.

Nello stato nascente gli individui, in precedenza diversi, isolati, separati, in competizione, sentono di avere una affinità profonda, di avere la stessa meta, lo stesso sogno, lo stesso destino. Questo processo incomincia prima che si sia costituita una ideologia, una spiegazione del mondo. Essi *si riconoscono* non perché hanno le stesse idee, ma perché hanno lo stesso slancio, la stessa speranza. E tendono ad unirsi, a fondersi, a formare una collettività compatta, una comunità, un *noi* solidale.

I movimenti, nel loro stato nascente, sono labili, mutevoli però, col passare del tempo, tendono a diventare strutture sociali permanenti solidissime: *le istituzioni*. *Istituzione* è ciò che è stato scelto, voluto, definito. Ma l'istituzione, nel movimento, non nasce dalla sola ragione, nasce dall'incontro drammatico della speranza utopica dello stato nascente e della necessità di vivere e realizzarsi nel mondo. Esempi di movimenti collettivi sono il cristianesimo, l'islam, il francescanesimo, il luteranesimo, il calvinismo, il metodismo, il cartismo, il marxismo, ma anche i movimenti nazionali. Essi creano quelle comunità che chiamiamo sette, chiese, partiti, sindacati, nazioni.

Anche la coppia incomincia con lo stato nascente dell'innamoramento, ma poi si può stabilizzare e diventare una istituzione. Lo stato nascente dell'innamoramento ha delle proprietà particolari rispetto agli altri. Innanzitutto l'erotismo. In tutti i processi di stato nascente le persone si amano, ma solo nell'innamoramento c'è la felicità erotica, il gioco amoroso, la fusione fisica dei corpi e degli spiriti. Inoltre l'innamoramento crea un legame intimo, intenso, gioioso, fra due persone esattamente uguali. Nello stato nascente di gruppo emerge un capo carismatico, nell'innamoramento, invece, ciascuno è il capo carismatico dell'altro, non c'è gerarchia.

Creazione e distruzione

Finora abbiamo descritto l'innamoramento come una forza che crea, che unisce. Ma esso è anche una forza che divide, che distrugge. Per Tristano ed Isotta, per Lancillotto e Ginevra, per Paolo e Francesca l'innamoramento è una forza creativa che unisce, per re Marco, per re Artù, per il marito di Francesca da Rimini quello stesso amore è tradimento, adulterio, rovina. L'amore agisce qui come potenza rivoluzionaria che spezza i legami più sacri del matrimonio e della fedeltà al proprio re. L'amore di Lancillotto per la regina Ginevra, moglie di re Artù, produce violenza e rovine che coinvolgono non solo gli amanti, ma tutta la società. È con quell'adulterio che incomincia la serie delle guerre e delle tragedie che alla fine distruggono il regno.[2]

Lo stato nascente amoroso è il tentativo di mutare in modo radicale la propria vita, proprio come fa un grande movimento collettivo nella società. Esso è animato da un entusiasmo irrefrenabile. E chi vi partecipa ha l'impressione che tutti i mali, tutte le ingiustizie possano essere risolti. Per questo si scontra con le istituzioni esistenti e cerca di creare altri rapporti sociali. Nei casi estremi il movimento sovverte realmente l'esistente, e distrugge impietosamente il passato.[3]

Ogni innamoramento è potenzialmente rivoluzionario. Il suo effetto è sempre duplice. Ciò che per qualcuno è gioia, liberazione, rinascita, per qualcun altro è devastazione e rovina. Esso produce inevitabilmente scontro, conflitto fra chi appartiene alla nuova comunità emergente e coloro che si trovano in quella lacerata. Conflitto che può essere lievissimo nel caso di due giovani innamorati che non incontrano l'opposizione delle famiglie e vanno tranquillamente a convivere o sposarsi. Essi rivoluzionano solo le loro vite, senza rompere brutalmente con il passato. È ben diverso se gli innamorati sono sposati, o se sono vincolati da impegni e leggi sacre come l'ordine sacerdotale.

Nell'innamoramento è sempre presente la violenza. Tutto ciò che distrugge i legami passati, tutto ciò che sovverte i rapporti esistenti, è violento. L'innamorato non vuol fare del male. Ma per realizzare il suo sogno, per dar vita alla nuova comunità, può farlo. Può ferire persone che fino a poco tempo prima gli erano care. Dare loro un dolore terribile, spezzare loro il cuore. A questo dolore Simone de Beauvoir ha dato voce nel libro *Una donna spezzata*.

Nascita e moralità

In questo secolo, sotto l'influenza della psicoanalisi, si è diffusa l'idea che tutte le esperienze entusiasmanti ed esaltanti, tutti gli slanci appassionati del cuore, le emozioni più profonde, siano soltanto sopravvivenze infantili. Ma non è così. L'esperienza esaltante che si vive nello stato nascente, quando percepiamo di essere in contatto con l'assoluto, con l'essenza, quando intravvediamo l'armonia che esiste fra natura e cosmo, fra piacere e dovere, è una proprietà fondamentale della *mente umana.*

La vita umana non ha una sola nascita, una sola infanzia, ma è fatta di diverse rinascite, diverse infanzie. Lo stato nascente è, ogni volta, una morte-rinascita, la distruzione e la ristrutturazione del soggetto e del suo mondo. Questo avviene nell'innamoramento individuale, che è un nuovo *imprinting*, nella scoperta scientifica, nella conversione religiosa, nell'emergere di un nuovo gruppo politico, religioso, scientifico.

L'esperienza straordinaria, l'*incipit vita nova*, è un ringiovanimento dell'individuo e del suo cosmo, in cui tutto ritorna intenso e vibrante, traboccante di vita. Un balzo in avanti, una fuoruscita dall'esistente, dal quotidiano, l'intravvisione di un modo straordinario di essere, che il soggetto, o il gruppo, cerca poi di realizzare nel mondo. L'evoluzione, la perfezione e la libertà non sono il risultato della rinuncia al sogno per adeguarsi alla realtà, ma del tentativo di realizzare il sogno dentro la realtà. Di plasmare la realtà sul sogno, sull'ideale.

L'uomo sa superare l'esistente e può vivere in una dimensione dove tutto aspira alla sua perfezione. L'idea del paradiso terrestre non è solo il ricordo dell'infanzia, qualcosa di regressivo, da superare. Se non ci fosse questa aspirazione altissima, questo sogno straordinario, non ci potrebbe essere nessun sogno, nessun ideale e nessuna civiltà. L'idea del paradiso terrestre è la stella polare che guida l'uomo verso la perfezione.

Ogni società invecchia, si irrigidisce, si sclerotizza, esattamente come ogni individuo. Allora, dal suo seno, emerge una potenza rigenerante che la sovverte, la distrugge per creare una entità nuova. Questa potenza si presenta come un risveglio, l'intravvisione di una vita nuova. È questa visione che dà alla società, ai popoli, alla storia il loro carattere evolutivo. I movimenti, le loro speranze, le loro utopie, sono stati il lievito che ha portato gli uomini a cercare di realizzare, sia pure attraverso infiniti errori e fallimenti, società più buone e più giuste. È sotto la loro spinta che sono sorti i grandi ideali dell'umanità. La potenza rigenerante si rivela nel momento iniziale, come intuizione improvvisa, come bagliore, poi come luce splendente, diffusa, solare, universale, che si estende a tutti, abbraccia l'universo intero. Lo stato nascente è, quindi, visione di un mondo nuovo. E chi ha visto quel mondo vuole trasportarlo su questa terra. Perciò ne fa un progetto concreto, storico. Qualcosa dell'ideale viene sempre realizzato anche nell'azione concreta, sotto forma di *istituzione*. L'istituzione è, in parte, la custode e l'erede della promessa dello stato nascente.

Ma ciò che sta nascendo si contrappone sempre a qualcosa. Ciò che si libera è sempre liberazione da qualcosa. Nascere vuol dire anche distruggere. La potenza rigenerante che vuole il nuovo si contrappone con rabbia, talvolta con ferocia, a chi l'ostacola. Gli innamorati amano il mondo, l'universo, desiderano che ogni essere vivente sia felice, ma non sopportano di venire separati e sono pronti a tutto per realizzare il loro amore.

L'innamorato scopre che il mondo è paradiso, ma anche ostacolo. Il nuovo mondo gli va incontro con tutta la sua magnificenza, gravido di promesse. Ma gli pone compiti smisurati. Egli si accorge che non può realizzare tutto quanto ha intravvisto. Dovrà scontrarsi con l'esistente, soggiogarlo, distruggerlo per non esserne sopraffatto. Oppure piegarsi, arrivare a compromessi. Gli innamorati sognano che tutti li amino, che tutti li approvino. Restano dolorosamente colpiti quando si accorgono che non è vero. Si muovono nel vecchio mondo come bambini ingenui. Vedono sgomenti gli ostacoli che il vecchio mondo mette in atto per impedire il loro nuovo modo di essere. Gli ostacoli che accatasta sul loro cammino. Allora si battono selvaggiamente per non venirne soffocati, per non venir arrestati. Però non sono indifferenti. Non sono avidi e privi di morale. Anzi sono sensibilissimi al male, al dolore.

Lo stato nascente, proprio perché colora di valore assoluto tutto ciò che amiamo, il nuovo come il vecchio, ci mostra con orrore la scelta da compiere. Perché non è una scelta fra meglio e peggio, fra bene e male, ma fra due beni nello splendore del primo giorno. Per questo motivo la scelta si presenta come *dilemma*.[4] Ogni essere che rinasce, nel suo affacciarsi al mondo, si trova come il suo progenitore nel giardino dell'Eden e deve compiere una scelta che lo allontanerà dal paradiso. Qualsiasi scelta compia – obbedire al proprio gruppo o affermare se stesso, scegliere il nuovo amore o restare fedele al vecchio – una delle due alternative diventa male. Da allora in poi il mondo sarà scisso. Il dovere ed il piacere seguiranno due strade diverse. Dovrà guadagnarsi la vita col sudore della fronte, cioè con la vigilanza, il sospetto, la lotta. Ma gli resterà il ricordo di qualcosa di infinitamente più elevato e più bello.

La *moralità* che emerge dallo stato nascente non ha un solo volto, ma ne ha due opposti. [5] Il primo volto della moralità è quello che precede la scelta e che la rifiuta. Essa vuol esistere senza negare, esistere senza distruggere, esistere senza contrapporsi. Aspira ad un mondo diverso, indiviso, ad un mondo armonico, conciliato. Tende ad evitare la separazione assoluta fra bene e male. Tende ad evitare il giudizio. Il secondo volto è quello della moralità del vivere. Essa giustifica la lotta, la resistenza, le dà legittimità. È la moralità che divide l'amico dal nemico, che giudica e che condanna.

Maschio e femmina

L'innamoramento è identico nell'uomo e nella donna, nel giovane come nel vecchio, nell'omosessuale e nell'eterosessuale. Ma il senso di colpa, il dilemma è profondamente influenzato dalla cultura, dalla storia, dal tipo di moralità appresa. Nonostante il progressivo avvicinamento dei due sessi, in questo momento storico permangono delle differenze.[6] In genere la donna considera l'amore un atto positivo, morale. La sua morale tradizionale le dice: se ami qualcuno va' con lui. Nell'uomo, invece, l'amore appartiene al dominio del piacere. La sua morale tradizionale gli dice: sii fedele ai patti, prenditi cura di coloro che dipendono da te, non far soffrire coloro che ti amano e che dipendono dal tuo sostegno. Solo l'innamoramento, nell'uomo, produce una parziale legittimazione dell'amore. È come una esplosione che sovverte le regole morali correnti. Egli sente, interiormente, di avere il diritto di seguire il suo amore. Ma perfino in questo caso l'altra morale, la morale della responsabilità, continua ad agire.[7] L'uomo innamorato, perciò, molto spesso continua a preoccuparsi della persona che lascia, si sente responsabile della sua sofferenza. Ed è la nuova amata che lo spinge a lasciare l'altra. Di solito, è la donna che gli spiega che ha il diritto di farlo, che, anzi, ne ha il dovere, perché se resta con l'altra, non amandola, non può che farle del male.

È sbagliato vedere in questo comportamento una particolare competitività femminile verso il proprio sesso. La donna semplicemente pensa che, se si ama qualcuno, si debba amare solo lui e che non ci siano altri impegni etici da rispettare. Andando con chi ama, la donna ha rispettato tutti i suoi impegni morali. L'uomo, per migliaia e migliaia di anni, ha invece imparato che il suo primo dovere è verso la comunità, la famiglia, la moglie, i figli. E che l'erotismo è qualcosa in più. Qualcosa che può ottenere dalla moglie oppure dalle concubine o le schiave. Qualcosa che può ottenere anche con la guerra e il saccheggio. Ma tutto questo non deve interferire con i suoi doveri primari, che non sono erotici.

Quando le donne dicono che gli uomini sono più esitanti, incerti, dubbiosi di loro nelle cose d'amore, dicono il vero. Esse sono per il sì o per il no, senza posizioni intermedie. E quando un rapporto è finito, è finito per sempre, non continuano a sentire doveri di solidarietà con chi hanno cessato di amare. In un suo libro, Françoise Giroud fa dire alla sua protagonista a proposito del marito: «Ma la psicologia femminile non era affar suo. Non sapeva che una donna che abbia smesso di amare cancella semplicemente e naturalmente colui che fu l'oggetto del suo amore? Che lo abolisce?».[8]

L'uomo, invece, per millenni, è stato abituato a pensare di avere delle responsabilità, dei doveri e dei diritti che continuano anche dopo. Solo di recente, con la scomparsa del patriarcato, con l'indipendenza femminile, con la caduta della natalità, con l'assistenza sociale, tanto i pesi quanto le pretese tradizionali della responsabilità maschile vanno attenuandosi. Quello che resta è un abito mentale, un tipo di sensibilità morale che non ha più una giustificazione obiettiva. Perciò il modello femminile tende sempre più a prevalere. E l'uomo sente ormai la sua incertezza, la sua indecisione, non come una virtù, ma come una debolezza colpevole. La sua incertezza la vive, ancora una volta e paradossalmente, come *senso di colpa*.

Questioni morali

Il mondo antico aveva rigide regole morali nel campo dell'erotismo e dell'amore. Proibiva l'incesto, stabiliva impegni matrimoniali, condannava l'adulterio, la rottura della promessa di matrimonio, stabiliva l'obbligo di sposare la ragazza rimasta incinta. Queste regole sono invecchiate e perdono ogni giorno di importanza. Le relazioni erotiche e amorose vengono sempre più lasciate alla libera espressione individuale, alla preferenza, al piacere. Lo vediamo fra gli adolescenti. Se un ragazzo si incapriccia di una ragazza più bella, non si pone problemi nel lasciare quella precedente. Se una ragazza incontra un altro che le piace di più, lo comunica al suo ragazzo abituale. E se quello continua ad amarla, se soffre, se si suicida? Sono problemi suoi. Nel campo amoroso il soggetto non si sente responsabile di ciò che sente o fa l'altro.

Questo tipo di comportamenti adolescenziali si stanno estendendo alla vita adulta. La morale propugnata dai *serial* televisivi e dalle telenovele sostiene con chiarezza che l'unica forza che tiene unito il matrimonio è l'amore. L'amore giustifica tutto. La nuova morale ha un solo comandamento: «va' dove ti porta il cuore».[9] Se qualcuno non ama più, se è preso da collera e da odio, va senza voltarsi ad osservare il dolore e la devastazione che ha lasciato dietro di sé. Il risultato è che, nella vita reale, il mondo dell'amore e dell'erotismo sono sempre più dominati dalla logica della preferenza e della sopraffazione. Prendiamo il caso di una donna che ha aiutato il marito a fare carriera, che gli ha dato dei figli e lo ama teneramente. Lui si innamora di una ragazza più giovane e la sposa. La donna incomincia a bere e, alcuni anni dopo, muore di cirrosi epatica. L'ex marito non si considera moralmente responsabile di questa morte. Prendiamo un altro caso: un uomo di sessant'anni ha un dissesto finanziario, si ammala e allora la donna che vive con lui lo lascia. Lui muore di infarto. Anche in questo caso lei non si considera minimamente colpevole visto che non lo amava più. Ma tutto questo è giusto?

Ovviamente non c'è nessun contratto, nessuna legge morale che possa imporci di amare una persona che non amiamo. Ma da questo non deriva automaticamente che noi non siamo responsabili delle conseguenze provocate dalle nostre azioni. Farlo significa violare i principi morali fondamentali della nostra civiltà: il comandamento biblico di non fare agli altri ciò che non vorresti fosse fatto a te, l'insegnamento di Kant di agire in base alla massima che vorremmo veder applicata da tutti, l'etica della responsabilità di Max Weber. Noi siamo sempre responsabili del male che provochiamo agli altri e dobbiamo cercare di ridurlo al minimo. Se è vero che non possiamo obbligarci ad amare chi non amiamo, è altrettanto vero che possiamo agire con prudenza, trattarlo con gentilezza, aiutarlo nel bisogno, rispettare la sua dignità e il suo valore.

Molti sostengono che all'amore non si comanda. Dipende da che tipo di amore. Molti grandi amori sono solo cotte, capricci, infatuazioni passeggere. Perfino il vero innamoramento incomincia sempre con esplorazioni e, per svilupparsi, ha bisogno del nostro assenso, della nostra complicità. Cosa dire poi delle falsità, dell'egoismo, delle cattiverie, fatte in nome dell'amore? Quando c'è di mezzo l'amore, dobbiamo giustificare tutte le turpitudini? Invece oggi un grandissimo numero di persone ritiene che andare dove le porta il cuore sia sempre giusto, sempre legittimo. E si indignano a sentir parlare di responsabilità.

CAPITOLO QUINTO

Il vero innamoramento

Come facciamo a distinguere un vero innamoramento da un falso innamoramento, da una infatuazione? C'è una esperienza tipica, inconfondibile dell'innamoramento vero? Noi pensiamo di sì. L'innamoramento vero è dominato dal meccanismo dello *stato nascente*, gli altri no. Se esaminiamo con cura l'esperienza tipica dello stato nascente, abbiamo la chiave per capire se ci troviamo di fronte ad un vero innamoramento. Questa esperienza è piuttosto complessa, ma vale la pena di conoscerla. Esaminiamola in modo dettagliato. Solo quando noi troveremo tutte le caratteristiche qui elencate, potremo parlare di vero innamoramento. Negli altri casi no.

1) ***L'esperienza di liberazione.*** Abbiamo l'impressione che sia finito un periodo di prigionia. Abbiamo rotto le catene, siamo usciti all'aria aperta. Assaporiamo la libertà. Ci eravamo piegati, per pigrizia, per passività, per paura. Ci costringevamo a fare quello che ci chiedevano gli altri. Seguivamo le loro regole, non le nostre più profonde aspirazioni. Non eravamo più noi stessi. Ci eravamo rinchiusi, a poco a poco, in una prigione invisibile. Ora ne abbiamo divelto le sbarre e siamo finalmente diventati ciò che vogliamo essere.

2) ***L'illuminazione.*** È come se fosse caduto, quasi per magia, un velo che ci bendava. Adesso sappiamo quali sono

i nostri veri desideri. Adesso conosciamo la nostra vera essenza. Sappiamo che cosa è giusto, che cosa è bene fare. Eravamo accecati, addormentati, come quasi tutti quelli che ci circondano. E che adesso guardiamo con stupore perché ci sembra impossibile che si accontentino di ciò che sono e di ciò che hanno. Un tempo, eravamo anche noi così. Non eravamo veri, non eravamo vivi. Ora sappiamo cosa vuol dire vivere veramente. E che tutto dipende dall'amore. L'amore è un dono meraviglioso, anche se fa soffrire. Perderlo significa ritornare fra i ciechi, nella condizione degli zombie.

3) ***L'unico.*** Il nostro amato non è confrontabile con nessun altro. Egli è l'unico, assolutamente l'unico essere vivente che noi possiamo amare. Chiunque altro incontriamo, fosse anche il nostro divo preferito, non può rimpiazzarlo. Non troveremo nessun altro come lui, meglio di lui. Se siamo ricambiati, se lui ci ama, ci meravigliamo della incredibile, straordinaria fortuna che ci è capitata. Sentiamo che ci è stato dato qualcosa che non avevamo neppur immaginato di poter ottenere. Ogni donna innamorata perciò incontra veramente il principe azzurro che esiste solo nelle favole. Ogni uomo innamorato incontra l'attrice divina, la regina inaccessibile che non avrebbe mai osato guardare. Il dono è così grande, così incredibile che non riusciamo a crederci. Perciò sorge in noi la determinazione di proteggerlo contro tutte le avversità, di coltivarlo con trepidante cura.

4) ***Realtà-contingenza.*** Ora che riusciamo a vedere l'essenza delle cose, sappiamo che tutto è animato da una forza ascendente, che aspira alla felicità, alla gioia, a rendere ogni cosa armonica, perfetta. Questa è la verità profonda del reale. Il dolore, l'imperfezione, la malvagità sono perciò solo apparenza, contingenza. Un giorno scompariranno. Per noi, per tutti. E si affermeranno la verità dell'amore e la felicità. Bisogna perciò avere fiducia e resistere nell'attesa.

5) ***L'esperienza dell'essere.*** Noi sentiamo che tutte le cose esistenti, tutti gli esseri animati ed inanimati hanno un senso. In tutto spira il soffio dell'assoluto. Tutto è bello quando è illuminato dalla luce dell'essere. L'essere è in sé bello, logico, necessario, ammirevole, stupendo. Perciò tutte le cose esistenti, una collina, un albero, una foglia, un muro al tramonto, perfino un insetto, ci appaiono commoventemente belle.

6) ***La libertà-destino.*** Quando amiamo, ci immettiamo nel grande respiro dell'universo. Diventiamo parte del suo moto e della sua armonia. Ci sentiamo agiti, attraversati da una forza trascendente. Siamo come una nota musicale di una grande sinfonia. Eppure non ci sentiamo prigionieri. Anzi ci sentiamo liberi e amiamo sovranamente questa nostra libertà. Andando verso il nostro amato rispondiamo alla chiamata dell'essere. Realizziamo ad un tempo la nostra volontà e il nostro destino. Essere liberi è volere il massimo bene, è volere il proprio destino. Nessuno è «schiavo» del suo amore. Perché è la sua verità, la sua chiamata, il suo destino.

7) ***L'amore cosmico.*** Quando siamo innamorati, amiamo ogni cosa. Le montagne, le piante, i fiumi, tutti gli esseri viventi. Ci chiniamo sul mondo pieni di comprensione e di amore. Amiamo ancora di più le persone che ci circondano, e vorremmo rendere tutti felici. Sentiamo che *dovere e piacere dovrebbero coincidere*. Quando questo è impossibile, quando ci viene imposto di scegliere fra il nostro amato e le altre persone che amiamo, allora noi siamo lacerati, divisi. È *il dilemma etico*. Molte persone rinunciano al loro amore, alcune si suicidano con l'amato, perché il dilemma etico appare loro irrisolvibile. Per salvare l'amore rinunciano alla vita. Ma chi è forte, chi vuol salvare la vita e l'amore, si prodiga per trovare una soluzione accettabile per tutti. Chi è veramente innamorato è pronto a sopportare rinunce, a fare sacrifici. E se fa del male a qualcuno, prova senso di colpa, dolore.

8) ***La rinascita.*** La persona innamorata rompe il cerchio magico che lo teneva legato, come un automa, alla sua comunità. Modifica i rapporti che ha avuto fino a quel momento. Egli diviene diverso, un altro uomo, un'altra donna. Il vecchio individuo è morto, al suo posto ne sta nascendo uno nuovo. Ha subito un mutamento interiore, la *metanoia*, di cui parla san Paolo, la morte-rinascita. L'innamorato è un rinato. Non c'è vero innamoramento se non c'è questa esperienza di rinascita.

9) ***Autenticità e purezza.*** Poiché il nostro vecchio Io, avido, inautentico e falso, è morto, noi vogliamo essere *autentici, puri*. Le persone innamorate si dicono la verità per necessità interiore. Non mentono neppure con se stesse, come accadeva nel passato. Il vero innamorato è fresco, leggero, plastico. Non è più avido, avaro, invidioso perché gli interessa solo il suo amore. Il senso di questa esperienza è racchiuso nella frase religiosa: «Cerca il regno di Dio ed il resto ti sarà dato in sovrappiù». Proprio perché ha intravvisto l'essenza della vita, non teme gli ostacoli. Sente che potrà superare tutte le difficoltà, tutte le incomprensioni, tutti gli odi. Questo senso di invulnerabilità non annebbia la sua ragione. Anzi, è paziente, attento, ingegnoso.

10) ***L'essenziale*** è la persona amata. Mentre prima aveva mille esigenze, mille abitudini, ora che è innamorato gli appaiono futili. Non gli importa nulla di ciò che possiede, di come è vestito, di come viaggia. Gli basta *l'essenziale*. Essenziale è ciò che serve per piacere all'amato, per renderlo felice, per vivere accanto a lui. Pensa veramente che gli basta «il suo cuore e una capanna». L'innamorato sa fare a meno, sa rinunciare, si accontenta di poco. Sopporta serenamente la fatica, il sonno, la fame. Se invece rimane avido, se non sa rinunciare, vuol dire che non è innamorato. Se si lamenta vuol dire che non è innamorato.

11) ***Il comunismo amoroso.*** Se qualcuno si innamora di una persona ricca, è felice che questa persona sia ricca e non gli importa di essere povero. Non vuole diventare ricco come lei, non vuole diventare lei. Se, invece, è lui ad essere ricco, sente il dovere di dare, di ridurre la disuguaglianza. Le persone veramente innamorate non tengono una contabilità del dare e dell'avere. Ciascuno «dà secondo le sue possibilità e ciascuno prende secondo i suoi bisogni».[1] Cosa possibile solo se entrambi gli innamorati autolimitano i loro bisogni materiali. Essi lo fanno perché sono felici di stare insieme ed hanno bisogno di pochissimo. Mangiano un panino guardandosi negli occhi e sembra loro squisito, alloggiano in un alberguccio squallido e sembra loro una reggia.

Quando c'è avidità o avarizia, non c'è vero innamoramento. Inoltre, nell'innamoramento, vengono tenute accuratamente lontane le pretese di tutti gli altri membri della famiglia, del clan, del partito. Nello stato nascente noi entriamo come individui. C'è quindi un eccesso di risorse rispetto alle necessità. Se si verifica scarsità, se uno dei due chiede troppo, vuol dire che non è innamorato.

12) ***La storicizzazione.*** Poiché siamo rinati costruiamo la nostra nuova identità. Torniamo nel nostro passato per capire tutto ciò che ci è successo, per giudicare tutto ciò che abbiamo compiuto. Per capire che cosa ci ha allontanato dalla strada giusta, e come abbiamo trovato il vero amore. È la *storicizzazione.* Tutti i vecchi traumi, i vecchi dolori, i vecchi amori vengono sciolti, privati di valore. Ne emergiamo nuovi, senza rancori e senza vincoli. Questo processo gli innamorati lo compiono insieme, raccontandosi la propria vita. Si confidano le debolezze, gli errori. Scoprono anche le tracce, i presagi dell'amore che oggi li unisce. Attraverso il racconto dell'amato, ciascuno vede il mondo come lui l'ha visto. In questo modo essi fondono insieme non solo le loro vite presenti, ma anche le loro vite passate. Le integrano, le ar-

monizzano, fino a costruire una storia comune, ad avere una comune identità nel tempo.

13) ***L'amore come grazia.*** Anche se ci siamo prodigati per conquistarlo, se l'altro ci ama, lo viviamo come miracolo, dono, grazia. L'amore non ha spiegazioni. È un atto totalmente libero. Noi perciò vogliamo che l'altro ci ami liberamente. Anche quando vorremmo imprigionarlo, legarlo, purché resti con noi, poi vogliamo che ci dica spontaneamente: «ti amo». Il «filtro d'amore» dei miti è qualcosa che converte l'animo dell'amato a nostro favore, che produce in lui lo stesso mutamento, la stessa *metanoia* che noi abbiamo subito. Non è pensato come una schiavitù, ma come una liberazione. Egli, bevendo la pozione magica, ci vede come siamo veramente.

14) ***L'uguaglianza.*** Nell'innamoramento ciascuno è per l'altro l'unico, l'insostituibile, colui che vale più di ogni altro. Ciascuno perciò si sente innalzato sulla vetta del mondo. In termini sociologici, ciascuno è il capo carismatico dell'altro e non può essere sostituito. Gli innamorati sono perciò *assolutamente uguali*. Non è concepibile fra di loro una differenza di grado o gerarchia.

15) ***Il tempo.*** La persona amata è come l'aurora: dà inizio alla nostra nuova vita. È come il tramonto: ne costituisce il limite. Quindi è tutta la nostra vita, come una giornata di sole: inizia con lei e termina con lei. È il principio del tempo e la fine del tempo. Noi sappiamo che il destino, donandoci quell'amore, ci ha dato il massimo. Perciò nel futuro ci aspettiamo solo di camminare al suo fianco, affrontando tutti i disagi e tutte le difficoltà. Possiamo immaginare tutta la nostra vita accanto a lui, fino alla morte. Quanto lunga non conta. Una vita con il proprio amore è comunque completa, perfetta. L'amore e il tempo sono la stessa cosa.

Piuttosto che rinunciare al nostro amore siamo pronti a

morire. Nello stesso tempo siamo pieni di desiderio di vivere. Ma solo con il nostro amato. Il ciclo della nuova vita inizia e termina con lui. Questa impossibilità di immaginare il tempo senza di lui ci riempie di terrore. Vivere senza di lui significa decadere, precipitare nell'abisso. Mentre con lui possiamo crescere, migliorare, elevarci.

16) ***Trasfigurazione.*** Nell'innamoramento trasfiguriamo la persona amata. Nella trasfigurazione abbiamo, nello stesso istante, una *duplice esperienza*: ogni cosa che esiste è meravigliosa e, nello stesso tempo, è perfettibile, si muove verso un punto più alto. È in questo modo che la madre guarda il suo bambino malato. Lei sa che quella è una malattia. Vorrebbe che fosse sano, vorrebbe poterlo guarire. Eppure non può fare a meno di vedere quella faccina esangue, quel corpicino sfinito come bello, incantevole. La trasfigurazione ci fa amare l'esistente nella luce dell'Essere. Non confondiamo la *trasfigurazione* con l'*idealizzazione*. Nell'*idealizzazione* noi troviamo nella persona amata dei valori riconosciuti. Trascuriamo i suoi difetti, li cancelliamo e mettiamo in risalto soltanto i pregi, li esageriamo.

È la trasfigurazione che ci consente, quando siamo innamorati, di amare l'altro come è, di fonderci con lui. Accettiamo il suo corpo, il suo spirito. Ci apriamo, siamo pronti a mutare, a plasmarci sui suoi desideri. Vogliamo diventare perfetti ai suoi occhi.

17) ***Perfezionamento.*** Scopriamo in noi una forza che ci spinge a superarci. Io intravvedo la mia e la sua essenza. E la sua essenza non è soltanto ciò che si manifesta ora, ma tutte le possibilità che sono celate in lui e che lui stesso ignora.[2] È come se il mio compito fosse quello di rendere la persona amata simile a ciò che Dio poteva avere in mente per lei.[3] Quindi io la spingo a mutare. Ma lo stesso processo agisce su di me. Anch'io voglio far emergere la mia verità profonda, portare a compimento la mia essenza. Quindi sono costretto

a cercarla, non solo in ciò che mi indica lui, ma anche in me stesso, in spirito di verità.

Ciascuno vuol essere perfetto per piacere all'amato. Lo ascolta e si modella sui suoi desideri. Però, nello stesso tempo, cerca la sua vera vocazione. E in questa ricerca può scontrarsi con le richieste dell'amato. Entrambi, in sostanza, tendono alla propria perfezione e a quella dell'altro,[4] ma ciò che vedono e propongono, ora coincide ora si scontra. Ne segue un processo complesso che non può essere chiamato di adattamento reciproco, perché è molto di più: è un atto di ri-nascita, una re-invenzione, ri-creazione di sé e dell'altro, e della propria relazione.

In questo processo di co-creazione sono possibili molti fraintendimenti, errori, aggiustamenti, correzioni, ricominciamenti. Perché l'altro può non avere le possibilità che ho intravvisto in lui, ed io quelle che lui mi ha attribuito. Perché alcune cose che sembravano vere si dimostrano false. Lo stato nascente è una esplorazione del possibile. Col procedere di questa esplorazione, il possibile si riduce. Appare l'impossibile: la «realtà» in contrasto con la fantasia, la speranza.

La coppia si forma e dura solo se questa «realtà» non entra in contrasto mortale con la trasfigurazione, non l'annulla. Nella coppia felice la trasfigurazione continua. Solo che non si estende a tutto il possibile. Sono stati determinati degli ambiti di impossibilità, dei confini. Ma all'interno il flusso vitale si rinnova perennemente.

18) ***La fusione.*** È l'incontro mistico che basta a se stesso, che è pronto a ripiegarsi su se stesso. Ciò che conta è il contatto con l'assoluto, l'estasi. Il suo tempo è il presente, il suo desiderio è fermare il tempo, il *nunc stans*, l'eterno. Quando il tempo si ferma, le cose rivelano la perfezione della loro essenza, e cessa ogni aspirazione perché si è al di là del desiderio.

La fusione è fusione dei corpi, identità degli spiriti. Riscalda, illumina. Come un'acqua miracolosa purifica, come un sacramento rende invincibili ed invulnerabili. L'individuo si arrende a qualcosa che lo trascende ed in cui si realizza. I due corpi, prima di congiungersi, diventano sacri, *sacrum facere*, consacrazione, santuario. Allora si compie il miracolo del contatto fra cielo e terra, della fusione con l'universo. Il cielo e la terra sono chiamati a testimonianza, e guardano benedicenti. Questo è il matrimonio, l'unione consacrata. È la celebrazione della coppia sponsale e della natura, non più distinte. È l'unione della diversità da cui nasce ogni cosa. È *transustanziazione*: il corpo diventa divino, si congiunge con l'altro e simbolizza tutto ciò che nasce e germina.

19) ***Il progetto.*** Dalla fusione scaturisce il progetto: il miracolo di vedere insieme, con-vedere, volere insieme, con-volere. Mano nella mano i due amanti percorrono le strade del mondo che appare totalmente bello e nuovo. Tutto è splendente nella luce delle luminarie nuziali. L'essere è predisposto per accogliere la vita nascente. Prima tutto era puramente germe, potenzialità. Il progetto è definizione. Il progetto si proietta nel tempo, costruisce il tempo. Il tempo nasce col progetto. Il tempo fuoriesce dal *nunc stans*, dall'eterno sotto forma di progetto.

Il progetto germina, sorge assolutamente libero e capriccioso come movimento verso il mondo, come gioco nel mondo. Il progetto è possibile perché il mondo è trasfigurato, pronto ad accoglierlo. Non è sforzo, pena. È danza, creatività. Può generare un attivismo frenetico, la costruzione di una casa, di una famiglia. O il rinchiudersi in una torre (il tuo cuore e una capanna), nella foresta (come nel mito di Tristano e Isotta). Tutto però è fatto nel nome di quell'incontro, di quella unione mistica, vivificante. Essa è la matrice e la sorgente, essa è il principio e il termine ultimo. Tutte le altre determinazioni, la costruzione della casa o del rifugio, l'andare o il restare, sono tutte strade che partono da essa, modi di essere nel mondo, incarnazioni della sua sacralità, emanazioni.

Nel produrre queste cose gioca la cultura, l'esperienza accumulata, le paure, le angosce o gli amori infantili, le delusioni subite, i sogni, i desideri insoddisfatti. Il progetto è il prodotto della fusione e della sua volontà di vivere, di diventare materia vivente, natura, corpo, struttura. È la sua incarnazione nel mondo, la sua realizzazione nel mondo. È germinazione, impronta lasciata dall'impulso creativo, dallo slancio vitale che cerca la sua perfezione ma si oggettiva comunque in qualcosa che vive, che resta.

20) ***Il dilemma etico.*** L'assoluto, intravvisto, deve incarnarsi. L'innamoramento non è solo idillio. Non è solo andare sognando al di là del bene e del male. È realizzare il bene nel mondo, e questo implica di riscoprire la moralità. La moralità si presenta sempre come scelta fra cose che, alla luce dell'essere, hanno la stessa dignità. Chi ama vorrebbe che tutti fossero felici. Ma rende alcuni infelici. Quindi è costretto ad affrontare il dilemma. Che è una lenta e faticosa ricerca non di ciò che è bene in assoluto, ma di ciò che riduce il male, la sofferenza.

CAPITOLO SESTO

Altre forme di amore

Accanto al vero innamoramento esistono i falsi innamoramenti, le infatuazioni, altre forme di amore. Dobbiamo imparare ad identificarli, a distinguerli.

Nel vero innamoramento *lo stato nascente subordina a sé tutti gli altri meccanismi*. Nelle altre forme amorose ne agisce, di solito, *uno solo*. Per esempio, quando lo stato amoroso viene determinato *solo* dal meccanismo della *indicazione* abbiamo le forme di amore divistico. Quando invece agisce solo il meccanismo della *perdita*, si ha l'amore competitivo che ha bisogno di una minaccia, di una difficoltà o di un rivale. Nei casi in cui agisce solo il meccanismo del *piacere* si hanno le infatuazioni erotiche.[1] Vi sono poi forme di amore in cui sono all'opera altri fattori. Le esamineremo tutte in questo e nel prossimo capitolo.

Amore divistico

1) **L'adorazione divistica.** È messa in moto dal meccanismo *dell'indicazione*. Si rivolge verso colui che tutti conoscono, che tutti indicano, colui che tutti adorano. Nei movimenti politici, sociali o religiosi, nelle chiese, nei culti, nelle sette, il capo carismatico, il leader, il sacerdote, il santone, il

guru, è sempre circondato da uno stuolo di seguaci adoranti. Ma anche i miliardari, gli attori cinematografici, i grandi cantanti, i campioni sportivi, quelli che noi in Italia chiamiamo *divi*, sono ammirati, amati, desiderati. Nelle donne questa ammirazione diventa spesso desiderio erotico.

In ogni società, in ogni gruppo, esiste una gerarchia erotica che, al vertice, ha le persone considerate più desiderabili e, in basso, quelle che lo sono meno. Il *rango erotico* è la posizione occupata da una persona in questa scala di preferibilità. Alcuni si trovano al vertice della classifica internazionale, altri di quella nazionale, altri di quella locale.

Le persone dello stesso rango erotico sono intercambiabili, mentre quelle di rango erotico superiore prevalgono su quelle di rango erotico inferiore. Nel film di Woody Allen, *La rosa purpurea del Cairo*, c'è una povera casalinga che adora un personaggio dello schermo, un esploratore. Ad un certo punto costui esce dallo schermo e le fa la corte. Lei se ne innamora subito. Ma poi arriva l'attore in carne ed ossa, che è ancora più attraente del personaggio. Adesso è lui ad essere amato. Ad un certo punto sia l'uno che l'altro se ne vanno. La povera donna, delusa, ritorna nella sala cinematografica dove è avvenuto il miracolo. Vi si proietta un nuovo film con Fred Astaire che balla con Ginger Rogers. E lei ne resta immediatamente affascinata. In un istante dimentica i precedenti amori per il nuovo.

Il *rango erotico* è una qualità sociale, che mette in ombra le preferenze individuali. È il prodotto dell'opinione collettiva. Ogni individuo ha poi sue modalità personali di reagire agli stimoli erotici. C'è sempre chi non è sensibile al fascino dei divi e delle dive. La maggior parte di noi, però, resta influenzato dai gusti collettivi.

Le ricerche sul divismo finora condotte[2] mostrano che le giovani donne sono più influenzate, nelle loro scelte amorose, dal rango erotico di quanto non lo siano i ragazzi. Il loro erotismo, quando si sveglia, tende verso l'alto. Sono immediatamente attratte dalle persone che, nella loro piccola comunità, hanno il rango erotico più elevato, ma anche dai divi internazionali. La ragazza perciò sogna il locale campione di tennis e Tom Cruise. Gli altri sono presi in considerazione solo come ripiego, per necessità. Questo meccanismo è antichissimo. Da che mondo è mondo il maschio cerca tutte le femmine. La femmina, invece, si fa bella, provocante, in modo da attrarre il maggior numero di maschi e, soprattutto, quelli più pregiati. Poi sceglie il migliore.

Anche i ragazzi sono attratti dalle attrici bellissime e universalmente apprezzate. Ma non credono che una donna così bella, così affascinante, così famosa possa interessarsi a loro. Se anche lo facesse, non avrebbero nulla da offrirle, non saprebbero come trattenerla. Viene perciò meno uno dei fattori basilari dell'innamoramento: la speranza. Questa rinuncia finisce per estendersi anche alle loro compagne più belle e più ricercate. Molti maschi finiscono per rinunciare alla grande bellezza, quella che tutti ammirano e vogliono. La lasciano ai divi, ai ricchi, ai potenti. Si abituano a guardare altrove, dove possono incontrare un sorriso tutto per loro. Rinunciando alla bellezza non imparano nemmeno ad analizzarla, a distinguere fra bellezza e attrazione erotica. L'erotismo maschile si abitua a reagire ad un numero limitato di stimoli fisici, abbastanza grossolani. Si eccita per una scollatura accentuata, per una gran massa di capelli, per delle gambe molto lunghe, o anche per delle gambe corte se sono accavallate in modo provocante.[3]

Le ragazze, invece, si fanno in quattro per farsi notare dal divetto locale, dal figlio del ricco industriale, dal campione sportivo, o da quello che tutti giudicano bello. Degli altri non sanno cosa farsene. Non li degnano neanche di uno sguardo. Questa scelta coraggiosa di puntare verso l'alto ha anche un risvolto negativo. Perché spesso sono costrette ad accontentarsi di un uomo che non corrisponde ai loro ideali. Di qui il velo di disappunto che si trova spesso nelle giovani donne sposate.[4]

2) Le proprietà straordinarie che la persona vede nel divo, non sono il prodotto della sua *trasfigurazione personale* ma dell'*indicazione collettiva*. È la società che lo dichiara tale, che glielo addita come figura esemplare, divina. L'*adorazione divistica* è un processo collettivo che porta ad amare ciò che la collettività ha già scelto. Molte ragazze sono più attratte da un divo che dal ragazzo in carne ed ossa con cui escono. Ma non possiamo dire che ne sono innamorate. Perché il processo non è stato messo in moto dalla loro personale trasfigurazione amorosa, non è stato generato dal loro personale stato nascente. Esse partecipano del sogno collettivo, vedono ciò che la società indica loro come il migliore.

Milioni di donne russe hanno spasimato d'amore per Lenin o Stalin, come le italiane per Mussolini, le tedesche per Hitler, e le americane per Franklin Delano Roosevelt o per John F. Kennedy. Tutti gli individui amano il capo, ma le donne vi aggiungono un interesse erotico personale simile a quello provato per i divi. Qui è la società, o l'ufficio di propaganda, che si incarica di fare ciò che nella trasfigurazione amorosa fa il singolo individuo.

Nella *trasfigurazione amorosa personale*, invece, noi siamo capaci di trovare dei valori nel nostro amato, chiunque egli sia. Qualunque sia il giudizio che ne danno gli altri. Una donna può innamorarsi di un uomo bruttissimo, di un delinquente, di un reietto della società. Un uomo di una prostituta, di una drogata. Perché è *l'essere in se stesso* che all'innamorato appare ammirevole, anche la sua miseria, anche la sua malattia. Come la madre che continua ad amare e trovare bello il suo figliolo handicappato. E non si può dire che abbia torto. Perché la sua sensibilità si è accentuata, perché essa vede qualcosa che gli altri non vedono. L' amore le apre una porta di conoscenza che è preclusa a chi non ama. L'innamorato scopre nella persona amata ciò che vale, e lo afferma di fronte a tutti. Quando guarda la sua donna, la trova preferibile alla più bella e più famosa delle dive. Dovendo scegliere, non ha dubbi, sceglie lei. L'innamoramento si ribella al sistema di valutazione erotico collettivo, gli contrappone il proprio ordine di valori. Non si inchina al carisma che tutti riconoscono ma, come un vero movimento collettivo, genera la sua personale figura carismatica, e la eleva al di sopra delle altre. L'amante vede nell'amata i segni luminosi del carisma che ne fanno l'unica persona dotata di valore: l'eletta.

3) **Divismo e gelosia**. È molto raro che una persona incontri il suo divo preferito e che questi si innamori di lei. Abitualmente il divo resta lontano. Resta oggetto di una adorazione a distanza che non diventa vero e proprio innamoramento. Nell'adorazione divistica la persona adorante non soffre perché non viene ricambiata. Qualche volta vi sono dei cenni di gelosia ma, nel complesso, la *fan* accetta che il suo amato abbia una moglie, una fidanzata e anche tante amanti occasionali. Perché è lontano, perché non può agire su di lui, perché, qualsiasi cosa faccia, non può suscitare il suo amore. Nel divismo, la distanza fisica e sociale confina l'amore nascente nel regno dell'immaginario, della fantasia, del sogno, nel luogo della soddisfazione allucinatoria dei desideri.

Ci possiamo innamorare di qualcuno solo quando, a torto o a ragione, noi pensiamo di poter essere amati. Quando possiamo aspettare la reciprocità. Quando non l'aspettiamo, siamo nel campo della adorazione divistica, non dell'innamoramento. In questo caso se l'altro non ci ama, non soffriamo. Mentre nel vero innamoramento, se l'altro non ci ama, soffriamo terribilmente.

Di solito la *fan* sa benissimo che la strada che la porta al divo o al capo le è preclusa. Perciò si accontenta di amarlo a distanza. Si accontenta di una foto, di un poster, o di vederlo sugli schermi. Però, se riesce ad avvicinarlo, il suo desiderio cresce. Ma anche in questo caso sa che ben difficilmente potrà essere ricambiata. Perciò si accontenta anche di un rapporto sessuale, che vive come un privilegio. Talvolta gli si butta nelle braccia per non lasciarselo scappare. Vi sono donne che fanno una vera e propria collezione di celebrità. In questi casi non è solo all'opera il meccanismo dell'indicazione, ma il desiderio di mostrare il proprio potere seduttivo, di dominare. Solo quando la *fan* si accorge che il divo l'ama a sua volta, diventa esclusiva e gelosa.

4) **L'infatuazione divistica.** Si presenta come un vero innamoramento anche se la trasfigurazione è prodotta solo dall'indicazione collettiva. Che non sia innamoramento vero lo si può scoprire vedendo se ci sono i caratteri della esperienza fondamentale dello stato nascente, descritta nel capitolo quinto. In ogni caso lo pseudoinnamoramento si svela alla fine perché, cessato l'applauso sociale, l'amore svanisce. La persona veramente innamorata lotta contro la società, quella infatuata del divo ne segue le direttive, subisce le sue fantasie. Quando incontra il divo, quando può vivere al suo fianco nella vita quotidiana, si accorge di non conoscerlo, scopre che è diverso da come lo aveva visto al cinema, alla televisione, da come glielo avevano descritto gli altri. E, spesso, prova una grande delusione.

Come accade ad una giovane donna che chiamerò *La fan*. Aveva sempre adorato un noto divo di Hollywood. Era il suo ideale, pensava di esserne innamorata. Poiché frequentava i casinò e l'ambiente dello spettacolo, un giorno ha la fortuna di incontrarlo. Si getta a corpo morto nell'avventura, lo seduce, incomincia una relazione erotica. Ma quale delusione! L'uomo gioca in modo sconsiderato, beve, si ubriaca, appena finito di fare l'amore si addormenta e russa. Per di più ha una pelle brutta e dotata di un cattivo odore. La nostra ragazza, che credeva di aver toccato il cielo con un dito, dopo pochi giorni è ben felice di accompagnarlo all'aeroporto e di non vederlo più.

L'infatuazione divistica può avvenire anche verso qualcuno che non appartiene al mondo dello spettacolo. Ce lo mostra il caso de *La ragazza che cerca marito*. Quando aveva dodici-tredici anni questa ragazza aveva provato una grande passione per il cantante Al Bano. Stravedeva per lui, aveva la camera piena dei suoi posters e sognava di incontrarlo. Finché, qualche anno dopo, non incontra un divetto locale, ammiratissimo dalle sue compagne, grazie anche alla sua automobile decappottabile. Al Bano è dimenticato e lei è tutta presa dal nuovo amore, a cui fa una corte spietata. Lo segue, lo avvicina, gli tende agguati, si piega ad ogni suo capriccio, gli fa da schiava, accetta le situazioni più umilianti. Finché, alla fine, vince. Lui diventa gentile, premuroso, si innamora, vuol sposarla. La presenta ai famigliari, vivono insieme. Allora lei incomincia a notarne i difetti. Le sembra sciatto, banale, privo di fascino. Diventato un uomo domestico, non è più il divetto inaccessibile e conteso dalle altre.

Ed ecco allora che all'orizzonte, una sera, appare un nuovo divo. È pilota dell'aeronautica. Bello, alto, bruno, con il volto di un attore hollywoodiano, anche lui adorato dalle donne. Ciò che la fa impazzire è, soprattutto, la divisa. Se ne «innamora» perdutamente e il suo amore per il fidanzato si trasforma in disgusto, in ribrezzo. Non vuol più vederlo, non risponde più alle sue lettere né alle sue telefonate.

Ardere, ardere d'amore desidera questa giovane donna, ma il suo amore non è capace di trasfigurare una persona qualsiasi. Deve necessariamente scegliere come oggetto d'amore quello che le viene segnalato dall'ammirazione delle altre donne. E anche se lei non lo sa, il suo non è un vero innamoramento. Infatti, non appena si sente riamata, non appena il suo amato cessa di essere irraggiungibile, il suo amore svanisce. Ed è pronta a gettarsi nelle braccia di un nuovo divetto con o senza divisa.

Di un caso analogo ci parla anche la psicologa americana Dorothy Tennov. La Tennov però confonde l'infatuazione erotico-amorosa con il vero innamoramento. Fin dalle prime pagine del suo libro *Love and Limerence*, parlando di una studentessa che passava da un amore ad un altro con facilità, scrive: «Terry era sempre innamorata di qualcuno.

Nella sesta classe ha avuto una terribile cotta con Smith Adam, il ragazzo più popolare della scuola... In seguito ve ne sono stati altri in stretta successione tanto che il dolore di un amore scompariva con l'apparizione del nuovo».[5] La Tennov scambia *l'infatuazione* con *l'innamoramento*. Il suo concetto di *limerence* non ha in sé nessun elemento per distinguere due esperienze così diverse.

5) **L'innamoramento divistico.** È anche possibile che *l'indicazione* sia il punto di partenza di un *vero innamoramento*. In questo caso il soggetto è molto facilitato nel trasfigurare la persona amata, perché la società gliela indica come straordinaria, superiore. È il caso di una ragazza sudafricana di ventidue anni, molto ricca, fidanzata, che si doveva sposare dopo pochi giorni. La chiameremo *La fidanzata*. Era estate e lei si trovava in vacanza con i genitori ed il fidanzato. Una sera si reca in un locale notturno dove si esibisce un cantante che ha sempre ammirato, sin da ragazzina. E si accorge, con stupore, che lui la guarda, la cerca con gli occhi. Lei è già turbata per le sue canzoni, per la sua vicinanza. Un'amica glielo presenta, lui si siede al loro tavolo. Poi le dedica una canzone d'amore, l'invita alle prove del suo concerto, le fa la corte. La ragazza prova un'attrazione irresistibile. Quest'uomo è il suo sogno, il suo ideale. Davanti a lui l'immagine del fidanzato sbiadisce. È un colpo di fulmine. Nei giorni successivi lo rivede. I genitori e gli amici si preoccupano, cercano di dissuaderla. Ma lei non cede. Rompe il fidanzamento e va a vivere con lui. Due mesi dopo si sposano.

È chiaro che se il divo non si fosse occupato di lei e, soprattutto, se non le avesse fatto la corte, tutto sarebbe rimasto nell'ambito della fantasia. Avrebbe solo conservato un ricordo romantico del suo idolo. Ma in questo caso il divo agisce nella realtà come potrebbe agire solo nel sogno di una adolescente. Le si avvicina, la cerca, le dice che la desidera, che l'ama. Come si fa a resistere ad uno stimolo così intenso?

Come si fa a resistere se si incontra il proprio ideale? *La fidanzata* ha incontrato il suo ideale e questo non l'ha delusa. L'indicazione, in questo caso, scatena lo stato nascente e l'innamoramento.

Eppure fra il vero innamoramento divistico e l'innamoramento normale resta una sottile distinzione. Nell'innamoramento normale la persona amata resta sempre un po' sorpresa, meravigliata nel vedere che l'altro trova ammirevole ogni particolare del suo volto, ogni suo gesto, ogni suo pensiero. Questa adorazione immotivata, gratuita le dà una sicurezza profonda, analoga a quella che ha avuto da bambina quando si sentiva amata dai genitori, quando sentiva di avere un valore proprio grazie al loro amore. Questa ammirazione inattesa, questa fiducia ha l'effetto di spingerla a fare di più, a migliorarsi, per esserne degna.

Il divo invece è già in alto, è già consapevole del suo valore. Tutti glielo gridano. E questo può creare dei problemi nel processo di innamoramento. Perché l'innamoramento vero è una rinascita, un ricominciamento in cui noi riesaminiamo criticamente tutta la nostra vita passata. Chi è troppo in alto, chi è troppo sicuro di sé, può dire: «Io sono così, prendimi come sono, senza discutermi».

Perché ci sia amore, bisogna che l'amante faccia germogliare possibilità latenti o compresse del nostro essere. Ci deve offrire qualcosa di nuovo. Che cosa dà un uomo qualsiasi a Marilyn Monroe, a Claudia Schiffer, o a Kim Basinger se le dice che è bella? Nulla. Lei sa già di essere bella. Che cosa può dirle che mille altri uomini non le abbiano già detto? Che doni può farle che mille altri uomini non le abbiano già fatto?

L'amore ha bisogno di intravvedere qualcosa di desiderato e non raggiunto, qualcosa che aspettava di sbocciare. Qualcosa che promette una dilatazione dell'esperienza, una vita degna di essere vissuta. Può essere la bellezza, la forza, l'intelligenza, l'arte, lo stupore, l'eccesso, il rischio o il potere. Ne l'*Orlando furioso* Angelica, adorata da tutti i potenti, sceglie un semplice soldato, Medoro, perché è il più bello. Marilyn Monroe sceglie prima Joe Di Maggio, lo sport, poi Arthur Miller, la cultura, alla fine Kennedy, il potere. Come Cleopatra, che si era innamorata di Cesare.

6) **Capo carismatico e divo**. I rapporti fra i seguaci ed il loro capo carismatico sono diversi da quelli che hanno i *fans* nei riguardi del loro divo. Nel movimento collettivo i seguaci non amano solo il capo, ma anche la propria collettività. I cattolici amano ed ammirano il papa, ma anche la loro Chiesa. I musulmani sono legati emozionalmente non solo al loro *imam,* ma anche alla *umma*, la comunità dei credenti. Insomma nel movimento non è solo il capo ad essere straordinario, carismatico. Sono carismatici il movimento stesso, la comunità stessa.[6]

Invece il rapporto amoroso che si stabilisce fra il divo ed i suoi seguaci è di tipo stellare.[7] Il divo è al centro e tutti gli altri ammirano, adorano, amano solo lui. I *fans* di Rodolfo Valentino, di Clark Gable, di Paul Newman, di Tom Cruise, di Frank Sinatra o Luciano Pavarotti sono legati al loro divo come individui ad un individuo.

Freud ha fatto un grave errore nella sua teoria delle masse.[8] Egli immagina che il gruppo si formi perché tutti i figli sono legati individualmente al padre, come i *fans* con il loro divo. E, poiché hanno in comune lo stesso oggetto d'amore e di identificazione, essi si identificano anche orizzontalmente fra di loro. Quindi il capo è indispensabile per l'esistenza del suo gruppo. Ma come fanno, allora, i fratelli, come lui stesso scrive in *Totem e tabù*,[9] a ribellarsi e uccidere il capo? Odiando il capo, rompendo con lui, cessano di essere un gruppo. Come possono allora organizzarsi per ucciderlo? Freud non può dare soluzione a questo problema.

La nostra teoria dei movimenti, sì. Rotti i rapporti con il padre, avviene uno *stato nascente* che fonde i singoli fratelli in un nuovo gruppo. Un «gruppo rivoluzionario», una «fratellanza giurata» nel quale emerge un nuovo capo. Questo mutamento l'ha ben rappresentato Shakespeare nella sua opera *Giulio Cesare*. Fra molti seguaci di Cesare l'ammirazione si è trasformata in odio, in risentimento. Essi vogliono la sua morte ma nessuno di loro, preso singolarmente, ha il coraggio di alzare il pugnale. Ci riescono solo quando formano un gruppo che si coalizza attorno ad un nuovo capo, Bruto. Elaborano una ideologia che giustifica il loro gesto e si giurano lealtà. Poi, appena ucciso Cesare nel senato, con le daghe ancora fumanti di sangue, ripetono il rito della *congiuratio* stringendosi le mani insanguinate.

I sentimenti provati verso un divo o verso un capo sono molto diversi. Il capo del movimento è vissuto come colui che ci conduce verso il futuro, verso la *salvezza*. Invece gli ammiratori di Paul Newman, di Madonna, o di Richard Gere possono avere i brividi quando lo incontrano, possono provare veri e propri sentimenti di adorazione, ma non hanno il senso di un destino collettivo. Sul terreno erotico-amoroso, perciò, non c'è differenza fra capo carismatico e divo. Ecco perché abbiamo usato un'unica espressione, *amore divistico*, per indicare tutti i tipi di interesse amoroso che vanno verso colui che è ammirato, amato, adorato da un gran numero di persone, sia esso un capo carismatico o un divo.

Amore competitivo

L'amore competitivo è quello in cui la persona arde d'amore soltanto se incontra un ostacolo, soltanto se l'altro le dice di no, soltanto se esiste un rivale, un padre, un marito, una moglie, che le sbarra la strada. Quando questo ostacolo scompare, quando ha raggiunto la meta, il suo amore svanisce. L'amore competitivo è quindi prodotto dalla *prevalenza dei meccanismi della perdita e dell'affermazione* sugli altri meccanismi amorosi.

A differenza di quanto avviene nel caso dell'amore divistico, un vero innamoramento competitivo è molto raro. Di solito noi vediamo solo forme di pseudoinnamoramento o *infatuazione erotico amorosa competitiva*. Sono forme di infatuazione molto diffuse, anche se non nella forma estrema di Don Giovanni e di Casanova. Don Giovanni è una figura letteraria, ma Giacomo Casanova è un personaggio storico, che ci ha lasciato anche le sue celebri *Memorie*.[10] Casanova arde d'amore per una donna, è assolutamente convinto di esserne innamorato e usa tutti gli stratagemmi, tutte le lusinghe per conquistarla. Ma, non appena lei gli cede, il suo amore scompare. Nel film *Il ritorno di Casanova* con Alain Delon, il grande avventuriero veneziano viene rappresentato ormai di mezza età. Giunge in una villa dove vive una donna che lui ha amato solo per una notte, mentre lei ha continuato ad amarlo per tutta la vita e ha atteso il suo ritorno. Vedendolo pensa che sia tornato per lei, ma non è così. Casanova le dice che è innamorato di sua nipote che ha vent'anni. Una ragazza moderna, studiosa, che lo respinge, lo disprezza. Anche perché è innamorata di un giovane luogotenente con cui passa ardenti notti d'amore. Folle di passione, Casanova prova tutte le strade. Cerca persino di suscitare in lei pietà, compassione. Ma inutilmente. Allora, l'ultima notte, prima della partenza, Casanova impegna in una partita a carte il giovane e gli vince una somma di denaro che il giovane non possiede. A saldo del debito gli chiede i suoi vestiti per poter entrare, al buio, nella camera della ragazza. Il giovane accetta e Casanova, con questo stratagemma, riesce a possederla. Al mattino la sua passione è scomparsa. Sale sulla sua carrozza e parte. Ma fuori della villa lo attende, furibondo, il giovane luogotenente che lo sfida a duello. Casanova lo affronta e lo uccide.

L'esempio non ha bisogno di molti commenti. Casanova non è affatto innamorato della giovane donna. La desidera perché lei gli dice di no, e perché c'è un rivale. Non c'è nessuno stato nascente, nessun processo di fusione. Su tutto domina il desiderio di affermare il proprio potere seduttivo e la competizione. E infatti questo grande amore finisce quando possiede la donna e uccide l'avversario.

Lo pseudoinnamoramento competitivo è molto comune tanto negli uomini che nelle donne. Nel libro di Carlo Castellaneta *Le donne di una vita*,[11] il protagonista, Stefano, si innamora in modo appassionato, di Ida, una donna sposata. La convince a lasciare il marito, ad andare a vivere con lui ma, dopo un certo tempo, si accorge che non l'ama più. Tornerà a desiderarla solo dopo che lei si è risposata con un altro. Anche gli altri amori procedono nello stesso modo. Con Flora, con Valeria che lascia il marito ed i figli, ma di cui si stanca non appena lei si comporta come una moglie che lo aspetta, fedele e gelosa, quando fa tardi. E lui, proprio il giorno in cui va ad acquistare la casa dove dovrebbero andare a vivere insieme, incontra Giorgina. Anche con Giorgina passa un periodo di amore folle ed estatico. Che però dura finché non si sente riamato. Allora è pronto per un'altra avventura.

Non è diverso il caso di una giovane donna che, nelle conversazioni, ti confida disperata che è ancora alla ricerca di un uomo che la voglia sposare. L'abbiamo già incontrata. È *La ragazza che cerca marito*. Non parla d'altro, non pensa ad altro, fa perfino annunzi matrimoniali. Si «innamora» continuamente, ma nessuno la sposa. Ascoltando la storia della sua vita però emerge un quadro più complesso. Quando era ragazzina era infatuata dei divi cinematografici e dei cantanti. Il suo primo amore è stato un divetto locale che lascia per un pilota. Anche questo è un divetto, ammirato e corteggiato dalle ragazze. Perde la testa per lui, fa pazzie, lo seduce poi si stanca. Torna alle fantasie divistiche. Dopo poco tempo si incapriccia di un noto professionista ricco e sposato. Come nel caso precedente gli fa una corte spietata, riesce a sedurlo, ne diventa l'amante, ma non si accontenta di una avventura erotica, vuol rendere pubblica la relazione, e lui tronca il rapporto. Nel frattempo incontra altri uomini che, per bellezza, cultura, intelligenza e status sono al suo livello. Alcuni le fanno la corte, uno vorrebbe sposarla. Ma a lei non interessano. Guarda sempre più in alto, cerca qualcuno di rango erotico più elevato. Si incapriccia di un avvocato, di un ginecologo, di un professore universitario, sempre noti, sempre ricchi, sempre sposati. Si butta nell'avventura senza riserve, riesce ad andare a letto con loro. Allora incomincia a comportarsi come una mogliettina innamorata, non solo in privato, ma anche in pubblico, con i conoscenti, gli amici. Finché il «fidanzato» di turno si secca e la lascia.

In altre parole, tutte le volte che questa ragazza riesce veramente a far innamorare di sé l'altro, tutte le volte che l'uomo è disposto a sposarla, lei si stanca, si tira indietro, perde ogni interesse. Invece il suo erotismo ed il suo amore si eccitano quando l'altro è ricco, potente, sposato, quando cioè può provare il suo potere seduttivo, il suo fascino erotico e, in particolare, quando deve sconfiggere altre donne.

Se *La ragazza che cerca marito*, nonostante tutte le delusioni, ripete lo stesso schema, vuol dire che ne ricava piacere. E il piacere consiste proprio nel riuscire a sedurre l'uomo eroticamente. A strapparlo, anche per un momento, alla sua donna, al suo ambiente. È la conquista ad eccitarla, la seduzione. Quelle che descrive come un succedersi di sconfitte amorose, perché tutti gli uomini che ama non vogliono sposarla, sono in realtà altrettante vittorie.

Un altro caso simile, *Nicolle*, ci è descritto da Jeanne Cressanges.[12] Nicolle si innamora di uomini così difficili da raggiungere, che altre avrebbero rinunciato. Ma lei riesce a superare tutti gli ostacoli con la seduzione e la tenacia. Un uomo sposato, dopo la sua corte accanita, è sul punto di divorziare dalla moglie. Un turco, per sposarla, arriva a farsi naturalizzare francese, un pregiudicato si redime. Però ogni volta, quando la vittoria è a portata di mano, quando può avvenire il matrimonio, lei perde ogni interesse, si accorge di non essere più innamorata. Le cose continuano in questo modo finché non fa la sua comparsa un personaggio, Paul, ancora più difficile degli altri. Affascinante, misterioso, inaccessibile. Alcuni dicono che sia una spia. Nicolle impazzisce per questo uomo del mistero che le sfugge in ogni modo. Gli fa una corte spietata per due anni e, alla fine, lo sposa. Lo sposa perché, in realtà, continua a sfuggirle psicologicamente, perché la sua vittoria non è definitiva, e il matrimonio è il primo segno tangibile del suo successo. Dopo qualche tempo l'enigma si scioglie: quell'uomo tanto misterioso e inaccessibile in realtà è pazzo. Uno schizofrenico paranoide con crisi depressive. Infatti si suicida.

Tutti quelli che abbiamo esaminato sono casi di infatuazione. Ma c'è anche qualche *vero innamoramento competitivo*? Nei personaggi dominati dal meccanismo della competizione qualcosa che assomiglia all'innamoramento è possibile solo se essi vengono continuamente e ripetutamente sconfitti. Se il loro amato non si abbandona mai completamente, ma li respinge, li tiene con il fiato sospeso. Se tiene in vita, magari artificiosamente, un rivale. Allora l'amore può durare anni ed anni. È quanto ci racconta Carlo Castellaneta nel suo romanzo *Passione d'amore*.[13] Diego si innamora e continua ad amare Leonetta solo perché lei gli si concede ma, nello stesso tempo, gli sfugge.

Negli incontri amorosi Leonetta gli racconta i suoi amori, i suoi vizi, le sue predilezioni, le sue esperienze con altri amanti. E Diego si turba e si eccita, stimolato da una continua sfida. Leonetta è sposata e non rinuncia al marito. Non vi rinuncia perché è abituata alla ricchezza, ne ha bisogno per essere se stessa, una regina che si dona. Ne ha bisogno per essere bella. Vivendo con Diego dovrebbe adattarsi alla mediocrità, rinunciare ai suoi vestiti costosissimi, al grande parrucchiere, all'estetista personale. Ma Leonetta si tiene il marito anche per un altro motivo. Lei sa che Diego ha bisogno dell'ostacolo, del rivale, della lotta. Sa che gli interessa solo come preda da strappare ad un altro uomo. Sa che l'amore folle di Diego, che pure dura da tanti anni, svanirebbe nel momento in cui lei, la dea inafferrabile, diventasse un sicuro possesso. Allora gli apparirebbe insipida e noiosa.

Dobbiamo a questo punto introdurre una distinzione. Nel caso di *Nicolle*, l'infatuazione amorosa nasce dal bisogno di dimostrare la propria capacità seduttiva. Paul, l'uomo misterioso, l'attrae perché è inaccessibile, freddo, perché non risponde al suo amore. Lei vuol dimostrare a se stessa di essere una seduttrice e quindi il suo desiderio diventa massimo, parossistico verso uno schizofrenico incapace di amare. *La ragazza che cerca marito* invece desidera affermare la propria superiorità sulle altre donne, sulle rivali. Il caso di Diego e Leonetta è veramente al limite. Perché è un grande amore che dura dieci, venti anni. E contiene moltissimi elementi del vero innamoramento: la fusione, il desiderio di una vita in comune. Ma tutti frenati, bloccati dall'infernale meccanismo.

Da ultimo vediamo che cosa accade in un libro ed in un film che hanno avuto una grande importanza nella storia delle emozioni femminili, *Via col vento*. A prima vista l'amore di Rossella O'Hara per Ashley sembra di tipo competitivo, perché dura finché lui è fedele alla moglie, e scompare nel momento in cui Melania muore. In realtà Rossella si è innamorata di Ashley prima di sapere che è fidanzato con Melania e continua a sperare di conquistarlo anche dopo perché lui, in realtà, non la respinge mai con chiarezza. Anche il rapporto fra Rhett e Rossella è psicologicamente corretto. Rossella non può innamorarsi di Rhett perché è già innamorata di Ashley. Potrà farlo solo quando sarà finito questo amore. L'amore di Rhett per Rossella invece è fondato sulla percezione di una profonda affinità fra loro. Egli capisce che insieme possono fare cose straordinarie. Rossella però vuol affermare la sua personalità, la sua indipendenza e teme di venir schiacciata dalla personalità di Rhett. Per questo, se deve sposare qualcuno che non ama, sceglie uomini deboli e succubi.

Interesse economico e status sociale

La ricchezza, la classe sociale, il possesso di automobili, di case, di barche di lusso, il tenore di vita, l'abbigliamento contribuiscono a rendere una persona più attraente. Sono tutti fattori che possono scatenare l'innamoramento. L'innamoramento scaturisce anche da sogni, speranze, aspirazioni sociali. Nella favola di *Cenerentola* il principe si innamora della ragazza povera solo perché lei, grazie alla fata, partecipa alla sua festa con uno stupendo vestito. Se gli fosse apparsa negli stracci abituali, non l'avrebbe nemmeno notata. Così in *Pigmalione* di Shaw, Higgins dapprima disprezza la ragazza sporca ed ignorante che ha tratto dalla strada. Se ne innamora solo quando gli si ripresenta elegante e raffinata. Abbiamo visto che *Student* si innamora di una compagna di università che appartiene ad un ambiente sociale superiore al suo. Non c'è, in questa scelta, nessun calcolo, nessun interesse economico. La ragazza simbolizza il mondo che lo attrae, il tipo di vita che lo affascina.

Nella letteratura troviamo la descrizione di molti innamoramenti messi in moto, scatenati o facilitati dalla ricchezza. Per esempio *Il grande Gatsby*, di Francis Scott Fitzgerald. Gatsby ha vent'anni quando vede per la prima volta Daisy. La vede durante un ricevimento a cui arriva con altri ufficiali. Lui è poverissimo, ma la divisa rende tutti uguali. Resta sbalordito dalla sua casa, perché non ne aveva mai viste di così belle. È commosso, estasiato, rapito.[14] E la ricca e bellissima Daisy ricambia il suo amore non sapendo chi sia. Gatsby poi partirà per il fronte, la perderà di vista. Lei si sposerà. Ma lui continuerà ad amarla. Per questo si prodiga, accumula una fortuna per poterla conquistare. C'è molto di autobiografico in questa storia, perché anche Fitzgerald si era innamorato di Zelda Sayre, la figlia di un ricco magistrato, quando faceva il servizio militare in Alabama. Allora Zelda era irraggiungibile, apparteneva ad un ambiente sociale più elevato del suo. Riesce a sposarla solo dopo il successo del suo romanzo *Di qua dal paradiso*.

La ricchezza entra dunque nel vero innamoramento come una delle componenti che consentono l'attivazione dello stato nascente. Esattamente come il piacere erotico, la gentilezza dei modi o il fascino della divisa o del potere. Le persone che, nel loro inconscio progetto vitale, hanno sempre sognato una vita più elevata, tendono ad innamorarsi di qualcuno che la simbolizza. Lo scrittore Honoré de Balzac, quando ha ventidue anni, si innamora di Laure de Berry che ne ha quarantaquattro. Elena Gianini Belotti lo spiega correttamente in questo modo: «Se il piccolo borghese Honoré s'innamora dell'aristocratica Laure de Berry, ciò avviene perché è abbagliato e attratto da quello stile di vita e da quell'ambiente sociale a cui è ansioso di appartenere: è affamato di attenzioni, sollecitazioni, stimoli, cure assidue di cui nutrire il proprio talento ancora grezzo per affinarlo ed esprimerlo. Ha urgenza di ottenere il risarcimento per i torti inflittigli dal proprio ambiente d'origine. Ha urgenza di guadagnare il riconoscimento delle proprie doti, del cui valore è consapevole. Tutte queste esigenze non possono certo essere appagate da fanciulle inesperte, ingenue, prive di libertà, bisognose di essere aiutate più che capaci di aiutare».[15]

Però, molto spesso, la ricchezza e l'interesse economico non sono la porta di un vero amore. Ci sono coloro che si sposano freddamente per puro interesse. Come il cacciatore di dote che si finge innamorato dell'ereditiera, o l'arrampicatrice sociale che si finge innamorata del milionario. Come fa Rossella O'Hara in *Via col vento* quando, per salvare il possedimento di Tara, seduce freddamente un ricco negoziante e lo sposa.

L'interesse da solo, senza amore, non è certo in condizione di creare un rapporto di coppia stabile. Non è facile reggere una finzione per anni ed anni. L'uomo a cui non piace la moglie è costretto ad inventare ogni tipo di scuse per non apparire impotente. La donna prova uno stato di irritazione e di ripulsa fisica. Nel romanzo *Paolo e Francesca*, Rosa Giannetta Alberoni[16] descrive lo sforzo fatto da una donna che ha sposato un uomo ricco e famoso. A poco a poco il suo corpo si ribella. Prova avversione per il suo odore, per il contatto delle sue mani, fino al momento in cui il suo amore diventa odio.

Però fra la situazione in cui la ricchezza è un elemento scatenante dello stato nascente e il puro calcolo economico vi sono molte forme intermedie. Vi sono molti casi di infatuazione amorosa, in cui la ricchezza ed i suoi simboli – una macchina sportiva, una barca di lusso, una casa sontuosa, un tenore di vita miliardario, regali impressionanti – producono una attrazione simile a quella del capo carismatico o del divo. Sembra innamoramento ma non lo è. Di conseguenza, una volta raggiunta la meta, una volta ottenuta la ricchezza, l'amore rapidamente scompare, per lasciare il posto al desiderio di indipendenza, di autonomia. Alla voglia di avere tutti quei soldi per sé. Le persone molto ricche, come i divi, sono sempre circondate da spasimanti che si buttano nelle loro braccia, che dichiarano il loro amore. Ma è amore o infatuazione? O semplice calcolo? Per questo tendono a sposarsi nel proprio ambiente, fra pari.

La falsificazione

Nel vero innamoramento ciascuno cerca la verità. Scava dentro di sé per esprimere le sue esigenze più profonde, ciò che desidera autenticamente, e non mente né a se stesso né all'amato. Ogni tanto può giocare la parte dell'inafferrabile per sedurre l'altro, per incuriosirlo, per metterlo alla prova. Ma, subito dopo, corre ai ripari e si abbandona al desiderio di rivelarsi senza riserve, con una confessione autentica. Vi sono però anche delle persone che hanno bisogno di compensare difetti e paure ed allora, anziché esporre le loro vere ansie, le nascondono e mostrano qualità che non hanno.

Se il processo avviene in entrambi, e ciascuno resta aggrappato alla propria menzogna, ne deriva quello che gli psicologi chiamano *collusione*. Collusione viene da *cum-ludere*, e significa intesa segreta per ingannarsi a vicenda. Ogni persona compensa una propria mancanza, mettendo in scena un falso sé. E l'altro lo accetta, lo prende per buono per far accettare, a sua volta, la falsa immagine di sé che mette in scena. Così entrambi fingono e non possono più smettere di fingere.

Anche in questo caso siamo di fronte ad un processo di innamoramento incompleto o di pseudoinnamoramento. Lo stato nascente non procede fino in fondo perché viene bloccato dalla menzogna. Il processo di *storicizzazione* non può proseguire. Perciò il passato non viene sciolto, non viene redento e finirà per ritornare, riproducendo la situazione da cui il soggetto aveva tentato di sfuggire.

Prendiamo un caso esposto da J. Willi.[17] Un giovane aveva un padre debole ed impotente, ed una madre aggressiva. Per timore di cadere nella stessa situazione, cerca di diventare l'opposto del padre. Si mostra attivo, forte, sicuro di sé. Anche quella che diventerà sua moglie aveva avuto un padre debole ed una madre dominante, maschile. Per reagire aveva sviluppato un atteggiamento femminile, fragile, malaticcio. I due si incontrano in un ristorante frequentato da studenti. Lui la nota, gli piace, ma non sa come avvicinarla, è paralizzato dalla timidezza. Poi si fa coraggio e la invita a prendere un caffè. Lei, che lo aveva giudicato debole, resta sorpresa da questo atto ed ha una impressione di sicurezza virile. Così entrambi incominciano a mostrare all'altro qualità che non hanno: lui la forza, lei la debolezza. Dopo il matrimonio esagerano nella loro messa in scena. La donna si rende tanto debole da ammalarsi e deve farsi ricoverare. A questo punto lui non ce la fa più a mostrare una forza che non ha mai avuto, ed ha un collasso nervoso. La moglie allora reagisce aggressivamente. In questo modo finiscono entrambi per rivelare la loro vera natura e così si trovano nella situazione che avrebbero voluto evitare: lui passivo, lei dominante.

A volte una relazione amorosa incomincia come inganno, falsificazione, ma poi esplode il vero innamoramento che fa emergere la verità. L'argomento è stato oggetto di molte commedie brillanti come *A qualcuno piace caldo*, con Jack Lemmon, Tony Curtis e Marilyn Monroe. Tony Curtis si finge un miliardario per conquistare Marilyn. Jack Lemmon è complice del travestimento dell'amico. In realtà sono tutti musicisti di una piccola orchestra che, non volendo, hanno assistito ad un omicidio compiuto da gangsters. Costoro li cercano per eliminarli, e li scovano proprio quando Tony Curtis è riuscito a conquistare Marilyn. I due giovani sono costretti a fuggire ed allora Tony Curtis le rivela la sua vera identità. Ma a Marilyn non importa. Così entrambi scoprono di essere veramente innamorati.

Amore consolazione

È lo pseudoinnamoramento che segue una delusione amorosa. Dopo la dolorosa fase di *pietrificazione*, il nostro slancio vitale riprende forza, e noi cerchiamo nuovi oggetti d'amore. Ma la ferita è troppo recente e non ci possiamo ancora innamorare. Allora andiamo alla ricerca di una persona rassicurante, che ci vuole bene, a cui possiamo abbandonarci senza timore. Non è detto che questa persona debba essere monotona e noiosa. Anzi, di solito, cerchiamo qualcuno che sia pieno di vita, che ci stimoli, che ci porti fuori dalla nostra vita quotidiana. Ma vogliamo che sia lui ad impegnarsi per primo e più a fondo. Cerchiamo qualcuno che ci ami, e noi ci lasciamo amare.

Abbiamo già parlato de *L'uomo di Torino.* Aveva subito una cocente delusione amorosa che aveva lasciato una ferita aperta per molti anni. Vuole innamorarsi ancora per dimenticare l'amore sfortunato e, ad un certo punto, si sente attratto da una giovane donna francese molto bella. Pensa di amarla, ma la distanza e le difficoltà economiche gli impediscono di continuare la relazione. Segue una avventura erotica con una collega che finisce rapidamente perché sia lui che lei sono costretti ad ammettere che non sono innamorati. Così gli resta nel cuore un bisogno di amore sicuro, caldo, affettuoso. Il sostituto del grande amore che ha perso. A questo punto incontra una giovane donna vivace, simpatica, allegra. Poiché lui le trasmette il suo forte bisogno di amore, lei risponde innamorandosi. Lo presenta ai suoi, una famiglia benestante che lo accoglie con affetto. Si fidanzano e poi, quasi con naturalezza, si sposano. La donna si occupa della casa e lui continua serenamente il suo lavoro. Senza mai un conflitto, senza mai un diverbio. *L'uomo di Torino* vi avrebbe giurato, in buona fede, che amava la sua fidanzata, diventata poi sua moglie. In realtà le voleva solo molto bene. Ma continuava ad amare l'altra. E non si sarebbe liberato di quest'amore che con un nuovo grande innamoramento. Solo l'innamoramento ha il potere di penetrare nel passato e di redimerlo. Così, dopo il matrimonio, si accorge che stima sua moglie, che le è affezionato, ma che lei non gli piace fisicamente e non lo arricchisce spiritualmente. Incomincia un periodo confuso, tormentoso che termina solo quando si innamora pazzamente di un'altra.

Più drammatica la *Storia di Chiara.* Chiara viveva a Napoli. Era bellissima e i genitori la coccolavano. Non faceva nulla in casa. Era la reginetta della scuola e del quartiere. A diciott'anni, in occasione di una permanenza presso una zia di Milano, conosce un ragazzo di vent'anni. S'innamorano. Tornata a Napoli, si scrivono, si telefonano per mesi. Lui va a trovarla, ma non così spesso come entrambi desiderano. Il ragazzo ha un lavoro modesto, non può permetterselo. E ai genitori di Chiara non piace. Per lei vogliono qualcuno più in alto. Chiara non ha la forza di lasciare la famiglia e correre da lui. Piange, non esce dalla sua stanza. I suoi genitori puntano sul tempo. Sono certi che la figlia dimenticherà. Il ragazzo di Milano non si fa più vivo. Passano alcuni anni. Durante un'altra visita alla zia del nord, Chiara incontra un uomo che le viene presentato come un ricco possidente lombardo. Questa volta i genitori sono favorevoli, spingono per il matrimonio. E lei accetta, perché ha un grande desiderio d'amore e quest'uomo le dice che l'ama. Ma anche perché lui abita vicino a Milano e così le sembra di avvicinarsi al suo grande amore perduto.

Lo sposa. Ma l'uomo è solo un contadino benestante che vive in una fattoria dove alleva animali. La sua casa è brutta, sporca, vicina alle stalle. Puzza. Il cortile è pieno di fango. Lei, abituata in città, servita e vezzeggiata, non sa come fronteggiare quei pesanti lavori manuali. Resta subito incinta. Così si trova con un bambino in braccio, malvestita, spettinata in un luogo da incubo. Ogni giorno piange e suo padre, che ha capito lo sbaglio fatto, va a trovarla spesso. Le porta dei vestiti, le fa compagnia. Ma, durante una nebbiosa sera d'inverno, il pover'uomo viene investito da un'automobile e muore. Chiara, terrorizzata, prende il bambino e fugge a Milano in cerca di aiuto. La riportano a casa. Lei vaneggia. Poi si chiude in un silenzio assoluto, un silenzio catatonico. Un giorno apre la porta e si allontana, allucinata e senza nemmeno un cappotto. Si perde così, nel gelo della pianura lombarda, e nessuno l'ha più ritrovata.

CAPITOLO SETTIMO

L'erotismo

L'erotismo nell'innamoramento

Nell'innamoramento, il nostro erotismo, la nostra sessualità, diventano parossistici, straordinari. Il corpo della persona amata ci appare divino, sacro e noi vogliamo fonderci con esso. Gli innamorati possono vivere giorni e giorni abbracciati, facendo all'amore. E il loro desiderio, appena soddisfatto, si rinnova più forte di prima. Noi siamo abituati a pensare al desiderio come al mangiare, al bere, al dormire. In cui il desiderio, una volta soddisfatto, si placa, scompare. Tutta la psicoanalisi concepisce il desiderio come una tensione che si scarica. Invece nello stato nascente amoroso noi vogliamo amare di più, desideriamo desiderare di più. La felicità non è cercata nello scarico della tensione, ma nella sua crescita, nel suo perenne accrescimento.[1]

Nell'innamoramento l'erotismo quotidiano viene moltiplicato per cento, per mille. La vita tutta viene erotizzata. Il corpo dell'amata diventa un mondo che ti accoglie, in cui vivi, diventa la fonte del tuo nutrimento, ed ogni cosa che produce è meravigliosa. Gli psicoanalisti lo spiegano col ricordo del bambino che vive sul corpo della madre, che si nutre alle sue mammelle. Io penso piuttosto che si attivi lo stesso engramma genetico che rende possibile nel bambino la ricerca della madre e, nell'adulto, la ricerca dell'amato.

Talvolta l'innamoramento inizia come ossessivo, travolgente desiderio sessuale. E solo dopo si rivela come passione amorosa. Nel libro di Woods Kennedy, *Un anno d'amore*,[2] un ragazzo si innamora scoprendo la bellezza della sua donna e la sessualità. È una sessualità eccessiva, travolgente che esplode nel primo contatto con il seno femminile, nel guardare stupito, adorante il corpo della donna, nello scoprirne riconoscente la forma dei capezzoli, il monte di Venere, le fossette sacrali, le grandi e le piccole labbra. Un universo delizioso sempre più desiderato, sempre più amato quanto più posseduto. Anche nel caso dell'*Uomo di Bari* un grande amore incomincia con una folgorazione erotica.

Ma il più stupendo ritratto della sessualità che diventa amore, è quello del libro *Lolita* di Nabokov. Nabokov, grazie all'ironia, riesce ad esprimere il desiderio sessuale parossistico, folle, ossessivo, senza nemmeno farci sospettare che sia l'inizio di un grande amore. Humbert è ingolosito dal corpo della ragazzina di dodici anni, la ninfetta, come la chiama. Così scrive: «La mia bellezza si è allungata bocconi mostrandomi, mostrando ai mille occhi spalancati nel mio sangue che vede, le scapole in lieve risalto, e la fioritura lungo l'incurvarsi la spina dorsale e i due rigonfiamenti delle tese, strette natiche rivestite di nero, e il profilo delle cosce da scolaretta».[3] Una sera, mentre si trova seduto accanto alla madre di Lolita sulla veranda e la bambina si insinua fra loro due, ne approfitta: «Ho approfittato dei miei gesti invisibili per toccarle la mano, la spalla, e una ballerina di lana e tulle con la quale ella si trastullava, seguitando a ficcarmela in grembo; e infine, dopo avere completamente avvolto il mio luminoso tesoro in questa trama di carezze eteree, ho osato accarezzarle la gamba nuda lungo la peluria di uvaspina dello stinco, e ridacchiavo delle mie spiritosaggini, e tremavo, e celavo quei tremori, e una o due volte ho sentito con rapide labbra il tepore dei capelli di lei».[4] L'amore si presenta solo come desiderio sessuale che sfrutta tutte le situazioni. Una volta, giocando con una rivista, riesce ad attirare Lolita verso di sé. «Un attimo dopo, nel simulato tentativo di riprenderla, ella fu tutta su di me. Le afferrai il polso sottile, ossuto. La rivista fuggì sul pavimento come una gallina spaventata. Lo si liberò contorcendosi, si gettò indietro e si appoggiò, arrovesciata, all'angolo destro del divano. Poi, con perfetta semplicità, la piccola impudente mi allungò le gambe sul grembo. Io mi trovavo ormai in uno stato di eccitazione confinante con la pazzia. Ma possedevo anche la scaltrezza del folle.»[5] Segue la più incredibile descrizione delle manovre con cui lui ottiene l'orgasmo, una vera estasi erotica che poi si ripete altre volte, sempre rubata, sempre nascosta, senza che mai appaia un moto affettuoso dell'animo, un pensiero d'amore. Solo il desiderio, ossessionante, torbido, che Humbert sente come proibito, osceno, ma a cui non sa resistere e che soddisfa con ogni sorta di imbrogli, fino a sposare la madre per star vicino alla figlia. E poi, in una corsa pazza attraverso gli Stati Uniti, da un luogo turistico all'altro, da un cinema all'altro, riempiendola di gelati, impedendole di andare a scuola, di incontrare un qualsiasi ragazzo della sua età, contrattando le sue prestazioni sessuali. «Com'era piacevole portarle il caffè e poi negarglielo fino a quando non avesse assolto il suo dovere mattutino. Ed ero un amico così premuroso, un padre così affettuoso, un pediatra così abile nel soddisfare tutte le necessità del piccolo, bruno corpo della mia brunetta! Un solo rancore potevo avere contro la natura, l'impossibilità di rovesciare dal dentro al fuori la mia Lolita e di applicare labbra voraci al suo giovane utero, al suo ignoto cuore, al madreperlaceo fegato, ai grappoli marini dei polmoni, ai bei reni gemelli.»[6] Qui, nonostante l'ironia, riconosciamo il segno inconfondibile dell'innamoramento. L'amante ama tutto, assolutamente tutto della persona amata, anche i suoi organi, anche le sue viscere. Accuratamente nascosto dall'artificio letterario vediamo che questa passione erotica è amore totale.

Altre volte, al contrario, l'innamoramento incomincia come attrazione spirituale, languore, desiderio di vicinanza. Lo abbiamo visto nel caso di *Student*. Oppure in forma di amicizia, di tenerezza di stima, come, nel caso de *L'uomo prudente*. Perché *Student* era in una fase della sua vita in cui maturava in lui il bisogno di avere una donna, di vivere con una donna. *L'uomo prudente*, invece, era abituato a cercare la sessualità senza farsi coinvolgere emotivamente. L'innamoramento si fa strada solo dopo che l'amicizia, la stima, la fiducia, la confidenza hanno abbattuto le difese e le paure.

Possiamo ora porci questa domanda. Quando una persona è veramente, profondamente innamorata, può avere desiderio sessuale per un'altra e tradire chi ama? Di certo vi sono grandi differenze individuali. Ma posta nei termini in cui l'abbiamo posta, cioè di pura possibilità, la risposta è sì. Ed è sì, soprattutto per l'uomo. Meno, almeno in questa epoca storica, nella donna. Può darsi che con la progressiva adozione di modelli di tipo maschile questa differenza scompaia. Per ora esiste. La donna preferisce sentirsi corteggiata e desiderata e, poi, scegliere, dire di sì o di no. Se è innamorata, la sua scelta l'ha già fatta e rifiuta ogni altra proposta. L'uomo invece ha uno schema opposto. Lui cerca, propone. Quando è innamorato tutto il mondo gli appare bello, in tutte le donne traluce qualcosa della sua amata. Se si lascia andare al suo sentimento spontaneo, l'uomo innamorato è pronto ad abbracciarle tutte. Egli è quindi, paradossalmente, disponibile anche ad un incontro erotico, se l'altra donna lo coccola, lo rassicura, lo invita. Non prende lui l'iniziativa, ma può cedere alla seduzione. Questa disponibilità erotica dell'uomo cessa immediatamente non appena egli pensa di perdere l'amore della sua amata. Allora tutto il suo erotismo svanisce.

Quando la donna intuisce che l'uomo che l'ama ha avuto un rapporto erotico con un'altra, viene presa da collera. La sua collera non scaturisce solo dalla gelosia, dal senso di possesso, ma dalla consapevolezza che quella carica erotica gliel'ha data lei. È lei, con il suo amore, che gli ha fornito l'energia vitale che lo ha reso disponibile al richiamo erotico. Perciò si sente derubata di una potenza sacra. Qualcosa che lui svilisce, dissipa, profana dandola ad una qualsiasi. E vorrebbe punirlo con furore. Infatti l'uomo, per descrivere lo stato collerico della propria donna tradita, dice: «Sembra una belva». E, mentre lo dice, trema, perché ha paura di perderla, di essere abbandonato per un atto al quale lui non dà alcun valore. Eppure sa che lei non solo lo minaccia, ma è capace di distruggere realmente il loro amore. Perciò sta accorto, le promette di non farlo più, di esserle fedele.

Per la donna innamorata un atto sessuale al di fuori della coppia è una profanazione. Perché lei consacra il proprio corpo all'amato, ed ha orrore del contatto con un «corpo estraneo». Vive il corpo dell'amato come parte del proprio corpo che, nell'amore, si è trasfigurato. Rinata nell'amore vuol essere pura, con il corpo, con il cuore, con la mente. Questo *corpo amoroso* spiritualizzato appartiene in esclusività ad entrambi. Esso è diventato un *santuario* che deve essere protetto da ogni contatto blasfemo. Un santuario a cui l'uomo deve avvicinarsi con il rispetto dovuto.

Tutti i gesti della donna innamorata sono riti sacri. Consacra il proprio corpo e lo spazio che li circonda. Rende sacro il letto su cui fanno l'amore. Nessuno vi si può avvicinare. Nessuno vi può dormire, nemmeno i genitori, i fratelli. Nel proprio letto di donna innamorata potrà entrare solo il frutto della potenza sacra generata da entrambi: i figli.

Altre forme di amore erotico

L'avventura erotica è una esperienza in cui il soggetto non si impegna fino in fondo, non si mette in gioco, non accetta di fondersi con l'altro, di cambiare. E, per di più, è a termine. Il soggetto sa, fin dall'inizio, che quell'esperienza avrà una durata limitata. L'idea dell'avventura ingloba già la sua fine. Il motto dell'avventura erotico-amorosa si scrive al tempo passato: «È stato bello». È il caso della signora che va in vacanza al Club Méditerranée e incontra un uomo che le piace. Il marito è lontano. Il rapporto con lui è diventato monotono. Adesso lei prova il brivido dell'avventura romantica, della trasgressione, del proibito, l'estasi erotica. Però sa che tutto finirà al rientro. Per il suo partner, forse, tutto è più semplice. Lui cercava solo il piacere sessuale e si è sobbarcato la messa in scena romantica per piacere alla donna. Ma, se fosse dipeso da lui, ne avrebbe fatto a meno.

L'avventura amorosa. Vi sono anche dei casi in cui la relazione amorosa è molto intensa. È un vero e proprio innamoramento iniziale che, però, non procede oltre, perché il soggetto non riesce ad immaginare un futuro. Non può elaborare un progetto. Allora il processo si blocca. Ma se non ci fosse quell'ostacolo, quell'impedimento, potrebbe diventare anche un vero grande amore. Questa esperienza è stata ben illustrata da Elena Gianini Belotti,[7] che ha studiato gli amori delle donne per uomini molto più giovani di loro. Nella nostra società questo tipo di rapporto è ancora considerato anomalo o eccezionale. La donna si aspetta che il giovane che ama, prima o poi finirà per stancarsi o per innamorarsi di un'altra. Perciò lei frena il suo innamoramento, gli impedisce di diventare un progetto per sempre. Sentiamo cosa dicono alcune di queste donne. *Marta* afferma: «Non ho mai pensato che la mia storia con Marco potesse durare a lungo, mentre pensavo a lui, e non solo perché fosse più giovane, ma perché tutti gli amori finiscono ed io ho una forte tendenza a stare da sola».[8] E *Sandra*: «Sono convinta che una bella storia non può che essere limitata nel tempo. I legami di coppia mi fanno orrore e col tempo tutto si logora. Mi interessa più l'intensità che la durata, preferisco la precarietà e l'insicurezza rispetto alla stabilità e alla prevedibilità che mi annoiano. Con gli uomini giovani non ho mai fatto progetti, tanto sapevo che erano storie che sarebbero finite presto». *Elisabetta* dice: «Il rapporto tra me e Riccardo era privo di progetti, c'era consapevolezza da parte di entrambi, anche se mai verbalizzata, della sua inevitabile fine. Non contavo sulla durata, ma sull'intensità finché sarebbe durato. Pensavo che, prima o poi, si sarebbe innamorato di una donna più giovane». E *Laura:* «Mi sono imposta di non pensare minimamente a un futuro con lui, di lasciarlo libero di avere altri rapporti perché, a causa della differenza di età, mi sembrava di bloccarlo in un rapporto impossibile».[9]

L'infatuazione erotica, invece, non è una avventura a termine. Il soggetto è profondamente coinvolto e vorrebbe continuare. Il desiderio sessuale, il piacere sessuale diventano importantissimi, permeano tutta la sua vita. Quando pensa all'altro lo desidera e, quando sono insieme, non si stanca di fare all'amore. Però l'infatuazione erotica è fondata essenzialmente sul *principio del piacere*, senza che ci sia stato nascente. Rientra perciò nelle forme di pseudoinnamoramento.

Di solito, nell'infatuazione erotica, noi siamo attratti sessualmente da una persona che intellettualmente non ci dice nulla, o di cui non ci possiamo fidare, o che ha abitudini, amici, che non accettiamo. Non vogliamo fondere la nostra vita con la sua, non pensiamo di costruire con lei qualcosa di meraviglioso. Ci piace, la desideriamo, desideriamo il suo corpo, i suoi baci, desideriamo rotolarci con lei facendo l'amore. E questo desiderio può essere così forte da farci pensare che non possiamo fare a meno di lei, che ne siamo innamorati. Però basta che qualche volta l'incontro non sia piacevole, basta una incomprensione, una lite e qualcosa si rompe. Perché tutto è fondato sul principio del piacere e questo richiede un rafforzamento continuo.

Quando nell'*infatuazione erotica* il soggetto decide di realizzare una relazione permanente, una vera intimità spirituale, una vita a due, l'amore si incrina. E il primo sintomo della rottura è proprio la scomparsa dell'erotismo. L'erotismo dell'infatuazione si può manifestare solo quando può pensarsi libero, discontinuo, separato dal resto. Se è costretto a pensarsi duraturo, eterno, se deve inserirsi nella frase «ti amo», si indebolisce o svanisce.

È il caso di un uomo, che chiamerò *Il comandante*, perché aveva un'alta carica militare. *Il comandante* era reduce da una grave delusione amorosa. Si era innamorato di una donna che aveva messo in crisi la sua carriera militare ed era stata sul punto di rovinarlo. Dopo un periodo di atroce sofferenza, cerca la compagnia di una donna che corrisponde a tutte le sue più sfrenate fantasie erotiche. Alta, bionda, formosa, sensuale, con un grande seno, un personaggio tipo Anita Ekberg de *La dolce vita* di Fellini. Una donna di carattere dolce, piuttosto stupida, che ha avuto innumerevoli corteggiatori. La relazione dura quasi due anni. Si vedono occasionalmente e passano giornate di orgia erotica. La donna ha una casa posta in alto sulla scogliera, amici ricchi e trasgressivi. Tutti elementi che contribuiscono ad aumentare l'erotismo. I loro rapporti sono buoni, camerateschi, pieni di confidenza. Alla donna quell'uomo piace, le piace la sua divisa, il suo grado. Un giorno gli propone di andare a vivere insieme e, se lui lo vorrà, di sposarsi. *Il comandante* non è dispiaciuto della proposta. Quella donna lo rende sereno e, in più, soddisfa i suoi sensi e la sua vanità. Così si trasferisce da lei, incominciano la vita in comune. La prima impressione è positiva. Lei è gentile, l'ambiente divertente. Però, con sua somma meraviglia, già dopo pochi giorni si accorge che il suo interesse erotico diminuisce. In due settimane scompare quasi del tutto. Contemporaneamente prova un senso di vuoto, di inutilità, di noia. Ha l'impressione di aver sbagliato qualcosa. Ci mette un po' di tempo a capire che vivere con quella donna non gli interessa. Non gli insegna nulla, non gli dà nulla, il suo mondo gli è estraneo. La vita con lei sarebbe stupida, priva di senso. Non può immaginare un futuro. Gli piace solo come amante occasionale. In realtà non ne è innamorato.

Infatuazione erotica e innamoramento frenato

A volte l'innamoramento incontra un ostacolo interno insormontabile. Allora non procede verso la fusione totale, si autolimita, si restringe al settore erotico.

Ce ne dà un esempio il romanzo di Marguerite Duras, *L'amante*. La ragazza, una quindicenne che viene da una famiglia impoverita e in sfacelo, studia in una scuola di Saigon. Durante un viaggio incontra un giovane cinese di trent'anni. È ricchissimo, bello, gentile, raffinato. Lo segue nella sua garçonnière. Lo fa per sfuggire all'angoscia della tensione con la madre, ai conflitti con i fratelli, alla povertà, alla durezza del collegio. Ma anche per provare che il suo corpo ha valore, e perché quell'uomo l'attrae. Lui è follemente innamorato. Ma è cinese. Suo padre, un ricchissimo commerciante, non darà mai il permesso di sposare una occidentale. Gli ha già combinato un matrimonio con una ragazza cinese della sua stessa regione. E, un giorno, gli imporrà di lasciare la sua amante europea.

In quella garçonnière si svolgono incontri erotici febbrili, sfibranti. La ragazza è coinvolta profondamente: «Lo desidero. Gli dico il desiderio che ho di lui... Lo dico io al suo posto perché non sa di avere una eleganza suprema... (Però) scopro che lui non ha la forza di amarmi contro il volere del padre, di prendermi, di portarmi via. Piange perché non trova la forza di amarmi al di là della paura... Così, sapendo che è impossibile un avvenire in comune, eviteremo di parlare dell'avvenire».[10]

Lo stato nascente amoroso non è solo fusione. È anche progetto di trasformazione del mondo, creazione di una collettività che costruisce la propria nicchia ecologica. Se questo processo è bloccato, regredisce, si trasforma, si adatta. In questo caso gli ostacoli sono tre. Uno proviene dai famigliari della ragazza che fanno di tutto per sfruttare e umiliare il «cinese». L'altro dal giovane cinese che ha paura di venir accusato di aver sedotto una minorenne bianca. Il terzo da suo padre. I loro incontri così restano segreti, confinati nella fusione erotica spasmodica, parossistica. Lui però sa di amarla, e prega suo padre «di lasciar vivere anche a lui, una volta, quella passione, quella follia, quell'amore smisurato per la bambina bianca».[11] Ma il padre è irremovibile.

Allora cerca di staccarsene. Ma adesso è lei a supplicarlo e lui «le grida di stare zitta, di non volerla più, di non voler più godere di lei, ed eccoli di nuovo avvinti, incatenati insieme nello spavento, ed ecco lo spavento dissolversi, ed ecco che cedono ancora in lacrime, disperati, felici».[12] Però l'estasi erotica non supera le pareti della stanza. La fusione dei corpi non diventa fusione degli spiriti, ricreazione del mondo. Anche se è sempre sul punto di farlo, l'amore esaurisce tutta la sua carica eversiva dentro la sessualità.

Compromessa agli occhi di entrambe le comunità, la ragazza deve lasciare Saigon, tornare in Francia. Non si domanda se lo ama. È presa dal dubbio soltanto quando si trova già sulla nave, sulla via del ritorno. Una notte scoppia a piangere e vorrebbe buttarsi in mare. Però è solo un tralucere, un bagliore. Arrivata a Parigi non ne sente più la mancanza. Anni e anni dopo, il suo amante cinese, arrivato a Parigi con la moglie, le telefona. Le dice che la sua vita è stata segnata da quell'amore in modo irreparabile. Che l'ha sempre amata, che l'ama ancora e che l'avrebbe amata fino alla morte.[13]

Da un lato quindi un grande amore impedito dall'esterno e dall'interno. Per lui, cinese, la ragazza è l'occidente, è il valore, è la perdizione, è ribellarsi al padre, è morire e rinascere. È una aspirazione alla totalità. Il suo erotismo è uno sbattere disperato contro le barriere dell'impossibile. Nella ragazza, invece, il processo si ferma prima. L'innamoramento non riesce a sbocciare perché lei non è attratta dal mondo cinese come lui da quello occidentale. Ma, soprattutto, perché non può immaginare il futuro per un solo istante. Lui spera e rinuncia, lei non incomincia nemmeno a sperare. Allora si fa coinvolgere nell'erotismo, ma lo separa dal resto. La sua diventa una infatuazione erotica. Che però è il prodotto di un innamoramento mancato o abortito.

Vediamo adesso il caso di una donna che, invece, si accontenta della relazione erotica con un uomo che lei ammira moltissimo, un divo. La chiamerò *L'Ammiratrice*. Un giorno, durante un viaggio, si trovano a fianco a fianco in una sala oscura e le loro mani si incontrano. Anziché ritirarsi si stringono. È il segnale dell'interesse erotico reciproco che esplode improvviso, violento. Si avvinghiano, fanno all'amore in modo travolgente e continueranno così per un paio di anni, una volta al mese, in frenetici incontri sessuali. Chiacchierano, parlano del proprio lavoro, si abbracciano, ma non c'è mai una volta che uno dica all'altro «ti amo», o «ti voglio bene». Non c'è progetto, non c'è futuro. Fra loro si è stabilito un tacito accordo a non farlo, perché avrebbe spezzato il rapporto.

Però, anche in questo caso, le posizioni dell'uomo e della donna sono diverse. L'uomo è attratto in modo puramente sessuale. Gli piace il suo corpo, il modo in cui fa all'amore. Gli piace perché lo riceve in segreto, senza chiedergli nulla, senza impegnarlo, senza pretendere di arricchire la relazione erotica con elementi emotivi. Ma non la considera alla sua altezza né dal punto di vista fisico, né culturale.

Per la donna è diverso. Quell'uomo le piace pazzamente, andrebbe a vivere con lui, sarebbe orgogliosa di mostrarsi al suo fianco, lo sposerebbe. Ma sa che è impossibile. Allora lo accetta così come lui si offre, e si dispone ad essere come lui la vuole. Si accontenta di una relazione puramente sessuale. Qualche volta vorrebbe dirgli «ti amo», ma sa che sarebbe la fine. E allora accetta di avere soltanto il suo corpo e la sua amicizia. Modella i suoi desideri sul possibile, impara a ricavare piacere dalla fusione sessuale. Riduce anzi la sua infatuazione amorosa alla dimensione di una avventura. Sa che tutto finirà. Non vuol forzare la sorte. Scaccia dalla sua mente ogni pensiero d'amore e ci riesce.

Poiché l'ha bloccato per tempo, lo stato nascente non si accende. Anzi è orgogliosa della sua conquista. Proprio lei ce l'ha fatta a prendersi, come amante, un uomo straordinario, un uomo desiderato da tante donne. Un uomo che la desidera, che la stima e che la riempie di piacere. Si considera fortunata, privilegiata. E non rischia quanto possiede. Resiste anche alla tentazione di vantarsene con le amiche. In questo modo i loro incontri erotici continuano a lungo felici, sereni. E, dopo molti anni, fra di loro sopravvivrà una fiduciosa amicizia.

Amore platonico

È il tipo di amore in cui viene lasciato libero l'incontro emotivo, spirituale, ma viene bloccata la sessualità e la fusione sessuale. Un caso noto e importante per i personaggi che vi sono stati coinvolti, è quello di Lou Salomé.[14] Lou era figlia di un generale dello zar. Aveva un fascino straordinario ed una straordinaria intelligenza. Vissuta in mezzo a cinque fratelli, adorata dal padre, aveva capito presto che, se si fosse sposata, se avesse avuto dei figli, sarebbe diventata come le altre donne, succuba, dipendente dal marito. Lei invece voleva conservare la sua indipendenza. Per questo cercherà sempre un altro tipo di rapporto amoroso, una comunione spirituale senza sessualità, senza figli e senza impegni di fedeltà. Sperimenta la sua formula molto presto quando, giovanissima, resta affascinata dal pastore protestante della sua comunità, Gillot. Ne diventa l'allieva assidua e adorante. Lo abbraccia, gli siede sulle ginocchia, beve le parole dalla sua bocca. Un'altra ragazza avrebbe tratto la conclusione di esserne innamorata. Ma Lou non lo pensa, non lo vuole, non rientra nel suo progetto amoroso. Chi si innamora invece è Gillot, che le propone di sposarlo. Lou lo respinge e decide addirittura di lasciare San Pietroburgo. Va a Zurigo dove incontra un filosofo, Paul Rée, con cui si ripete la stessa vicenda. Siamo nel 1882, Lou ha ventun anni. Rée le chiede di sposarlo, lei gli propone di andare a vivere insieme come amici fraterni, magari con una terza persona in una comunità spirituale.

Il terzo sarà Friedrich Nietzsche che aveva allora trentotto anni. Anche Nietzsche si innamora immediatamente di Lou, un amore grande, travolgente, esclusivo che illumina la sua vita come un caldo sole luminoso. Geloso di Rée, Nietzsche manovra per restare solo con Lou e, sul Sacro Monte di Orta, ci riesce. Le dichiara il suo amore e forse ne riceve un casto bacio. Si convince di essere ricambiato, è felice, trasformato, radioso, pensa di sposarla e di avere un figlio da lei. Ma Lou ha sempre in mente il suo progetto. Infatti gli propone di andare a vivere tutti e tre insieme a Vienna. È gentile, suadente. Il filosofo, a malincuore, acconsente. Ma Lou litiga con la sorella di Nietzsche, poi va a vivere con Rée a Berlino, dove viene accolta nella comunità intellettuale e fa altre conquiste. Sempre conservando la sua castità. Nietzsche aspetta inutilmente, le scrive lettere d'amore, lettere dolorose, a cui lei non risponde. Quando capisce che Lou non lo ama ne resterà straziato.

La casta vita in comune con Rée continua per parecchio tempo, anche se Rée, che è realmente innamorato, ne soffre atrocemente. A un certo punto non resiste più e se ne va. Qualche anno dopo si suicida. Nel 1887 Lou incontra Friedrich Carl Andreas, uno studioso tedesco-persiano. Anche lui si innamora di lei, e le propone di sposarlo. Lou rifiuta ma, dopo un serio tentativo di suicidio di Andreas, acconsente a condizione di non avere rapporti sessuali, di vivere come due buoni amici. Andreas accetta sperando di cambiare la situazione, ma sarà tutto inutile. Resteranno sposati quarant'anni senza toccarsi.

Possiamo allora dire che Lou Salomé si è veramente innamorata di Rée, di Nietzsche e di Andreas? In base alla nostra concezione dell'innamoramento, no. Lei dice di amarli, però mai nessuno di loro diventa l'unico, colui che è preferibile ad ogni altro. Nessuno diventa la porta verso la felicità, verso l'essere. Quella di Lou è una esplorazione. Forse incomincia ad accendersi lo stato nascente, ma subito Lou lo interrompe, gli dà un altro indirizzo. Esclude di amare un'unica persona. Cerca una pluralità di amici. Vorrebbe vivere nella stessa casa, nella stessa stanza con Rée, con Nietzsche, con Andreas, con altri. Tutto questo non ha nulla a che fare con l'innamoramento. Rispecchia invece la struttura tipica dell'*amicizia*: non una comunità chiusa, ma una rete aperta. Nell'*amicizia* l'energia vitale non si ferma mai in un punto, percorre una rete, l'accende in un nodo, poi in un altro, poi in un altro ancora. E la rete, d'altronde non è mai terminata. Lou, appena inizia una relazione, ne incomincia un'altra e poi un'altra ancora. Parte, ritorna, riparte con l'uno o con l'altro senza porsi alcun problema. Nell'amicizia non c'è esclusività, non c'è gelosia. Sono sempre possibili nuovi incontri e quindi nuove amicizie. L'amicizia è una filigrana di incontri.

L'innamorato vuol star sempre con l'amata e soffre della sua mancanza. Il tempo dell'innamoramento è denso, continuo, spasmodico. Il tempo dell'amicizia invece è discontinuo, granulare. Due amici si possono lasciare in ogni momento, restare lontani anche degli anni e, ritrovandosi, continuare il discorso lasciato in sospeso. Poiché la loro relazione non è basata sulla fusione e sulla storicizzazione, il tempo non conta.[15] L'amore platonico di Lou Salomé, quindi, non è un innamoramento. È una forma di pseudoinnamoramento. In realtà, è un'amicizia desessualizzata.

CAPITOLO OTTAVO

La passione amorosa

L'amore passione

Cos'è la passione amorosa o l'amore passione?[1] Un tipo di innamoramento disperato, parossistico, travolgente. *Passione* viene da *patire, subire*. L'amore passione è come una follia, come una malattia da cui ci si difende. Per questo la tradizione ha immaginato che potesse dipendere da un filtro. Ludovico Ariosto ne l'*Orlando furioso* dice che nella foresta di Ardenna esistono due fontane: una dell'amore e una dell'odio. Se qualcuno beve alla fontana dell'amore si innamora della prima persona che incontra. Orlando beve alla fontana d'amore e si innamora di Angelica.

Anche nel mito di Tristano e Isotta l'innamoramento è dovuto ad un filtro d'amore. La storia è nota. Tristano cresce orfano alla corte di Marco, re di Cornovaglia, uccide il gigante Morholt che terrorizza il paese, ma ne viene ferito. Le onde lo portano in Irlanda, dove viene curato e guarito dalla principessa Isotta la bionda. Dopo molti anni re Marco lo manda in Irlanda per prendere Isotta come sua promessa sposa. Nel viaggio di ritorno bevono il filtro d'amore che era stato preparato per gli sposi e si innamorano follemente l'uno dell'altra. Tristano conduce ugualmente Isotta dal re. Isotta diventa regina, però il loro amore continua. Essi allora fuggono in una foresta dove vivono finché il filtro finisce di agire. Tornati a corte, l'amore si rinnova. Dopo molte avventure, Tristano sposa un'altra Isotta, Isotta dalle bianche mani. Ma, poiché è sempre innamorato di Isotta la bionda, non consuma il matrimonio. Ferito a morte fa chiamare l'amata regina di Cornovaglia che arriva innalzando una vela bianca, simbolo di speranza. La moglie, gelosa, però gli dice che la vela è nera. Tristano muore. La bionda Isotta muore anche lei abbracciata al suo amante.

Quello di Tristano è un caso di impedimento estremo, perché vi si oppongono l'inviolabilità del matrimonio e la fedeltà al re. Altre volte gli impedimenti sono inferiori. Nel libro di Tolstoj, *Anna Karenina*, la società osteggia il divorzio. Anna è sposata ad un alto funzionario, ha un figlio. L'amore per Vronskij irrompe brutalmente nella sua vita, la sconvolge. Vuol bene al marito che è un'ottima persona e, per molto tempo, è in preda al dilemma. Poi, quando si accorge di aspettare un figlio da Vronskij, gli parla del suo amore e si separa. Quando nasce la bambina e lei sta per morire, il marito le propone di tornare con lui. Allora Vronskij tenta il suicidio. A questo punto Anna decide di divorziare e di andare a vivere con l'uomo che ama. Emarginati dalla società di San Pietroburgo, si trasferiscono in campagna, dove vivono come due esuli. Però a lei basta l'amore, a Vronskij no. Ha nostalgia della vita militare, dei suoi commilitoni. Anche Anna soffre, sente la mancanza del figlio rimasto col marito. Ma soprattutto è angosciata perché si accorge che Vronskij è distratto, la sua mente è altrove, pensa alla vita di un tempo. Per lui l'esilio amoroso è diventato una sorta di prigione. Anna, non sentendosi più amata, si uccide.

Quand'è che l'innamoramento assume una forma parossistica, passionale? Quando è ostacolato. La passione amorosa divampa quando un vero amore incontra ostacoli tanto esterni come interni. Non basta un impedimento esteriore. Occorre anche il conflitto interiore, il dilemma.

I drammi amorosi del medioevo sono l'espressione di un

conflitto mortale fra l'individuo e la società dell'epoca. L'innamoramento è l'espressione della scelta dell'individuo contro le imposizioni, le regole della collettività in cui vive. I matrimoni erano combinati dalle famiglie per ragioni economiche o dinastiche fin da quando erano bambini. Nel clero era obbligatorio il celibato. L'innamoramento perciò si presentava come infrazione delle più sacre regole sociali ed era antitetico allo stesso ordine matrimoniale. Però questa potenza nascente non poteva ancora rovesciare l'ordine costituito. L'innamoramento non aveva ancora la forza per diventare la base del matrimonio. Perfino Eloisa, in un primo tempo, rifiuta di sposare Abelardo, perché pensa che il matrimonio non abbia nulla a che fare con l'amore. Essa aspira ad una unione dei corpi, dei cuori e dell'intelligenza di cui non vede l'esempio nelle famiglie attorno a sé.[2]

L'amore di Tristano ed Isotta, di Lancillotto e Ginevra illustrano questo stato di conflitto di cui gli episodi della tragedia di Abelardo ed Eloisa o di Paolo e Francesca sono gli esempi storici concreti. La passione è il prodotto di una lotta mortale per il proprio amore e che, infatti, termina proprio con la morte. L'avvicinamento fra amore e morte è il prodotto di un dramma sociale, il fallimento di un compito rivoluzionario.

De Rougemont sbaglia quando, partendo da questi esempi, sostiene che la passione amorosa è un desiderio di morte. Egli osserva che gli amanti sono pieni di contraddizioni. Si amano e lottano contro il loro amore, si pentono e continuano a peccare, mentono e si dichiarano innocenti, si lasciano e poi si cercano: «In realtà» conclude «tutti i grandi amanti si sentono trasportati al di là del bene e del male, in una specie di trascendenza che li libra sulle nostre comuni condizioni, in un assoluto indicibile, incompatibile con le leggi del mondo, ma che per loro è più reale di questo mondo. La fatalità che li domina, alla quale si abbandonano gemendo, sopprime la contrapposizione del bene e del male, li conduce addirittura al di là dell'origine di tutti i valori morali, al di là del piacere e della sofferenza, al di là della sfera in cui si distingue, in seno alla quale i contrari si escludono».[3]

Noi abbiamo imparato che queste straordinarie proprietà sono tipiche dello stato nascente. Nello stato nascente, infatti, non valgono le dicotomie della vita quotidiana. Esso va effettivamente «al di là del bene e del male»,[4] e il dovere coincide col piacere. Però lo stato nascente è sempre anche progetto, è sempre ristrutturazione della vita quotidiana. Si cala nel mondo, si fa istituzione. Quando questo progetto fallisce, quando gli è preclusa la strada della costruzione di una comunità, prevale il desiderio di fuggire la realtà, e si affaccia, quasi seducente, il desiderio di morte. La morte è un'alternativa che gli innamorati hanno sempre presente, perché sentono di non poter vivere senza la persona amata. Perché sanno che esiste qualcosa che è più importante della loro vita personale. Questo però non significa assolutamente che essi desiderino morire. Essi desiderano vivere, desiderano disperatamente vivere. Ma hanno un ideale di vita a cui non possono rinunciare.

Nel romanzo *Lolita* la passione nasce perché Humbert non riesce a farsi amare dalla ragazzina. È convinto che lei non possa amarlo perché è troppo giovane e lui un uomo adulto. In realtà lei ama un altro e fugge con lui. Humbert la ritrova solo anni dopo, invecchiata, incinta, e si accorge che continua ad amarla, che l'avrebbe amata per sempre. Ma Lolita ormai è spenta, distrutta dal grande amore che l'ha delusa, dall'uomo che le «ha spezzato il cuore». Allora Humbert le lascia i pochi soldi che gli sono rimasti e va ad uccidere chi le ha fatto tanto male ed ha distrutto la sua vita. La storia, che, all'inizio, sembra una squallida vicenda erotica, si dimostra una passione, un tentativo di trasformazione rivoluzionaria per entrambi. E che, per entrambi, fallisce.

L'amore segreto, l'isola dorata

Per esplorare questo aspetto utilizzerò la vita ed i libri editi ed inediti di uno scrittore di cui non posso fare il nome. Lo chiamerò *Lo scrittore.* Sono libri scritti quando un amore è finito, quando l'anima è dominata dal dolore di averlo perso. Ma sono libri d'amore, libri in cui si esprime la passione. Una passione ricordata, rivissuta. L'amore è questo ricordare, rivivere.

L'uomo di cui parlo non si è mai separato dalla moglie, non ha mai divorziato. Ha tenuto i suoi amori nascosti. L'innamoramento non ha perciò mai potuto sbocciare nella formazione di una coppia, nella creazione di una casa, di un ménage. Ha cercato un'altra strada, si è espresso in altro modo. Ha prodotto una relazione clandestina. Questo tipo di relazione a lui andava bene. Ogni volta è stata la donna che si è stancata, che ha posto fine alla storia e che, in due casi, ha finito per sposare un altro.

Si tratta quindi di un innamoramento vero, di amore vero ma in cui il soggetto ha deciso irrevocabilmente che non romperà con la moglie anche se la sua amante lo chiede. Un amore che non viene progettato per diventare vita sociale in comune, ma come relazione segreta, circondato da alte mura di silenzio e di dissimulazione. L'istituzione a cui tende e in cui sbocca non è la convivenza e il matrimonio, ma la figura dell'amante clandestina.

La relazione amorosa viene separata dal mondo, protetta nella sua purezza, strappata dalla vita di ogni giorno, dai discorsi della gente, dal controllo sociale. Allora tutto il dovere, tutta la fatica restano fuori e tutto il bene, tutta la sfrenatezza, tutta la libertà, tutta la gioia dentro. È come la domenica, o il sabato, o il venerdì, il giorno del Signore, il momento del contatto con la divinità, il sacro, separato dal profano. Questo tipo di amore non aspira a modificare l'esistente, ma a sfuggirgli. Aspira alla perfezione dell'incontro mistico. Il suo modello non è la famiglia, ma il convento, oppure il culto misterico orgiastico e segreto, che separa dal mondo. Gli incontri amorosi sono orge sacre protette dal segreto iniziatico. Il suo modello non è la celebrazione nuziale manifesta, la casa aperta agli amici, ma la setta in cui gli adepti sono legati da una fratellanza giurata, e perfino dall'obbligo della dissimulazione. Come i Döhnmeh, ebrei della setta di Sabbatai Zevi che si fingono musulmani per secoli, celebrando in segreto la loro vera fede.

Amore segreto, clandestino, protetto, isolato. Tutti i doveri coniugali sono stati compiuti, tutti i lavori professionali terminati. Allora viene concessa, meritata, la festa dell'anima, del corpo, il tripudio. Tutto il resto, tutti i doveri mondani sono soltanto atti rituali, gesti cerimoniali necessari per consacrare lo spazio-tempo sacro dell'amore, che è premio supremo e fine ultimo, paradiso in terra. Come il navigante che si sottopone a fatiche inenarrabili, che affronta pericoli terribili, ma torna a casa qualche giorno per incontrare la sua amata. Come il latitante che rischia la morte per vedere la sua donna di nascosto.

Un'altra analogia è quella della donna che ha avuto un figlio, e l'ha messo in un collegio lontano. Per lui fa un lavoro abbietto, miserabile, fa la prostituta. Non le importa la fatica, non le importa la vergogna o il sacrificio. Tutto acquista un significato in vista di quell'incontro. È lei che l'ha partorito, che l'ha nutrito, che lo ha assistito nelle malattie, che lo tiene lontano dalla miseria della vita. È disposta a fare qualsiasi cosa per preservarlo dalla contaminazione della sua esistenza. Accetta ogni dovere, lo compie anzi scrupolosamente per non mettere in pericolo ciò che le interessa più di ogni altra cosa. E non lo vuole con sé perché la sua vita non è adatta a lui, perché corromperebbe il loro rapporto che può restare perfetto solo se lui è lontano e non sa.

L'incontro, in questo tipo di amore, ha valore in sé, non è mezzo ma fine, non tappa ma meta. Non si proietta nel futuro, non fa progetti. Ogni volta potrebbe essere l'ultimo, e perciò va assaporato fino in fondo. In questo conserva le caratteristiche che abbiamo trovato nello stato nascente. Il *nunc stans*, il presente. Gli innamorati si stringono come se fosse l'ultima volta. Ed ogni volta sono pronti ad accettare la morte, perché ciò che stanno vivendo è l'essenza della vita. Il frutto più prezioso della vita rispetto a cui tutto il resto è freddo, inerte strumento. Però, nello stato nascente, questa esperienza si trasforma subito nel suo contrario, in slancio verso il futuro, progetto. Qui, si rinchiude su se stesso. Esattamente come nella mistica. La mistica non è stato nascente, è istituzione[5] e, come ogni istituzione, conserva qualcosa dell'esperienza originaria, ne è la custode, ma perde il resto. In questo caso trattiene il presente e perde il futuro. Bisogna allora che quell'incontro sia l'assoluto, il non confrontabile, ciò che placa la vera sete. E basta un sorso di quell'acqua per vivere nel deserto.

Per evocare l'amato lontano può bastare un simbolo, un pezzo di cielo azzurro, una fotografia ingiallita, una lettera. Basta per riscaldare il cuore, per far affluire tutte le energie miracolose della vita. Quel simbolo è il sostegno al vivere, ciò che tiene in vita. Ciò che conferisce senso alla vita. È con quel ricordo, con quel simbolo, con quel talismano che possiamo attraversare il mare, l'oceano, la foresta. C'è gente che porta con sé sempre qualcosa dell'amato, dell'amata, o del figlio. È bello questo amore dell'attesa, questo amore dedicato, questo amore lontano, questa fedeltà del cuore.

Gli incontri occasionali, segreti, conservano un carattere straordinario anche all'erotismo. Se quegli incontri dovessero diventare quotidiani, se la relazione dovesse diventare manifesta, se l'amante dovesse diventare il marito o la moglie, forse l'incantesimo svanirebbe. Alcune infatuazioni erotiche intensissime riescono a durare degli anni proprio perché sono discontinue e segrete, perché non devono trasformarsi in progetto di quotidianità. Ed allora assumono alcuni caratteri dello stato nascente, della passione.

È il caso del libro *Passione d'amore* di Carlo Castellaneta. Diego sogna di staccare Leonetta dal marito, di andare a vivere con lei, di farne la sua sposa, di avere una casa in cui ricevere gli amici. Ma Leonetta non vuole. Si comporta come *Lo scrittore*. Vuole che Diego resti l'amante che lei vede solo di quando in quando, in incontri infuocati ed appassionati. Lo ama, ma sa che se andasse a vivere con lui tutto rapidamente si degraderebbe nella banalità quotidiana. Nell'incontro amoroso gli si presenta sempre come una dea, bellissima, come una sacerdotessa dell'amore. Questo richiede ricchezza, preparazione, cure. Tutte cose tenute lontane, nascoste. Per questo Leonetta non vuol rinunciare al marito ricco. Perché le dà i mezzi con cui conservare la sua bellezza. E non le importa se, per avere questi mezzi, deve avere rapporti sessuali con lui. Perché si svolgono su un altro piano, quello del dovere coniugale. Il piano dei doveri mondani, degli atti rituali necessari per consacrare e garantire il tempo sacro della passione d'amore. Intervallata, protetta, segreta.

CAPITOLO NONO

La gelosia

La gelosia nell'innamoramento iniziale

C'è gelosia nello stato nascente dell'innamoramento? Qualcuno risponde che c'è sempre, perché l'innamorato domanda in continuazione «Mi ami, mi ami?». E sfoglia la margherita, ora in preda alla speranza, ora alla paura. Ma questa non è gelosia. Quando siamo preda della gelosia noi temiamo che il nostro amato ami un altro, preferisca un altro a noi. Nella gelosia c'è un rivale. Mentre l'innamorato non ha in mente un rivale, ha semplicemente paura di non essere ricambiato.

L'innamoramento è accompagnato da una inconfondibile sensazione di struggimento. Perché il massimo bene che siamo riusciti a raggiungere ci può sfuggire, può svanire. Poiché sappiamo di non meritare il suo amore, perché quell'amore ci appare come un dono, grazia totalmente gratuita, temiamo che egli possa cambiare idea, tornare quello che era prima di conoscerci. Noi siamo sicuri delle cose che possiamo spiegare, controllare, su cui abbiamo un potere. Ma non conosciamo, non abbiamo nessun potere sulla persona amata. Un istante ci appare più vicina di noi stessi e, un istante dopo, una divinità inaccessibile. Speranza e fiducia, timore e tremore, questi sono i sentimenti dominanti dell'amore nascente. L'innamoramento consente di accedere al massimo dell'erotismo ma, nello stesso tempo, ne fa intravvedere il superamento. Il corpo, la bellezza, il piacere sessuale, i baci, il contatto della pelle, l'abbraccio, tutto ciò che, nell'erotismo, è realizzazione, compimento, nell'innamoramento è un mezzo per qualcosa d'altro, per andare più in là, verso l'essenza della persona amata, verso un valore indicibile. Costituisce un percorso, una via, un mezzo.

A volte un amore incomincia come una avventura. Come una intensa, eccitante esperienza erotica. Può continuare così anche per molto tempo. Se però, ad un certo punto, uno dei due, o addirittura entrambi si innamorano, avviene un mutamento profondo. Il gesto erotico sicuro, trionfale, diventa esitante. Il desiderio sessuale lascia il posto ad una attesa trepidante del corpo, alla voglia di piangere, alla commozione. L'altra persona, che ora ci è più vicina, ci è diventata più desiderabile e più lontana. La guardiamo, e ci pare di vederla per la prima volta. Ogni volta come se fosse la prima volta. Ci sembra di aver conosciuto di lei solo l'aspetto più superficiale. Credevamo di aver visto tutto e non avevamo visto niente. Il suo corpo, le sue mani, i suoi occhi ci parlano di una infinità sconosciuta. Finché siamo con lei, finché la teniamo stretta fra le braccia, finché facciamo all'amore, superiamo questo abisso. Ma, non appena ce ne siamo andati o lei se ne è andata, non appena siamo lontani, è come se potessimo perdere la strada per ritrovarla. Allora abbiamo bisogno di vederla, di toccarla, di parlarle, di sentirci dire «ti amo».

Tutto questo non è gelosia.[1] È paura di perdere noi stessi, il senso della nostra vita. L'amore ci rivela l'infinita complessità, l'infinita ricchezza dell'altra persona. Perché percepiamo di lei tutto ciò che è stata, tutto ciò che avrebbe potuto essere, tutto ciò che è ora e ciò che potrà diventare nel futuro. L'amore ci rivela gli infiniti possibili di cui è costituito l'individuo, la sua totale improbabilità e, quindi, il miracolo della sua esistenza e del nostro incontro. Lo stupore meravigliato nell'amore è coscienza di questa totale precarietà dell'essere ma, nello stesso tempo, coscienza che nell'altro c'è il fondamento di cui abbiamo disperato bisogno. Di qui il nostro desiderio di trattenerlo, di stringerci, di restare uniti, di fonderci.

Noi non riflettiamo a sufficienza sulla straordinarietà di quanto accade nell'innamoramento ricambiato. Noi identifichiamo la persona che vale più di qualsiasi altro essere vivente. Ciò che è prossimo all'assoluto, al divino. Ebbene questa persona, questa divinità, fra gli infiniti esseri del mondo sceglie proprio noi e ci ama. Attraverso l'amore l'uomo più umile e più disgraziato è il prescelto di Venere, la dea della bellezza e dell'amore. E la donna più insignificante e più sola riceve la sua annunciazione: «Tu sei benedetta fra tutte le donne». Per questo è così terribile il fallimento dell'amore, l'abbandono. Per questo è così terribile la gelosia.

La gelosia non è un furto. Non siamo gelosi perché ci viene sottratto qualcosa che consideriamo nostro. Noi non siamo gelosi della persona che ci viene rapita, né del rapitore. Noi siamo gelosi solo quando è la stessa persona che amiamo che si lascia rapire, sedurre, portar via da un altro, quando preferisce lui a noi. La gelosia è sempre tradimento dell'esclusività.

Molti psicologi criticano la gelosia dicendo che la nostra pretesa di esclusività è assurda. Ma perché siamo esclusivi? Nessuno di noi immagina di essere né il più bello, né il più intelligente del mondo. Nessuna delle nostre virtù, misurate col metro del mondo, ci rende preferibili agli altri. Di fronte a qualunque criterio di valore mondano ciò che siamo è pur sempre povera cosa. Eppure noi vogliamo bene a noi stessi, ci apprezziamo perché sentiamo che, nel profondo, *in noi c'è un valore, una unicità insostituibile.* Nell'innamoramento questa unicità, questa esclusività viene riconosciuta, approvata, confermata. L'amato, amandoci, dà alla nostra individualità fondamento d'essere, dignità di valore.

Geloso è colui che si accorge, a torto o a ragione, che per la persona amata, lui non è più l'unico, l'esclusivo, come lei lo è per lui. Che lei trova in un altro quel valore che avrebbe dovuto trovare solo in lui. Che l'altro possiede qualità essenziali ai suoi occhi: una abilità che la diverte, che la rende allegra, che la incanta, che la commuove. Oppure che l'altro è più bello, più giovane, più intelligente. Allora si sente svuotato di ogni contenuto, di ogni valore. Si sente un niente proprio perché lei gli ha insegnato che era tutto. Perché lo ha innalzato dove non avrebbe mai pensato di salire. Ed ora gli toglie la primogenitura appena conferita, lo getta dal trono a cui l'ha associato. Lo scaccia dal paradiso, lo sprofonda nell'abisso, e innalza un altro al suo posto.

Qualche volta la gelosia, nell'amore nascente, stimola la volontà. Porta l'innamorato a battersi per il suo amore. Questo avviene se c'è la speranza. Ma un rifiuto molto grave lo paralizza, perché lo convince di non valere niente e di non poter chiedere niente.

Per fortuna, nell'innamoramento ricambiato, tutti e due hanno gli stessi problemi, tutti e due hanno bisogno della stessa rassicurazione. Ed entrambi sono pronti a darla. Basta che il tuo amato ti mormori, con accenti sinceri: «Ti amo, amo solo te», per rassicurarti, per far svanire tutti i fantasmi. L'amore nascente è fiducioso, parla in spirito di verità e pensa che anche l'altro faccia lo stesso. Per questo la gelosia ha poca importanza nel vero innamoramento bilaterale, perché il nostro amato ci rassicura subito, e noi rassicuriamo lui. Se la gelosia si insedia nell'innamoramento iniziale, vuol dire che in realtà uno non è completamente innamorato. Che è ancora incerto, che pone delle prove troppo grandi, che cerca di fuggire.

Gelosia che frena l'amore

Abbiamo già raccontato la storia di *Student*, un giovane innamorato di una sua compagna da cui non è ricambiato.

Pensando che il suo insuccesso sia il frutto della sua inesperienza, si dedica ad imparare l'arte del seduttore e ci riesce. Tiene la sessualità separata dall'amore. In tutta la sua vita quest'uomo avrà soltanto donne che lo amano e che gli sono totalmente fedeli. Quando gli capiterà di infatuarsi di donne anche molto belle, ma che hanno un altro uomo o che egli pensa gli possano essere infedeli, finirà sempre per lasciarle. Anzi, non arriverà nemmeno all'innamoramento. Si fermerà prima, al livello dell'infatuazione erotica. Non supererà la soglia minima che scatena lo stato nascente. Poiché nel primo innamoramento non è stato ricambiato ed ha sofferto moltissimo, negli altri non si abbandonerà più senza essere assolutamente certo di essere ricambiato in modo esclusivo, al di là di qualsiasi dubbio.

Questo comportamento ci dice che l'accensione dello stato nascente richiede, se non un atto di volontà, perlomeno un cedimento, un assenso, la diminuzione della vigilanza. Un po' come avviene nella ipnosi in cui, se il soggetto è vigile e non vuol farsi ipnotizzare, frustra tutti i tentativi dell'ipnotizzatore. Perché l'ipnosi riesca occorre una adesione, un potenziale sì, e allora, di colpo, avviene un passaggio di stato, dallo stato di veglia allo stato di sonno ipnotico. Il sonno ipnotico è molto diverso dallo stato nascente, è passivo, privo di creatività ed estremamente breve. Però l'analogia ci serve per capire la natura discontinua dell'innamoramento vero.

Student, per timore della gelosia, non si innamora. C'è invece chi si innamora ma, per timore della gelosia, distrugge la persona che ama. È quanto è accaduto ad una donna molto bella, che chiamerò *L'avventuriera*. Questa donna, che ha avuto una vita avventurosa e numerosi amanti, ha però avuto un unico grande amore, di cui sente ancora oggi, dopo vent'anni, la nostalgia. *L'avventuriera* lascia la casa paterna prestissimo. Si reca a vivere con una amica in Svizzera dove incomincia una attività commerciale. Incontra l'uomo amato quando ha diciannove anni. Lui è un medico di dodici anni più anziano di lei. È un amore improvviso, travolgente.

La ragazza è bella, provocante, appassionata, ribelle e orgogliosa. Per l'uomo, che vive ancora con i genitori e si sta avviando ad una solida carriera ospedaliera, costituisce il simbolo della libertà erotica, della trasgressione. Un po' come succede a *L'uomo di Torino*, ad *Antonio*, il protagonista del romanzo *Un amore* di Buzzati.

Lei è ancora vergine, ma gli si concede senza esitazione. Poi glielo dice, ma lui non le crede perché ha agito con troppa naturalezza, con troppa strafottenza. Lui la desidera, impazzisce per lei, ma non la giudica adatta come moglie. Perché è troppo indipendente, troppo spregiudicata. Perché non corrisponde ai canoni del perbenismo borghese. Viaggia, gli dice tutto quanto le passa per la mente. E sebbene lei non lo tradisca mai, lui è convinto che abbia dappertutto degli amanti. L'assilla di domande a cui la ragazza risponde, orgogliosamente, che sono faccende sue, che può fare quello che vuole, che è libera. Comunque, per diminuire le sue ansie, quando si reca all'estero per lavoro, gli dice che va da una zia. Poi lui scopre la menzogna, e scoppia la crisi. Si separano per quindici giorni, un mese. Lui cerca di dimenticarla andando subito con un'altra donna. Lei no. È offesa dalla sua diffidenza, ma non pensa di vendicarsi.

Poi si riappacificano, vivono periodi di estasi erotica, che ancor oggi questa donna non riesce a ricordare senza commuoversi. Mentre lui li considera intermezzi, paradisi dorati destinati a finire. Qualche volta è tentato di sposarla, ma poi si tira indietro, convinto, nel profondo, che sia una dissoluta, una ninfomane. Però questa immagine di spregiudicatezza licenziosa lo attrae. La invita a parlare dei suoi amanti, delle sue esperienze con altri uomini. E poiché lei tace, visto che non ha nulla da dirgli, la spinge nelle braccia dei suoi amici, per vedere come reagisce e, nello stesso tempo, per procurarsi un alibi per lasciarla. Una volta, su una barca, la prega di avere un rapporto sessuale con un comune amico. Le spiega che la considera una prova di amore. Lei, ingenuamente, acconsente. A questo punto la gelosia dell'uomo diventa parossistica.

L'ama, non può fare a meno di lei. Ma, nello stesso tempo, considera questo suo amore una malattia. Così decide di troncare. Di nascosto incomincia una relazione con una collega. Durante il periodo natalizio *L'avventuriera* deve andare a Beirut per affari. L'uomo le chiede di rinunciare, di recarsi in montagna con lui. È una sorta di prova di «appello», un punto di non ritorno. Ma per lei è solo una richiesta assurda, visto che ha preso quell'impegno da tempo. Gli spiega che deve assolutamente andare, e parte. Al ritorno non lo trova più. Non risponde al telefono, gli amici non l'hanno più visto. Sembra svanito nel nulla. Lei è disperata. Passano mesi. Un giorno lui le telefona e le comunica, freddamente, che si è sposato e che abita in un'altra città. Lei non vuol credere, le sembra assurdo, impossibile. Si informa, riesce a procurarsi il suo nuovo numero di telefono. Chiama. Le risponde una donna che le dice di essere la moglie.

In questo caso la gelosia nasce dal fatto che quest'uomo è affascinato dalla vita avventurosa, dalla libertà e dall'anticonformismo della donna. Però la teme. Fin dall'inizio decide di difendersene. Vive il suo amore come una passione, come una malattia. Non riesce a vedervi la base per un matrimonio e per una famiglia. Sbaglia, perché la ragazza, pur avendo un temperamento impetuoso, l'ama perdutamente e gli è sempre fedele.

Ci sono, invece, persone che sopportano benissimo la gelosia. Nelle forme di amore competitivo la gelosia, la presenza di un rivale, costituiscono un elemento eccitante, addirittura una componente essenziale dello stato amoroso. Per queste persone l'amore è conquista, seduzione, lotta. Esiste una sterminata letteratura erotica femminile, la cosiddetta letteratura rosa, in cui è sempre presente una rivale. La protagonista è innamorata di un uomo che lei pensa sia già innamorato di un'altra. Allora soffre, ma non rinuncia al suo amore. Fa in modo di stargli vicino, di piacergli, di conquistarlo. Però, a differenza della rivale che usa le più subdole arti della seduzione, l'eroina è sincera, onesta. Alla fine l'amore si fa strada anche nel cuore dell'uomo, conquistato dalla sua bellezza e dalle sue virtù.

Questa capacità di aspettare che anche nell'altro si risvegli l'amore, questa capacità di tenere a freno la propria gelosia per impedirle di diventare un sentimento distruttivo, a me pare una qualità più femminile che maschile. La sistematica applicazione della seduzione per far innamorare l'altro, per conquistarlo, è molto più discussa nei settimanali e nei libri destinati alle donne. D'altra parte, per migliaia di anni, la donna non si è mai adattata ad andare con chiunque. Ha sempre cercato di conquistare l'uomo migliore, quello più attraente, quello socialmente più apprezzato. Non avrebbe potuto farlo se non avesse imparato ad aspettare, a resistere, a controllare la sua gelosia verso le rivali.

Gelosia che intensifica l'amore

Molte persone considerano la gelosia uno stimolante dell'amore. Per conquistare la persona amata o per tenersela legata, la fanno ingelosire. Cioè stimolano in lei il meccanismo della perdita. Per tutti costoro vale il verso di Ludovico Ariosto: «in amor vince chi fugge». Vince chi non ama, chi si fa cercare, chi fa ingelosire l'altro.

Vediamo il caso de *La portinaia di Siena*. Questa donna, non più giovane ma piacente, aveva un marito ubriacone da cui, finalmente, riesce a divorziare. Rimasta sola conosce un uomo più giovane di lei che le piace molto e che ha deciso di tener legato a tutti i costi. Però lei è costretta, per il suo lavoro, a stare ferma, mentre lui viaggia. E si sa, nei viaggi potrebbe incontrare altre donne, avere altre avventure, perfino dimenticarla. Per impedire questa eventualità, *La portinaia di Siena* usa la tecnica di non farsi trovare, di farsi cercare, di farsi desiderare, di creare nell'uomo una continua insicurezza. Lui le telefona per dirle che l'ama, per accertarsi che lei sia in casa e lei non risponde, lascia squillare il telefono. Poi, quando lui finalmente la trova, gli racconta che è uscita con un'amica, che ha incontrato un conoscente. È sempre radiosa, allegra, ma vaga. Gli dà l'impressione di avere molte persone attorno, di essere corteggiata e desiderata. Così lo tiene sempre un po' in apprensione. Poi lo abbraccia, lo bacia, gli dice che l'ama, lo rassicura. Lui così passa dall'ansia alla gioia, dal dubbio alla felicità e la desidera sempre più intensamente. Grazie a questo stratagemma la loro relazione che, probabilmente sarebbe rapidamente affogata nella monotonia e nel tradimento, è durata molti anni ed è sfociata nel matrimonio.

Ma, come abbiamo detto, vi sono due tipi radicalmente diversi di reazione. Se l'uomo della *Portinaia di Siena* si attacca ancora di più alla donna che lo tiene sulla corda, nel caso de *L'uomo di Bari* qualcosa va storto. Quest'uomo si era innamorato di una donna più giovane. Ma aveva gravi problemi economici e famigliari. Desiderava andare a vivere con lei, pensava di sposarla, ma non poteva farlo in tempi brevi. Doveva superare ancora troppe difficoltà. Così prendeva tempo. La ragazza, in un primo periodo, non gli fa premura. Anche lei ha una vecchia relazione che manda avanti stancamente e perciò accetta di tenere il nuovo amore a livello segreto, riservato. Ma, col passare del tempo, decide di lasciar perdere il vecchio amante per dedicarsi tutta al nuovo ardente innamorato. L'uomo però è ancora incerto, dilaziona. Lei vorrebbe spingerlo a decidere. Però, anziché dirgli che lo ama e che è decisa a seguirlo dovunque, ad affrontare con lui anche una vita difficile e dura, sceglie lo stratagemma di farlo ingelosire. Gli fa capire, per allusioni, che c'è un altro uomo che la corteggia. Per rendersi più desiderabile, incomincia anche a rifiutarglisi sessualmente. *L'uomo di Bari* cerca un chiarimento, ma lei rimane volutamente evasiva. Così passa quasi un anno in cui si alternano momenti di amore appassionato e di freddezza. Lo stratagemma della donna, per un certo periodo, ha effetto. L'uomo diventa geloso, la cerca in continuazione, le scrive lettere appassionate. Ma il periodo di prova è troppo lungo. Con il persistere dell'ambiguità e del rifiuto sessuale, egli si convince che lei ha effettivamente un altro amante. E, in cuor suo, decide di rompere per sempre. Dopo notti insonni, dopo un ultimo frenetico incontro amoroso, parte per un lungo viaggio di lavoro all'estero, e non si fa più vivo. Per oltre un anno vive come in un incubo. Ma non la cerca più.

La gelosia del passato

Molti studiosi considerano patologica la gelosia del passato. Perché, infatti, essere gelosi di qualcuno che non ci minaccia più, che non può arrecarci nessun danno? Che cosa ci importa se il nostro uomo o la nostra donna hanno avuto amori ed amanti? Perché ci crucciamo di non essere stati noi i preferiti, gli unici anche quando non ci conoscevamo ancora? Una gelosia di questo genere non è la prova di uno spirito possessivo, di una avidità infantile, patologica?

Per rispondere dobbiamo partire dal fatto che, quando ci innamoriamo, vogliamo sapere tutto dell'altro. Gli innamorati passano ore ed ore, giorni e giorni a raccontarsi i particolari della loro vita passata. Perché avrebbero voluto conoscersi da sempre. Ciascuno avrebbe voluto vedere come era l'altro da bambino, adolescente, seguirlo in ogni momento della vita, essere sempre stato con lui. È la *storicizzazione*, un aspetto del processo di fusione. Ciascuno cerca di penetrare nell'altro per vedere il mondo coi suoi stessi occhi.

Per arrivare così a vederlo congiuntamente, ad avere la stessa visione del mondo.

Ciascuno parla anche delle proprie esperienze amorose. E l'altro spesso vuol conoscerne i particolari fino ad identificarsi con lui, con i suoi amanti, le sue sensazioni. È qui la radice della gelosia del passato. Nell'ossessiva ricerca di una completa conoscenza reciproca. Ma soprattutto nel modo in cui questo processo viene realizzato.

Nell'innamoramento normale, nel normale processo di *storicizzazione*, ciascuno racconta il passato non per creare una barriera all'amore nascente, ma per distruggere gli ostacoli. Mentre racconta, l'innamorato toglie valore alle esperienze fatte nel passato. In sostanza dice all'amato: è successo tutto questo, ma adesso è finito, finito per sempre. Io sono diventato un'altra persona, sono rinato e adesso, per me, conti solamente tu. Con il processo di *storicizzazione* gli innamorati distruggono tutti i vecchi traumi, i vecchi dolori, i vecchi amori e ne emergono liberi, puri. La *storicizzazione* si muove verso il passato per redimerlo e consente di andare verso il futuro senza legami.

La *storicizzazione* ha lo scopo di far emergere l'uomo nuovo. Il convertito percorre la sua vita passata per scoprire dove ha sbagliato e quando ha incominciato a scorgere i barlumi di verità. È quello che fa sant'Agostino ne *Le confessioni*. I due innamorati che si raccontano la vita vissuta prima di conoscersi, lo fanno per diventare persone nuove, per rinascere. Per trasmettere all'altro tutto ciò che del loro passato arricchisce, intensifica il loro amore. Non ciò che lo distrugge. Essi scelgono e sottolineano le esperienze, gli episodi, i sentimenti che sono integrabili nel nuovo amore e tolgono valore, svalutano quelli che vi si oppongono. Perciò ricordano gli amori passati, ma per svuotarli di significato. La storicizzazione non è né regressione, né rimembranza. È creazione di una tradizione comune, è scelta di valori, scoperta di un destino. Entrambi perciò scelgono le cose che anticipano, che indicano, come profezie, l'amore che stanno vivendo.

Esattamente come fa Tito Livio quando, nella storia di Roma, sceglie i miti edificanti, o come fa Virgilio quando, dalla fuga da Troia all'incontro con Didone, scopre i segni del futuro destino di Cesare Augusto.

La gelosia del passato compare quando questo processo non viene compiuto o viene distorto. Un famoso caso di gelosia del passato è quello di Sonia Tolstoj. Sonia aveva diciotto anni, era innamorata pazza di Tolstoj che le appariva una specie di divinità. Era il più grande scrittore russo, famoso, adorato da tutti. Siamo chiaramente di fronte ad un innamoramento divistico. Anche Tolstoj è innamorato. Avrebbe dovuto sposare la sorella maggiore di Sonia, ma rimane affascinato da lei. Per molto tempo non cede al suo innamoramento. Si considera troppo vecchio per una ragazza di diciotto anni, lui che ne ha trentaquattro. Alla fine, cede. Le consegna una lettera in cui le chiede di sposarlo. Ricevuta una risposta affermativa, sconcerta tutti fissando la data del matrimonio dopo solo sette giorni. Poi sente subito il bisogno di mostrarsi alla sua promessa sposa esattamente com'è, senza nascondere nulla della sua vita passata, anche le cose peggiori, più turpi. Se l'amore supera questa prova, si dice, allora vuol dire che lei mi ama veramente, che la base del nostro matrimonio è solida. Così le consegna i suoi diari dove ha annotato tutto, assolutamente tutto ciò che ha fatto fino a quel momento.

Siamo in condizione di capire il suo gesto. Tolstoj è veramente innamorato e, dopo essersi a lungo difeso, cede al suo amore. Adesso vuole mettere in comune il suo passato con la persona amata. Però non le racconta la sua vita a poco a poco, non la analizza con lei in modo critico. Non fa con lei un lento e paziente lavoro di selezione e svalutazione. Si limita a consegnarle i diari. E lei vi legge, con spavento, che lui ha dilapidato delle fortune, che ha avuto amanti di ogni tipo, zingare, prostitute, amiche di sua madre, cameriere, contadine che vivono nella loro casa. Ne resta sconvolta. Nei diari le si rivela un uomo che non conosceva, e che deve accettare così com'è, senza discutere. È come se lui le dicesse: «Vedi, io sono così, mi devi prendere come sono».

Nell'innamoramento divistico il rapporto non è mai paritario. C'è un superiore ed un inferiore. Esiste il pericolo che la persona che si sente superiore si consideri perfetta, pretenda di essere accettata così com'è, non si metta in discussione come invece avviene nell'innamoramento paritario. Ed è precisamente questo che fa Tolstoj. Egli, consegnando i suoi diari alla giovane Sonia, non compie nessuna revisione della sua vita. Non vi scopre le tracce del suo vero amore, non identifica le vie sbagliate, non le rifiuta. Non diventa un uomo nuovo, totalmente disponibile al nuovo amore, purificato dal passato. Scaraventa addosso a Sonia il suo passato, senza rifiutarne nulla. Sonia, dopo aver trascorso la notte a leggere i diari, lo incontra la mattina con gli occhi rossi di pianto. Non dice nulla, lo rassicura, lo perdona. Ma sente che si è compiuto qualcosa di irreparabile. Tutta la sua vita resterà segnata da quella profanazione.[2]

La *storicizzazione* dello stato nascente è lo strumento che impedisce al passato di incombere sul presente. Il mezzo per metterlo in comune e neutralizzarne la sua potenza malefica. Esso perciò è il meccanismo spontaneo per neutralizzare, e per sempre, la gelosia retrospettiva. Per fare sì che l'amore possa permeare tutta la vita, anche il passato, come il futuro. Ma quanta delicatezza, quanta prudenza, quanta fantasia essa richiede per compiere questo suo prezioso lavoro! Alcuni innamorati non chiedono nulla, altri chiedono troppo. Altri vogliono sapere troppi particolari che peseranno come macigni sul loro amore. Altri conservano nel cuore dei dubbi che faranno pesare in seguito. In questi casi la *storicizzazione* non ha svolto il suo compito. Il passato continua ad incombere sul presente. La vera *storicizzazione* ha come scopo di *redimere* il passato per spianare la strada all'amore, per dargli solide fondamenta.

Che assurdità dire che l'amore che vuol possedere il passato della persona amata è nevrotico o patologico! L'amore irrompe verso il passato e va verso il futuro. I due innamorati avrebbero voluto conoscersi da sempre. Nel *Convito*, Aristofane dice che l'amore sorge fra due metà dello stesso individuo, separato da Zeus. E che si cercano fino a fondersi per ritrovare l'unità perduta. La *storicizzazione* consente proprio questo miracolo e non ha assolutamente nulla di patologico, anzi è l'essenza stessa della normalità amorosa. La patologia sorge quando non si compie la *storicizzazione*. La gelosia del passato è il sintomo che non è avvenuta la redenzione del passato. Che non siamo riusciti a rinascere nell'amore. Che l'amore non è sceso fino alla profondità necessaria per creare una persona nuova.

L'amore geloso

C'è un tipo di amore che sembra nutrirsi di gelosia, a cui la gelosia è connaturata, di cui è una componente essenziale. Ma non sto parlando di quel tipo di amore che si alimenta della rivalità, che vive di rivalità, che è desiderio di conquista e di affermazione su un rivale. In questo la gelosia è eccitamento, stimolo. Nel tipo di amore di cui parliamo, invece, la gelosia è vera sofferenza e scaturisce dal convincimento che fra chi ama e l'amato c'è una differenza abissale, incolmabile. Una differenza che però esiste solo per lui, tormenta solo lui. Gli altri possono avere accesso al corpo o all'anima della persona amata. Ma questi altri non sono un rivale specifico, sono legioni.

Ricordiamo il caso di *Student*. Ad un certo punto si accorge che la sua amata lo evita, non si fa mai trovare da sola, è sempre in compagnia di qualcuno. Tutti le vanno bene, fuorché lui. La ragazza si comporta in questo modo perché si è accorta che *Student* è innamorato di lei, e vuol evitargli un rifiuto sgradevole. Ma il ragazzo capisce che il gesto esteriore nasconde una incomunicabilità totale. Capisce di ignorare tutto di lei, tutto delle donne. Non sa cosa dire e come dire, quali gesti fare mentre, invece, vede che gli altri sanno muoversi con destrezza. Vale per *Student* quello che scrive Buzzati: «Le vedeva con gli altri, a braccio degli altri, al tavolo degli altri, in automobile con gli altri e se lui le fissava, infastidite voltavano la testa dall'altra parte. E con che uomini erano? Dei miliardari, dei divi del cinema, degli apollo? No. Magari erano degli scafessi qualsiasi senza né arte né parte, o con la pancia, o analfabeti capaci di parlar solo di calcio, dei volgari, brutti anche, ma che evidentemente avevano il piglio giusto, conoscevano le due tre cretinate che piacciono alle donne».[3]

Student è un ragazzo senza esperienza. Non sa cosa fare, si sente disarmato. *Antonio* è un uomo di cinquant'anni che si innamora di una prostituta giovanissima. Ma anche lui non sa di che cosa parlarle, che cosa offrirle, se non denaro. Non sa come rendersi interessante e farla divertire. Perciò diventa geloso non dei clienti, che hanno con lei il suo stesso rapporto freddo, mediato dal denaro, ma di coloro che Laide frequenta spontaneamente, perché ne è attratta. Per esempio di un ragazzo che lei sostiene sia suo cugino, ma che lui pensa sia un suo amante. La sua gelosia scaturisce dal senso di una mancanza profonda, essenziale, del suo essere. Qualcosa che gli altri hanno e lui no. E allora desidera essere come loro, e li teme, e li odia e odia la donna che li preferisce a lui.

In *Lolita* di Nabokov, il protagonista Humbert seduce la sua Lolita con dolci, portandola al cinema, in località turistiche. E desidera soltanto che lei gli conceda il suo corpo e non se ne vada. Humbert non spera mai, come invece fa *Antonio*, che Lolita lo ricambi. Non può pensare che Lolita possa innamorarsi di lui, così come lui si è innamorato di lei. È convinto che fra loro ci sia una differenza abissale di sensibilità, di desideri, di programmi. Una differenza ontologica, di natura, non colmabile. Lui è adulto, lei una bambina con desideri e gusti da bambina. Perciò teme che possano portargliela via i coetanei. E li odia, li evita come la peste. Poi ha paura che si stanchi, che si annoi della vita che le fa fare. Non fa progetti a lungo termine, escogita stratagemmi per trattenerla con sé giorno dopo giorno, ora dopo ora. Come un malato di cancro che lotta per prolungare il più possibile la vita, anche di un solo istante, finché potrà.

Di conseguenza non ha un rivale adulto. Non teme che possa arrivare un altro uomo capace di ottenere da Lolita l'amore che lui sa di non poter ottenere. Quando ha l'impressione di essere seguito, si sente minacciato, braccato, in pericolo, ma non pensa mai e poi mai che Lolita possa amare appassionatamente colui che li segue. Non immagina, non riesce ad immaginare quanto sia diversa la realtà. Di qui il seguito drammatico, il bisogno di capire, l'allucinante investigazione che lo fa apparire un paranoico. Finché non viene a sapere, anni dopo, quando tutto è finito, che in realtà quella bambina era invece innamorata di un uomo adulto, un personaggio celebre, un commediografo, un divo. Che lo amava da tempo e che aveva complottato con lui la fuga. Solo quando sa queste cose, Humbert ha un rivale. Un rivale che ha distrutto la sua vita e quella di Lolita. Allora la sua gelosia si trasforma in punizione, in vendetta. Lo cerca e l'uccide.

Anche in Proust troviamo lo stesso tipo di gelosia diffuso, ossessivo, inquietante. Eppure, nel rapporto di *Swann* con *Odette* e con *Albertine*, non dovrebbe esistere una differenza esistenziale, una totale incomunicabilità. Sono due donne raffinate, della sua stessa classe sociale. Invece Swann sente che Odette gli sfugge, che ha una vita segreta, che, non appena lui si allontana, può ricevere un altro amante. All'aspetto esteriore, Odette è una elegante signora della buona società parigina. Nello stesso tempo, appena dietro questa facciata di normalità, traspare una dissolutezza smodata, un turbinio da lupanare, da postribolo. Anche Albertine ha questo aspetto duplice, solare e oscuro, un doppio volto sfuggente. Si comporta in modo impeccabile, ma al di sotto si intravvede una vita segreta, dissoluta, indicibile. Entrambe, comunque, sembrano incapaci di poter riamare Swann di un amore reciproco, chiaro, solare. Lui può solo installarsi in modo marginale a cavallo della loro ufficialità formale e del loro erotismo torbido, oscuro, abissale.

Antonio sa che non può lasciare Laide per un istante. Humbert sa che basta un attimo e qualcuno può portargli via la sua Lolita. Oppure che lei può andarsene per il motivo più futile, anche solo per vedere un film, o perché ha trovato un ragazzo con cui chiacchierare. Anche Swann dovrebbe essere sempre addosso ad Odette, non lasciarla sola un momento. E lo stesso vale per Albertine. Albertine è per sua natura promiscua, ambigua, mentitrice. Non gli promette mai il suo amore eterno ed esclusivo, ed anche quando sembra che lo ami, potrebbe scomparire senza una parola d'addio.

Tutto diventa chiaro quando, dalla biografia di Proust, sappiamo che, in realtà, le figure femminili di Odette ed Albertine coprono degli amori omosessuali. Proust non ci dice come seduce Odette ed Albertine. Cosa che, invece, fanno Buzzati e Nabokov. Però, sapendo che la relazione è omosessuale, possiamo immaginare che li corrompa con il denaro. Proprio come fa Humbert con Lolita e Antonio con Laide. Certo, può anche darsi che invece essi siano degli omosessuali come lui, che però non lo amano nello stesso modo, che gli sono infedeli, che si concedono sessualmente anche ad altri. Mentre a lui non basta, perché vuole un amore vero, esclusivo. E non riesce ad ottenerlo, sa di non poterlo ottenere. L'amante segreto conserva la sua libertà, la sua ambiguità, il suo insondabile mistero.

L'amore omosessuale, all'epoca di Proust, era molto più colpevolizzato, proibito di oggi. Proust innamorato aspira a creare una coppia amorosa, ma la società non lo consente. Lo stesso mondo omosessuale non lo ritiene possibile. Egli cerca un amore che i costumi, le abitudini, la mancanza stessa di un linguaggio ufficiale impediscono di diventare manifesto. È in fondo la stessa difficoltà che denuncia Roland Barthes ne *I frammenti di un discorso amoroso*. L'amore, egli dice, non si può teorizzare, tradurre in formule. Si può solo nominare per frammenti. Ma questo avviene non perché tale sia la natura dell'amore in generale, ma perché il particolare tipo di amore a cui lui pensa non è previsto dal costume, non è regolato da norme etiche, leggi, vincoli ufficiali, matrimoni, divorzi. Perché, per quel tipo di amore, non esistono nemmeno parole ufficiali, dicibili. Principi, leggi e parole che esistono per l'amore eterosessuale. Resta perciò un amore segreto, proibito, ma anche irregolare, selvaggio, promiscuo. Un amore in cui non puoi esigere, chiedere a gran voce la reciprocità, la fedeltà.

In un saggio molto bello di Paul Robinson, *Caro Paul*,[4] un insegnante guida un allievo a riconoscere la propria omosessualità. L'allievo gli dice che si era innamorato del compagno di camera e aveva provato una delusione gravissima. Il maestro gli spiega che ha sbagliato a cercare subito l'amore. Nel mondo gay, infatti, il sesso viene prima dell'amore. La struttura della vita gay esige di mettere da parte il romanticismo, chiede di frequentare certi bar, di fare esperienze erotiche quasi impersonali. L'allievo deve perciò prima riconoscere in sé la vocazione, la chiamata omosessuale e deve entrare nella vita gay accettandone le regole iniziatiche, che sono regole di promiscuità. Solo alla fine potrà realizzare anche una esperienza di amore individuale, romantico.

Dall'epoca dello scritto di Robinson sono passati numerosi anni. L'omosessualità è molto più accettata, è intervenuta l'esperienza dell'Aids. Oggi esistono coppie gay in tutto e per tutto simili a quelle eterosessuali.[5] Stanno diffondendosi anche i matrimoni gay. Ciò che prima era un magma collettivo confuso e promiscuo viene istituzionalizzato in termini di amore di coppia. Per capire la tormentosa miscela di amore e gelosia, il bisogno di esclusività e il fondo oscuro di promiscuità di Proust, bisogna ritornare indietro di un secolo, ai rapporti sociali di quell'epoca. Nel suo mondo l'innamoramento omosessuale è un amore non previsto, non pensabile, che non può diventare coppia. Si presenta come desiderio di possedere dovunque e per sempre qualcosa che, per sua natura, non puoi nominare, che non puoi possedere, che si sottrae. A cui non puoi rivolgere appelli morali, con cui non puoi fare patti, e che non saprai mai che cosa risponde perché, in fondo, non può nemmeno capire la domanda che gli viene posta, o la deride.

In tutti i casi che abbiamo esaminato, quello di *Student*, di Buzzati, di Nabokov e di Proust vediamo che l'amore si intride di gelosia quando non riesce a pensarsi, a definirsi, a diventare progetto. Lo stato nascente vuol incarnarsi, vuol diventare collettività, impegno, patto, istituzione. Quando questa spinta incontra degli ostacoli sul suo cammino diventa passione amorosa. Ma quando non riesce nemmeno ad immaginare il suo futuro, quando gli mancano i codici, il linguaggio per comunicare, allora non sa chi sia in realtà l'altro e che cosa voglia. Vive un desiderio spasmodico, irresistibile che però si abbatte contro il mistero. L'oggetto amato gli appare allora ambiguo, sconosciuto ed inattingibile. Alcuni autori, come Barthes e Lacan, hanno descritto questo particolare tipo di amore come se fosse la forma universale di amore.

CAPITOLO DECIMO

La rinuncia

Innamoramento frenato

Nell'innamoramento sono sempre in gioco due forze: una che ci spinge in avanti ed una che ci trattiene. Il gioco di queste forze è in parte inconscio ed in parte consapevole. Se accetto l'invito a cena di qualcuno che mi piace, vuol dire che sono disponibile ad una esplorazione. Se ho deciso di restare fedele all'amato, rifiuterò l'invito. Anche quando sento una attrazione erotica molto forte, ho sempre la possibilità di tirarmi indietro. Ma, oltre alle resistenze coscienti, ci sono quelle inconsce. I *colpi di fulmine*, le rivelazioni, i *momenti di discontinuità*, corrispondono ad altrettanti istanti di rallentamento delle difese, di cessazione della vigilanza.

Il processo amoroso può fermarsi alla fase di *esplorazione*. Oppure proseguire e diventare una *infatuazione*. Può anche continuare fino a quando si accende lo stato nascente e diventa irreversibile. Ma vi sono anche dei casi in cui, un istante prima di superare il *punto di irreversibilità*, prevalgono le forze che lo frenano. Allora lo stato nascente si attenua, si spegne, l'innamoramento abortisce. Il processo può essere rappresentato dalla figura seguente

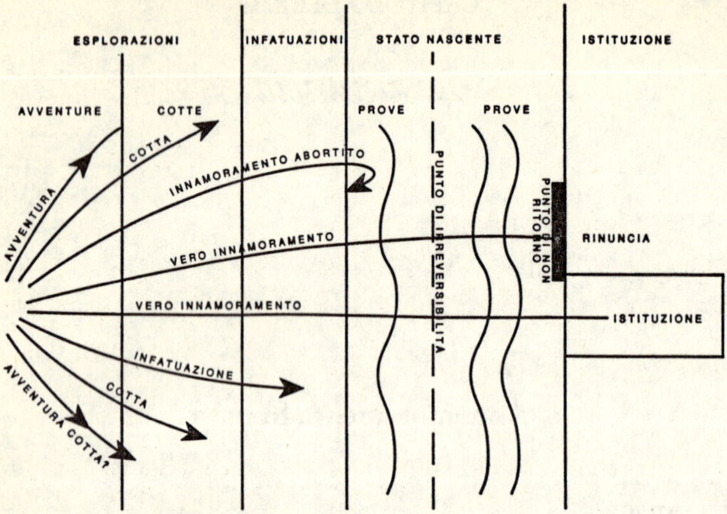

Prendiamo in esame un caso in cui si accende lo stato nascente ma non viene raggiunto il punto di irreversibilità. Lo chiameremo *La ragazza di Roma*. Questa giovane donna abita a Roma, è fidanzata e sta per sposarsi. Il fidanzato è bello, ricco, simpatico, il loro rapporto ottimo. Non ha dubbi sulla sua vita matrimoniale futura. Però il fidanzato, ad un certo punto, va all'estero con suo padre. Nel paese straniero incontra molte difficoltà ed entra in crisi. La ragazza lo vede dopo qualche mese ed ha l'impressione di non riconoscerlo, perché si trova di fronte una persona debole, lamentosa, che non sa affrontare virilmente le difficoltà della vita. Le vengono dei dubbi. Come sarà realmente la loro vita insieme? Vivace, avventurosa come aveva sognato, o triste, monotona?

In quel periodo si reca a Venezia da dei parenti. Incontra un uomo dal temperamento artistico, inquieto e sognatore che conduce una vita disordinata. Fa progetti, sogni. Le mostra la sua città, ne parla in modo struggente. La ragazza, attraverso di lui scopre Venezia, resta affascinata dalla sua bellezza. È amore. Ma amore per chi? Per l'uomo o per la città? Non riesce a distinguerli. L'uomo che la guida è la porta per osservare un mondo incantato, per intravvedere una vita fatta di avventura, di sogni e di arte.

Questa giovane donna era stata molto innamorata, quando era giovanissima, di un uomo che l'aveva trattata in modo crudele. Aveva rinunciato a lui con dolore e con rabbia. Anni dopo aveva conosciuto il fidanzato. Il loro non era stato un incontro appassionato. Però ne era nato un amore sereno e rassicurante. Lui era ricco, gentile. Lei voleva avere dei bambini. Sarebbe stato un marito e un padre adatto. Venezia fa riaffiorare il passato, riapre la ferita, riattiva gli antichi desideri frustrati.

Comincia, così, un amore all'insegna dell'avventura e del sogno. È la rivelazione di un mondo meraviglioso, sconosciuto, intenso, l'apertura di uno scrigno segreto, celato nel fondo della sua anima. Venezia è una modalità di percepire, di sentire. L'incontro erotico a Venezia è un passaggio dalla prosa alla poesia, dal profano al sacro, dalla banalità quotidiana alla regione dell'arte, del sublime, dove si dilata l'anima, dove tutto diventa struggente, precario e divino.

Siamo perciò di fronte ad un vero e proprio innamoramento iniziale. È un viaggio nel passato e nel destino. Secoli di storia, una foresta di simboli fanno ressa nella sua mente. Lei non è più se stessa. È diventata una delle eroine del passato.

Ma questo innamoramento iniziale ad un certo punto si frena e regredisce. L'uomo vive a Venezia, ma è anche ambivalente verso questa città che non gli dà lavoro. Per la sua attività si reca a Roma, dove pensa di stabilirsi. Gliene parla sempre più spesso, perché pensa che lei possa aiutarlo con le sue conoscenze.

Inoltre è povero. O sembra tale. Non le fa mai un regalo, non uno solo degli innumerevoli stupendi oggetti che produce Murano. Ma nemmeno un fiore. Quando vanno al ristorante, perfino al caffè, non paga mai lui. È vero che ha pochi soldi, ma la ragazza sa che, al suo posto, si farebbe prestare il denaro, farebbe un debito. L'uomo, inoltre, si alza tardi, non fa programmi precisi, ma solo vaghi progetti. Quando si tratta di lavoro, è lamentoso, rinunciatario, pigro.

L'amore, per proseguire, ha bisogno di qualche elemento positivo di cui alimentarsi. Fino a questo momento quell'uomo è stata la porta per entrare in un mondo sconosciuto, in un passato glorioso, in una vita alternativa più ricca, più intensa, carica di risonanze mitiche. Gli amori fra persone di nazionalità, lingue o religioni diverse ci svelano la forza specifica dell'amore come porta d'ingresso ad un'altra modalità culturale di essere. Ma questo avviene a condizione che l'amato vi creda, che sia attivo, propositivo, vitale. Invece la ragazza a poco a poco si accorge che, in realtà, a quest'uomo Venezia non interessa più. Vuol andare a Roma, sogna e cerca un posto di lavoro alla televisione o in qualche ente pubblico. Spera che lei lo aiuti. E così incomincia a parlarle male di Venezia, dove chi ha intelligenza e capacità non riesce a farsi strada. Finché, un giorno, anche in lei il senso di decadenza, di fallimento, improvvisamente si riverbera sulla città. Ha l'impressione di una città morente.

Allora incomincia a guardarlo con altri occhi. Non sopporta più il suo continuo lamentarsi, la sua avarizia, il suo avido cercare lavoro con il suo aiuto. Mentre Venezia le mostra le sue mura sbrecciate, le sue acque putride, lui le appare come un poveraccio che cerca una sistemazione. La ragazza si sarebbe veramente innamorata se lui fosse stato capace di portarla a vivere nel suo mondo, di farla rinascere in esso. Ma lui la trascina indietro, la riporta nel luogo che voleva lasciare. Lei comprende, con lucidità, che per vivere a Roma è infinitamente meglio il fidanzato bello, ricco e generoso. Lei vuole dei bambini e dare loro una vita agiata. Come ha fatto ad incapricciarsi di uno spostato? Quale momentanea malattia mentale l'ha afferrata? Era stato l'altro, l'amore che non aveva potuto realizzare quando era ragazzina, a riaffacciarsi nel veneziano. Un sogno intravvisto nella sua adolescenza che è tornato ad insidiarla. Un sogno ingannevole che l'avrebbe portata alla rovina. Se ne era liberata e non doveva cedere ad una sua nuova incarnazione. Né il vecchio amore né il nuovo possono darle nulla. Sono sortilegio, illusione.

Molte donne, proprio perché nel loro progetto c'è la casa e ci sono i figli, sono più critiche, più prudenti verso un nuovo amore di quanto non lo siano i maschi. Abbiamo visto che esse soddisfano il loro desiderio d'amore sotto forma di sogni ad occhi aperti, leggendo romanzi rosa, guardando film d'amore, seguendo le telenovele, sognando un divo.[1] In questo modo hanno sempre in mente un ideale e, fino a quando non sono profondamente innamorate, confrontano il loro corteggiatore con questo ideale. Sono più esigenti ed hanno un senso pratico più forte. È proprio grazie a questo senso pratico che *La ragazza di Roma* dissolve l'illusione prima che diventi irreversibile.

Questo esempio ci mostra che la passione amorosa, anche quando si presenta in modo travolgente, ha bisogno di molte condizioni interne ed esterne per proseguire, mettere radici. Ha bisogno di diventare un progetto accettabile, desiderabile. Ha bisogno di diventare futuro. Se non ci riesce resta a livello di esplorazione. O, come in questo caso, abortisce.

La rinuncia

Ma cosa avviene quando il processo amoroso supera *il punto di irreversibilità*? Ora la persona è diventata la metà di una coppia in formazione. Non ha più una identità separata, ma solo insieme ad un altro. Sente l'altro come la verità di se stesso, come l'essenza di se stesso. La *rinuncia* al suo amore, allora, è perdere ciò che è più importante del suo io empirico. Il prezzo della separazione, in questa fase, è una vera catastrofe del sé, lo svuotamento di ogni senso e di ogni valore, la *pietrificazione*.

Però le circostanze della vita, i problemi che nascono dal rapporto, possono creare una situazione così dolorosa, così piena di sensi di colpa, così priva di futuro che la persona decide lo stesso di rinunciare al suo amore. Di recidere il legame. Lo abbiamo visto nel caso de *L'uomo di Bari*. Convinto di non essere riamato, ha preferito troncare la relazione piuttosto che restare avvelenato dalla gelosia. La rinuncia è fatta per evitare un dolore, e la chiameremo ***egoistica***.

Ma altre persone rinunciano al loro amore per non far soffrire qualcuno che amano. Se sono sposate, la moglie, il marito, i figli. Divise fra due amori altrettanto forti, troncano il *dilemma etico* scegliendo il mondo antico e rinunciando al nuovo. In questo caso parleremo di rinuncia ***altruistica***.

La rinuncia, in ogni caso, è sempre la scelta dell'alternativa che preferisce il vecchio al nuovo, l'istituzione allo stato nascente. Con questo gesto il soggetto compie un atto moralmente gravissimo. Lo stato nascente, infatti, è un contatto con l'assoluto, ed è alla sua luce che anche i precedenti oggetti d'amore acquistano valore. Una volta spezzato il contatto con l'oggetto amato, anche questi amori, questi desideri scompaiono o si affievoliscono. Nel caso della rinuncia *egoistica* si genera un senso di solitudine, di vuoto totale. Ma nel caso della rinuncia *altruistica* l'effetto è ancora più devastante perché, appena ha compiuto la rinuncia, il soggetto diventa incapace di amare anche coloro per cui si è sacrificato, per cui ha sacrificato il suo amore. Allora non sa più perché lo ha fatto ed ha l'impressione di avere compiuto una colpa gravissima, irreparabile, di aver distrutto il significato stesso della vita. Tutto diventa vuoto, privo di valore, spettrale. Per agire egli può solo copiare i gesti degli altri, ripetere ciò che ha imparato, per pura abitudine. Non prova più sentimenti veri. Li mette in scena come un attore. Si sente un automa, una marionetta. È la *pietrificazione*. L'unico sentimento vero, profondo, è la *nostalgia* di una realtà perduta.

Rinuncia egoistica. L'innamorato che dubita delle qualità dell'amore dell'amato deve scegliere se continuare ad amarlo senza speranza o cercare di non amarlo. Distaccarsi da lui pur sapendo di amarlo, affrontare il terribile periodo della perdita dell'oggetto d'amore: il *suicidio psichico*. Prima cercherà di lottare, di conquistarlo, di sedurlo, usando tutto il suo fascino, la sua forza di convincimento. Ma, quando ha capito che l'altro non l'ama, può impugnare la spada del distacco. La forza che gli resta gli consente di tagliarsi le mani che si protendono verso l'amato, di accecarsi gli occhi che lo cercano dovunque.

Per riflettere su altri casi di rinuncia egoistica ci serviremo del lavoro del noto psichiatra Caruso, *La separazione degli amanti*.[2] In questa opera l'autore ci dice che vuol occuparsi solo di rinunce compiute da entrambi gli amanti. In realtà, studiando attentamente tutti i suoi casi, si vede che la decisione di rompere la relazione viene presa sempre da uno solo. Incominciamo dall'esempio del Dr. IBN. Noi lo designeremo come *Caruso IBN*. È un uomo sposato e senza figli che si innamora di una donna, indicata come MAI. Per motivi e dubbi non ben chiari, egli decide di lasciare l'amante. La donna cerca di adeguarsi alla sua scelta, cerca di capirla, ma resta profondamente innamorata. Da lontano gli scrive delle lettere strazianti: «Tu sei l'unico. Tu sei il mio primo uomo. Tu sei il mio mondo. Tu sei la mia felicità. Tu sei la mia vita. Io ti amo più del sole e più della luce. Senza di te il sole è freddo e la luce è buia. Tu sei il grande Dio che troneggia sul mondo». E «Tu sei il mio tempo felice, il mio mondo bello».[3] La separazione sembra aver distrutto la giovane donna fisicamente e psichicamente. I due amanti cercarono di ritrovarsi un paio di volte. Ma *Caruso IBN* è incerto, tormentato, ogni volta decide di separarsi di nuovo. Alla fine divorzia dalla moglie. Ma anziché correre da MAI e buttarsi nelle sue braccia, glielo dice freddamente per telefono e non si fa più vivo. Dopo qualche tempo la giovane si uccide senza lasciare alcuna lettera d'addio. Quindi non c'è nessuna separazione consensuale. *Caruso IBN* è uno psicopatico che tormenta con i suoi dubbi la donna che lo ama e l'abbandona. Lei si batte disperatamente per il suo amore ma poi, quando capisce di aver fallito, si suicida. Non si tratta certo di una separazione consensuale, ma di rinuncia unilaterale, di tipo egoistico.

Un altro caso di Caruso, *La signora RIK*[4] rinuncia al suo amore perché non ha capito la profondità del suo sentimento. Sta per sposare un personaggio importante, più vecchio di lei, che conosce da tempo e che ha idealizzato. Il suo è una miscela di impegno matrimoniale combinato dalle famiglie e di idealizzazione divistica. Però, poco prima della cerimonia nuziale, incontra un giovane per cui perde la testa. La considera una infatuazione. Non si rende conto che è proprio questo il vero amore, non quello verso il fidanzato. Così rinuncia a lui e si sposa. Subito dopo si accorge di soffrire terribilmente e capisce che ha compiuto un gravissimo errore. Una situazione che ci ricorda quella del film *Camera con vista*. A Firenze, una giovane donna inglese si innamora di un ragazzo della sua stessa età. Ma è fidanzata con un personaggio perbene ed estremamente noioso. Tornata in patria incontra di nuovo il ragazzo conosciuto a Firenze, però cerca in ogni modo di nascondere a se stessa l'amore che prova per lui. Anzi vuol accelerare il matrimonio. Per fortuna, ad un certo punto, si rende conto di non amare il fidanzato ed evita l'errore della *Signora RIK* di Caruso.

Rinuncia altruistica. Anche qui useremo un caso di Caruso. Quello del Dr CD Chimico. Noi lo chiameremo *Caruso CD.*[5] Si tratta di un uomo di trentasei anni, sposato e padre di due figli che si innamora di una sua allieva diciottenne. La relazione diventa nota. Sua moglie reagisce come una pazza, il suo ambiente lo critica. Dopo tre mesi tormentosi lui giunge alla conclusione che il loro amore è impossibile. Convince la ragazza ad andarsene. Lei parte. Ma, appena lontana, lui impazzisce dal dolore. Le scrive in continuazione, lei gli risponde che lo ama. Lui la invita a rifarsi una vita, a trovare un altro amore. Però, nello stesso tempo, è geloso, si tormenta. La corrispondenza si prolunga per oltre due anni. Evidentemente *Caruso CD* è profondamente innamorato, ma il suo amore entra in conflitto mortale con gli amori ed i doveri su cui è fondata la sua vita: la moglie, i figli, i colleghi, la stima sociale. La ragazza, inoltre, è molto giovane. Siamo di fronte ad un caso tipico di *dilemma etico*. Lui deve scegliere fra la strada luminosa del nuovo amore o restare con i vecchi oggetti d'amore. Scegliendo questi, e rinunciando al primo, cade nello stato che abbiamo chiamato di *pietrificazione*. Ce lo dimostra quando scrive: «Avevo perso qualcosa di grande e di felice che la mia ragione non riesce a spiegare del tutto. È come se mi fossi spinto con lo sguardo dentro un altro mondo e l'avessi pagata cara. Non so più esattamente cosa accadesse in quel mondo: probabilmente il puro gioire... senza curarsi eternamente di ciò che è lecito e proibito».[6]

Una esperienza che conosciamo, perché è l'esperienza tipica dello stato nascente, che porta al di là del bene e del male. Ma lo stato nascente è duplice, anche il vecchio mondo, anche i vecchi amori continuano ad esistere. La persona innamorata vuol realizzare il suo amore senza fare del male a nessuno. Nel «nuovo mondo» tutti dovrebbero essere felici. Invece, il nuovo amore lacera la vecchia società, crea dolore. *Caruso CD* è tormentato dal senso di colpa verso la moglie, verso i figli, ma anche verso la ragazza di cui è innamorato, perché, gli dicono e lui stesso si dice, che è troppo giovane, che la rovina, che lei ha il diritto di avere una sua vita. Non è solo una scelta fra la ragazza e la moglie, fra la ragazza e i figli. È una scelta fra la vecchia vita sbiadita in cui però nessuno soffriva, e la nuova, in cui lui è felice, ma dove tutti soffrono. È una scelta fra ciò che gli altri e lui stesso considerano normale, e la follia, l'avventura. Per questo la scelta si pone come *dilemma*, perché deve essere compiuta fra due alternative che non dovrebbero esistere. È come chiedere ad una madre, a cui sono stati rapiti due figli, di scegliere quale dei due deve essere ucciso.

Nella maggior parte dei casi l'innamorato sceglie la persona amata, quindi rompe con gli altri oggetti d'amore, pur avendo cura di far loro il minor male possibile. Nel caso di *Caruso CD* invece egli sceglie i vecchi oggetti d'amore e rinuncia al nuovo. Sacrifica il nuovo mondo nascente al vecchio mondo esistente. Distrugge l'ideale, il possibile, per tenere in vita ciò che già esiste. Un processo che, col mettersi in moto della *pietrificazione*, il più delle volte fallisce. Dopo un vero innamoramento è molto difficile che il precedente matrimonio possa essere rivitalizzato. La persona che ha rinunciato al suo amore continua a restare inconsciamente innamorata. È come se quell'amore fosse murato dentro un sepolcro di pietra.

Dal punto di vista pratico ne deriva comunque una conclusione: quando una persona sposata intende salvare il suo matrimonio è bene che eviti le tentazioni o interrompa il processo di innamoramento sul suo nascere, nella fase di esplorazione. Prima che abbia raggiunto il *punto di irreversibilità.*

Frustrazione e creazione

Che cosa avviene quando ci innamoriamo e non siamo ricambiati? La pietrificazione? No. La pietrificazione è un dramma morale, una scelta in cui noi siamo colpevoli per aver distrutto ciò che valeva più di ogni altra cosa. Ma se è la persona amata che ci lascia, o che non vuol saperne di noi, e noi abbiamo fatto di tutto per trattenerla, allora non siamo più nel mondo della rinuncia, ma in quello puro e semplice della perdita. Quello studiato da Freud in *Lutto e melanconia*[7] e analizzato nei minimi dettagli da Bowlby.[8] Però con una differenza che questi autori non potevano aver preso in esame. Che nel nostro caso è in atto uno *stato nascente*. Nello stato nascente il soggetto ha iniziato una mutazione. In lui operano energie straordinarie.

La perdita produce un grandissimo dolore, *ma non interrompe il processo di trasformazione* iniziato molto tempo prima. L'esperienza, perciò, non è quella del semplice lutto. È il collasso di un processo di ordinamento in atto, di finalizzazione del cosmo. È l'irruzione del disordine nell'ordine che stava emergendo. Ma la potenza ordinante è ancora attiva.

Ritorniamo al caso di *Student*. *Student*, quando si rende conto che la sua ragazza non lo ama, è afferrato da un dolore atroce e dall'esperienza sconvolgente che il mondo è retto da leggi ingiuste, assurde. Egli lo esprime dicendo che Dio «ha creato il mondo quando era ubriaco». *Student* pensa al suicidio. Si reca in alta montagna e immagina di inoltrarsi lungo uno sterminato ghiacciaio e di camminare fino allo sfinimento, lasciandosi poi morire assiderato. Però non si uccide. Torna a casa, si butta nello studio e, come abbiamo visto, incomincia un processo di trasformazione di se stesso. Si identifica con un amico, fa nuove esperienze, apprende con velocità vertiginosa e, in poco tempo, realizza una vera e propria metamorfosi. La spinta di rinnovamento dello stato nascente amoroso, anche se non può realizzare il suo progetto, la costruzione della coppia, non va perduta, trova un'altra strada, un'altra meta. Questo processo non guarisce il soggetto dall'innamoramento. Solo un nuovo innamoramento può farlo. Però rende possibile la creazione, il progresso e la maturazione.

È con questi concetti in mente che possiamo studiare le attività creative che seguono il fallimento di un amore nascente. Il primo caso che ci viene in mente è quello di Goethe. Goethe si era innamorato di Charlotte Buff. E subisce una profonda delusione quando la ragazza si sposa. Anche Goethe attraversa un periodo di disperazione e pensa al suicidio. Però, anziché suicidarsi, scrive il romanzo *I dolori del giovane Werther*, in cui un giovane si innamora, esattamente come aveva fatto lui, di una ragazza che si chiama Charlotte. E, quando lei sposa un altro, si suicida. Gli psicologi hanno messo in evidenza che immaginando, fantasticando il suicidio, Goethe ha evitato di doverlo compiere realmente. Che il libro è la soddisfazione allucinatoria di un desiderio, è l'esorcismo di un atto progettato. Verissimo. Ma a noi interessa un'altra cosa: che dopo la terribile delusione, Goethe diventa capace di una straordinaria attività creativa e trasformativa. Il *Werther* è un capolavoro. Produce un effetto sconvolgente su tutta la generazione europea. Dà inizio ad una nuova epoca non solo nella vita di Goethe, ma nella letteratura. Possiamo perciò dire che la potenza creativa dello stato nascente dell'amore per Charlotte non si esaurisce con la scomparsa del suo oggetto individuale di amore, ma prosegue nella sua opera di trasformazione del soggetto e del mondo.

Ma la plasticità dello stato nascente consente processi creativi che non sono la sostituzione della fantasia all'azione reale come nel caso di Goethe. Secondo la nostra teoria lo stato nascente può prendere anche una strada creativa totalmente diversa. Vediamo un esempio famoso. Siamo nel 1883. Il grande filosofo tedesco Nietzsche ha trentotto anni, quando si innamora di Lou Salomé. Lou non ha intenzione di sposarsi. Vuol realizzare una comunità spirituale con due amici: Rée e Nietzsche. Però tanto Rée che Nietzsche sono innamorati di lei, la desiderano in modo esclusivo, ed entrambi vogliono sposarla. Lou gioca a lungo con entrambi. E Nietzsche, ad un certo punto, si convince di essere riamato. Vive un periodo di gioia e di speranza. È felice, ama la vita, desidera un figlio. Ma Lou prende le distanze, si fa aspettare, alla fine se ne va con Rée a Berlino. Dopo inutili tentativi di riallacciare i rapporti, Nietzsche capisce di averla persa per sempre. È sconvolto. Vuole fuggire, nascondersi. Ha degli incubi, soffre di insonnia, si riempie di sedativi. Si sente solo, esiliato, ha perso la fiducia in se stesso. Ciò che ha scritto, la sua filosofia crolla, si svuota di senso. Ma è proprio adesso, nel momento più drammatico e doloroso della sua esistenza, che scrive di getto, in pochi giorni, nel febbraio del 1884,[9] un'opera straordinaria, incredibile, un'opera destinata ad influenzare tutta la storia dell'occidente: *Così parlò Zarathustra.* Non è il racconto di un amore fallito, non è la fantasticheria di un suicidio. È la creazione di una nuova filosofia e di una nuova religione. L'annuncio dell'avvento di un'altra specie umana, con un'altra mentalità, un'altra morale: il superuomo. La potenza creativa dello stato nascente amoroso, distolta dal suo fine, quello di creare una coppia, esplode nella creazione di un mondo, di un nuovo cielo e di una nuova terra.

Da queste vicende scaturisce una conseguenza pratica: per guarire da un innamoramento deluso, la terapia efficace sta nel continuare il processo di trasformazione già iniziato. Anzi, nell'accelerare il cambiamento esplorando nuove strade. Soprattutto nell'impegnarsi in un grande compito che richieda energia e creatività. Solo così le forze liberate dallo stato nascente hanno la possibilità di incanalarsi in un nuovo progetto. E il dolore, la rabbia, la volontà di riscatto o di vendetta diventano potenze costruttive.

La funzione dell'odio

Perché l'amore si trasforma così facilmente in odio? Perché spesso termina in modo violento, con liti furibonde? Perché i divorzi sono tanto pieni di aggressività, di rancore, di vendette? Più in generale quale è la funzione dell'odio nel distruggere il rapporto amoroso frustrante, deludente, nel curare il dolore dell'abbandono?

Nell'innamoramento, due persone che appartenevano a società diverse rompono i loro precedenti legami per formare una nuova comunità. E, a partire dal quel momento, tendono a fondersi, a formare una unità compatta, un nuovo organismo vivente con una propria identità. Come una setta, un partito, una nazione. È sotto forma di comunità che costruiscono insieme la propria casa, scelgono insieme gli amici, affrontano insieme la vita. Insieme edificano qualcosa che appartiene simultaneamente a entrambi, al loro *noi*, qualcosa d'indivisibile e che ciascuno considera assolutamente proprio.

La frustrazione, il tradimento, la gelosia, la rinuncia, l'abbandono rompono questa collettività. Lacerano tanto il soggetto collettivo quanto ciascuno dei soggetti individuali che lo compongono. Entrambi vengono amputati di una parte della loro vita. Essi vorrebbero tornare indietro, ma non possono farlo. Allora ciascuno è costretto a ricostruire un nuovo sé dentro una nuova collettività, diversa da quella di prima. Ma questa volta non c'è lo stato nascente. Non c'è il processo che, mentre distrugge l'antica, crea una nuova comunità gioiosa. Per far posto al nuovo, il soggetto deve prima distruggere attivamente quanto esiste. E ciò che è stato creato dall'amore può essere distrutto solo da una passione altrettanto violenta, *l'odio*. L'odio come liberazione, l'odio come eversione, l'odio che separa, rompe e annienta. L'odio che distrugge la comunità amorosa per lasciare spazio ad un altro tipo di vita. Questa è la funzione dell'odio: distruggere ciò che lo stato nascente aveva creato.

Ma una comunità non esiste solo nel presente. È radicata nel passato e si prolunga nel futuro. Per questo il processo di distruzione deve sprofondare nel passato e proiettarsi verso il domani. Avviene, perciò, una *seconda storicizzazione* in cui ciascuno ripercorre la sua vita per distruggere dentro di sé il valore della relazione deteriorata, per annientare i ricordi piacevoli, dissotterrare solo quelli spiacevoli, per giustificare la scelta fatta. Come in guerra, in cui entrambi i contendenti dimenticano le cose che li hanno uniti e ricordano solo i dissidi, i torti, le ingiustizie subite per alimentare il desiderio di lotta.

La vendetta. Uno dei modi in cui si manifesta l'odio è la *vendetta*. Questa, come la storicizzazione dello stato nascente, ha il potere di legare insieme il passato e il futuro. Ma lo fa nel modo opposto. Nello stato nascente noi evochiamo il passato perché ci fornisce dei modelli positivi per risolvere i problemi del futuro, perché ci dà forza. Tutti i movimenti religiosi si rifanno al periodo divino delle origini del movimento. Per esempio, quello islamico a quando Maometto guidava il suo popolo, quello cristiano a quando Gesù era in terra. Rivivendo quell'epoca sacra e gloriosa, trovano la forza per edificare un futuro splendente. Nella *vendetta*, invece, noi guardiamo al passato come a qualcosa di negativo, di abominevole, e usiamo il futuro per distruggere ciò che vi è avvenuto, per saldare un conto rimasto in sospeso. Vendicarsi vuol dire rimandare al futuro un atto di distruzione che avremmo dovuto compiere subito, ma non abbiamo potuto fare. La vendetta tiene vivo il passato, ma lo tiene vivo sotto forma di impegno di distruzione. La vendetta dà un grande piacere, perché ci consente di immaginare di far del male all'altro innumerevoli volte. L'odio non ha il potere di rifare il passato, lo affida alla vendetta futura. Non può distruggerlo ora, come fa lo stato nascente dell'amore. Anziché scioglierlo, lo ribadisce, lo eternizza.

Il riscatto. Dobbiamo distinguere *il riscatto* dalla vendetta. Nel riscatto noi rimandiamo al futuro la soluzione di un nodo non risolto del passato. Ma non usiamo la distruzione, bensì la costruzione. *Il grande Gatsby* accumula una fortuna perché vuol riconquistare l'amore della donna che ha amato e che non ha potuto sposare quando era povero. Acquista una villa accanto alla sua e dà delle feste stupefacenti. Finché lei, incuriosita, non si reca da lui e il loro amore riprende. In *Cime tempestose*, Heathcliff è un trovatello. Cresciuto in casa come un figlio, gioca insieme a Catherine, costruiscono un loro mondo fantastico, e si innamorano. Ma lei è attratta anche dalla vita lussuosa, dal ballo. Un giorno dice, con disprezzo, che non sposerà mai uno stalliere. Lui l'ascolta non veduto e ne rimane sconvolto. Allora se ne va. Ritornerà solo anni dopo, quando è diventato ricco. Compera la fattoria che era stata di Catherine. È animato da un desiderio di vendetta, ma soprattutto dal desiderio di riconquistare l'amore della ragazza. I ricordi che lo guidano sono i ricordi di una infanzia e di una adolescenza passata insieme, ricordi felici. Ha un solo ricordo negativo, che può essere annullato riallacciando le fila dell'amore. E così avviene perché Catherine, prima di morire, gli confessa che l'ha sempre amato.

Le alleanze. Come l'amore, anche l'odio è un fatto collettivo. Esso ci separa da chi abbiamo amato e ci unisce a tutti coloro che ci possono aiutare ad arrecare danno al nemico. L'odio, ancora più dell'amore, cerca alleati, persone, istituzioni che stiano dalla sua parte. Che giustifichino, sostengano la sua guerra. L'odio unisce gli alleati e produce fra di loro una sorta di amore febbrile, che continua ad esistere finché c'è un nemico comune. Un amore che scompare con la scomparsa dell'avversario.

Quando avviene la rottura della coppia, tutti e due cercano la solidarietà degli amici. Chiedono loro di rompere i rapporti con la persona un tempo amata ed oggi odiata. E provano piacere quando qualcuno ne parla male. Si fanno aiutare per azioni di vendetta, di rappresaglia. Alla fine di un amore avvengono così dei rovesciamenti di alleanze, dei tradimenti, come durante le guerre. Alcuni che prima erano amici, alleati, ora diventano nemici. Ed alcuni nemici diventano alleati. Mentre la storia viene rimaneggiata, riscritta, per adattarla alla nuova situazione.

L'oblio. Per curare un amore deluso, per spegnere la vendetta deve entrare in campo un altro meccanismo: *l'oblio.*

L'odio vorrebbe distruggere, ma deve accontentarsi di dimenticare, di creare una rimozione, una amnesia perché non si ridestino i dolori e i desideri di vendetta.

La psicoanalisi ci ha abituato a considerare l'oblio come rimozione, come un fenomeno patologico. In realtà, esso ha anche una preziosa funzione vitale. Ci consente di cancellare, sia pure provvisoriamente, una parte della nostra vita, lasciandoci liberi di costruire nuove relazioni sociali, di fare nuovi progetti. Certo, una parte della nostra energia vitale resta imprigionata nell'inconscio, ma l'altra parte può espandersi. Con l'oblio noi compiamo una sorta di sdoppiamento della personalità. Dimentichiamo una parte della vecchia personalità e, nel frattempo, incominciamo a costruirne una nuova. E per farlo utilizziamo i desideri, i sogni, gli impulsi a cui avevamo rinunciato. Mettiamo a frutto capacità che non avevamo sfruttato. Non sempre una delusione d'amore si traduce in una catastrofe depressiva. Il soggetto può utilizzarla per sviluppare nuove risorse, nuove possibilità, per ricominciare la vita.

L'oblio non riesce mai a guarire la ferita profonda rimasta nell'anima. Resta il senso di aver perso qualcosa di essenziale. La ferita può essere guarita solo ritornando nel passato con la capacità di redimerlo. Una cosa che anche la psicoanalisi più profonda non riesce a fare. Ci riesce solo un nuovo stato nascente. Quindi un nuovo innamoramento, o una vera conversione religiosa o politica. Solo in questo caso il processo di *storicizzazione* perfora la barriera del tempo e dissolve i dolori e gli odi imprigionati.

CAPITOLO UNDICESIMO

Conquista e riconquista

Seduzione

Per realizzare i nostri sogni, i nostri programmi dobbiamo convincere gli altri, portarli dalla nostra parte. Se prendiamo la parola seduzione nel suo significato più ampio, come *sé-ducere*, condurre con sé, dovremmo dire che siamo sempre impegnati in una attività di seduzione.[1]

Ma c'è anche un significato più ristretto della parola. Quello che indica le attività e la messa in scena che facciamo per renderci interessanti, attraenti sul piano erotico. Anche gli animali, nella stagione degli amori, vestono una livrea appariscente, emettono odori particolari e svolgono rituali di accoppiamento. Negli esseri umani queste attività sono culturali e volontarie, diverse quindi da società a società, da epoca ad epoca, da individuo ad individuo. Al posto della livrea c'è l'abbigliamento elegante, l'automobile. Al posto dei ferormoni abbiamo i dopobarba ed i profumi, il maquillage. Per quanto riguarda il corteggiamento, l'umanità si è sbizzarrita in mille modi nell'inventare forme e rituali.

Tutti gli innamorati desiderano ardentemente conquistare la persona amata, ed usano tutte le risorse della loro intelligenza e della loro esperienza per farsi riamare. Così il più sprovveduto dei ragazzi, la più timida delle ragazze si buttano allo sbaraglio. Scattano meccanismi primordiali, engrammi genetici. La donna diventa più bella, gli occhi diventano luminosi, languidi. Si fa più morbida, paziente, sorridente. L'uomo intraprendente, instancabile. Nel film *Nuovo cinema Paradiso* di Giuseppe Tornatore, quando il ragazzo di quattordici anni si innamora, per molti mesi passa le notti davanti alla casa della sua amata.

Però l'innamoramento rende anche timidi, rispettosi. Noi adoriamo la persona amata, non abbiamo neppure il coraggio di sfiorarla con una mano. Se ci dice di no, restiamo paralizzati, non riusciamo a superare la resistenza, a trasformare il no in sì. I ragazzi molto giovani spesso non sanno come comportarsi. Perciò, quando si innamorano teneramente di una loro compagna di classe, agiscono in modo tanto maldestro da farla scappare e finire nelle braccia di un altro più brillante e abile di loro. Ad un certo punto, anche l'innamorato più sprovveduto capisce che, se vuol riuscire a conquistare il cuore della donna amata, deve farsi coraggio, trovare le parole adatte per parlarle, invitarla ad uscire, inviarle un mazzo di fiori, portarla al ristorante. Meglio poi se arriva in motocicletta o in automobile per non farle fare il tragitto in tram o a piedi sotto la pioggia. Insomma l'amore puro, disinteressato, sincero, ingenuo, non basta a suscitare l'interesse dell'amato. Occorre l'arte della seduzione.

Il rapporto dell'innamorato con la seduzione è contraddittorio. Da un lato egli vorrebbe essere amato per quello che è, senza fare nulla, per il fatto stesso di esistere. Dall'altro è disposto ad usare ogni mezzo per conquistare la persona amata; anche un filtro d'amore, anche l'ipnosi, anche l'inganno, perfino la minaccia. Ma, nello stesso tempo, non vuole che l'altro gli risponda «ti amo» perché è ipnotizzato o per paura, ma perché lo ama davvero. Il vero innamoramento vuole la libertà.

Così ogni innamorato, per rendersi attraente agli occhi della persona amata, è pronto a fingere, ad esagerare le proprie capacità. Questa messa in scena cozza contro il desiderio di essere sincero, di mostrare fino in fondo il proprio animo, di confessare le proprie debolezze, i propri difetti. Il risultato di questa duplice tendenza è stupendo. Ogni innamorato si sforza di mettere in evidenza quella che considera la parte migliore di se stesso. E fa di tutto per adeguarsi, per essere all'altezza di questa immagine ideale. In sostanza si sforza di essere ciò che vorrebbe essere. Ne scaturisce una formidabile spinta al *miglioramento di sé*.

Ma non basta. L'innamorato sa che la persona amata ha sogni, desideri, aspirazioni, ideali a cui lui corrisponde solo in parte. Ascolta con attenzione ciò che lei gli dice, prende nota di tutto ciò che lei elogia o critica. Da questi elementi cerca di scoprire quale è il modello ideale che lei ha in mente, e si sforza di adeguarvisi, di realizzarlo. Così finisce per essere combattuto fra due tendenze. Da un lato vuol realizzare il *proprio* ideale. Dall'altro vuol diventare ciò che la persona amata sogna, desidera, corrispondere al *suo* ideale. Si mette in moto, quindi, un processo di continuo ripensamento del proprio modello, della propria immagine, di ciò che è giusto essere. E, poiché questa attività avviene in tutti e due, si genera una ricerca bilaterale in cui entrambi, per tentativi ed errori, cercano il miracoloso punto d'incontro fra le proprie esigenze profonde e quelle dell'altro. Fra i propri sogni e quelli dell'amato. Fino ad arrivare ad avere dei desideri comuni, dei sogni comuni.

Per le donne il *conflitto fra spontaneità e seduzione* è ancora più forte. Esse imparano prestissimo quanto sia importante la seduzione. L'imparano da bambine. Si accorgono che con uno sguardo, con un sorriso, con una mossettina possono ottenere più che con mille capricci. Poi vedono che gli uomini più intelligenti e più forti sono disarmati di fronte alle moine, alle provocazioni, ai vezzi di donne mediocri e spregiudicate. Capiscono che gli uomini vengono facilmente sedotti sul piano puramente sessuale. Che restano incantati a guardare un seno femminile.

In sostanza si rendono conto che, per conquistare il proprio uomo, è essenziale l'apparenza, il fascino, la capacità di farsi ammirare, desiderare. Ma quando sono innamorate vorrebbero anche essere se stesse, sincere, semplici. Anche la ragazza veramente innamorata usa in modo maldestro le arti della seduzione. Ciò che le riesce bene è di rendersi bella, piacevole, dolce. Ma poi le batte il cuore, le viene da piangere, vorrebbe scappare via. Resta esterrefatta quando si accorge che l'uomo che ama guarda, pieno di desiderio, una sua amica che gli mostra le gambe provocanti. O che si volta ad osservare una prostituta vestita in modo succinto. Allora si scuote, ce la mette tutta, si trasforma in una vamp. Si butta allo sbaraglio. Eppure vorrebbe farne a meno, perché se potesse seguire il suo impulso vorrebbe aspettare, fiduciosa, che lui apra gli occhi e ami solo lei.

Nel profondo dell'animo femminile c'è il timore, lacerante, che l'amore vero, sincero, semplice, non paghi, perché l'uomo è sensibile solo all'artificio, alla manipolazione femminile. Questo dilemma femminile è espresso nella letteratura e nella mitologia da due figure archetipiche: *la bella addormentata e la maga*. La prima aspetta, bella e pura, l'uomo dei suoi sogni. L'altra esperta, spregiudicata, conquista il cuore dell'uomo con i suoi incantesimi. La donna innamorata si identifica con la prima. Vorrebbe aspettare, con gli occhi chiusi, immobile, il bacio dell'amato che arriva su un cavallo bianco, e partire con lui. Questo desiderio di essere cercata senza manipolare, la porta spesso ad assistere, con terrore, al pericoloso avvicinarsi della rivale. Senza poter far nulla, senza poter neppure mettere il suo amato sull'avviso. Lei sa che non serve dirgli: «Guardati da quella, dai suoi intrighi». L'uomo non le crederebbe. E lei farebbe la figura della gelosa. O, peggio, di una donna invidiosa della bellezza di un'altra. Ogni volta, nel corso della sua vita, la donna si troverà di fronte ad un dilemma: quale strada seguire? Quella ingenua, dei sentimenti sinceri, o quella della manipolazione?

Buona parte della *letteratura rosa* tratta questo problema. L'eroina, che ama con cuore puro, si trova sbarrata la strada da una rivale spregiudicata che non è veramente innamorata, ma che non esita ad usare le arti della seduzione. E tutto fa pensare che l'uomo si lasci irretire, ingannare, sedurre. La storia si svolge fra equivoci e incomprensioni in cui, più di una volta, lei è tentata di rinunciare perché l'uomo cede, non capisce. Ma resiste e, alla fine, l'amore vero, il sentimento generoso e sincero trionfa.[2]

L'arte della seduzione si esercita tanto meglio quanto più si usa l'intelligenza, quanto più si tengono a freno le proprie passioni. Perché in questo modo sappiamo superare i rifiuti, scegliere il momento più adatto, usare spregiudicatamente i gesti e le parole idonee. Una vecchia leggenda, ripresa nel film *Una strega in paradiso*, con James Stewart e Kim Novak, dice che la strega non può innamorarsi. Se si innamora perde i suoi poteri.

È vero, i grandi seduttori tengono a freno i loro sentimenti. Una delle più affascinanti opere sull'importanza della freddezza emotiva nella seduzione è *Le relazioni pericolose*.[3] I protagonisti sono due «libertini», una donna, la marchesa di Merteuil e il visconte di Valmont. Essi dedicano tutto il loro tempo a manipolare i sentimenti degli altri per farli innamorare e, in questo modo, renderli schiavi o condurli alla rovina. Sanno usare i più raffinati giochi psicologici per suscitare l'amore: la lusinga, l'adulazione, fanno appello alla compassione, alla tenerezza, fingono un amore sconfinato, una dedizione totale, mettono in scena false partenze, falsi suicidi, simulano nobili rinunce, sentimenti religiosi. Poi, raggiunto il loro intento, usano il loro potere per scopi turpi, come vendicarsi di qualcuno. O, semplicemente per vincere una scommessa, per ridere con gli altri alle spalle dell'ingenuo che si è fatto intrappolare.

Per riuscire, il seduttore non può avere sentimenti sinceri, deve sempre fingere. In una lettera al visconte di Valmont, la marchesa di Merteuil scrive: «Mia prima cura fu di conquistare solo gli omaggi degli uomini che non mi piacevano.

Mi servivano a procurarmi gli onori della resistenza; intanto mi abbandonavo senza paura all'amante preferito. Ma siccome a costui, col pretesto di una mia finta timidezza, non ho mai permesso di accompagnarmi in società, gli occhi di tutti erano sempre fissi sull'amante sfortunato».[4] Degli amanti fortunati, perché non fossero pericolosi, si procurava però sempre qualche segreto, per poterli minacciare e ricattare. «Se provavo qualche dispiacere» aggiunge «mi studiavo di assumere un'aria serena ed allegra; ho spinto il mio zelo fino a procurarmi dei dolori volontari per cercare di assumere, nel frattempo, l'espressione del piacere. Ho impiegato la stessa cura e maggior fatica per reprimere i sintomi di una gioia inattesa. Così sono riuscita ad avere sulla mia fisionomia quella assoluta padronanza di cui, a volte, vi ho così stupito...»[5]

Possiamo ora domandarci perché, se è tanto importante la freddezza, l'innamoramento sincero viene così spesso ricambiato? E troviamo la risposta studiando il meccanismo seduttivo usato dal libertino. Il seduttore *finge di essere innamorato* e finge di avere tutte le virtù che la società di quel momento considera più nobili. Lo stato nascente dell'innamoramento infatti ha uno straordinario potere di contagio. La frase di Dante «Amor ch'a nullo amato amar perdona» è vera. L'innamoramento ha una sua intrinseca potenza seduttiva che affascina chi è predisposto.

Il seduttore, dunque, finge di essere innamorato, però ha cura di non fare nessun gesto che metta in *allarme* l'altra persona, che la ponga sulla difensiva. L'innamoramento infatti è un abbandono pericoloso, e ciascuno di noi se ne difende. Il seduttore aggira astutamente tutte le difese. Ripete che lui non chiede nulla, che non vuole nulla, che è pronto a sparire in ogni momento. Ricordate come si comporta la seduttrice all'inizio del film *Attrazione fatale*?

Il vero innamorato, al contrario, di solito è emotivo, esigente, oppressivo e, nello stesso tempo, incerto, timido. Insiste, scongiura, poi balbetta, trema, piange. L'innamoramento non è mai uno scherzo, non è mai un gioco. Se c'è una cosa che gli innamorati ignorano, è l'umorismo. L'innamorato fa tutto sul serio. Mette in gioco la sua vita, e ti chiede di mettere in gioco la tua. Chi non è pronto a farlo, chi non si sente attratto a sufficienza, si tira indietro, si difende. Qualche volta fugge per non alimentare speranze ingiustificate. Questo non accade con il seduttore, perché egli sa fermarsi in tempo, sa aspettare, rassicurare. Non crea mai ansie e paure. Proprio per questo, quando una persona ha dei dubbi e delle resistenze, finisce per innamorarsi più facilmente del seduttore che di chi l'ama veramente.

Quando incontriamo una persona innamorata e non ce la sentiamo di ricambiare i suoi sentimenti, molto spesso preferiamo stare insieme a una persona che non ci impegna. Uno che ci diverte e con il quale può nascere una amicizia, o con cui possiamo avere una avventura erotica. Tanto, ci diciamo, se l'altro è veramente innamorato mi aspetterà, supererà la prova. Infatti il vero amore è tenace, non si arrende facilmente. Però nelle fasi iniziali, quando è poco più di una esplorazione, l'amore è anche fragile. Soprattutto in certe persone gelose e insicure.

Il vero amore deve sempre difendersi dalla falsa seduzione. Nella domanda ricorrente «Mi ami?» c'è anche questo quesito «Fai sul serio o scherzi, sei sincero o mi inganni?». E non è facile trovare la risposta. Per questo, nell'amore, ci difendiamo, poniamo delle prove, aspettiamo, cerchiamo di decifrare il comportamento dell'altro.[6] L'amore non è solo dono. È anche intelligenza, azione per conquistare la persona amata, per superare le difficoltà, per respingere gli attacchi, per sconfiggere i rivali che vogliono impadronirsi di chi amiamo. È anche scoperta delle vere intenzioni dell'altro. È decifrazione, scavo in profondità nel mondo della possibile menzogna. È, infine, azione su se stessi, metamorfosi, perfezionamento, superamento delle prove. Tutti i romanzi, tutti i film d'amore sono il racconto di questa avventura interiore ed esteriore, di questa ricerca, di questa lotta contro se stessi e contro il mondo.

L'innamoramento successivo

C'è anche un innamoramento che appare solo dopo una lunga frequentazione, una conoscenza approfondita, una parte di vita in comune. Di solito uno dei due è già innamorato, mentre il secondo è ancora incerto, titubante. È molto più raro che due persone si innamorino contemporaneamente dopo una lunga fase di convivenza.

Nell'innamoramento successivo, perciò, c'è una persona innamorata che cerca di risvegliare l'amore in qualcuno che resiste, che non risponde. E ad un certo punto ci riesce. Il caso più semplice è quello in cui anche l'altro, in realtà, era pronto ad innamorarsi ma si difendeva dall'amore. Come faceva *L'uomo prudente*, che voleva essere assolutamente sicuro, e aveva paura di lasciarsi andare, perché la donna di cui si stava innamorando era bellissima e quindi ammirata, corteggiata. Però lei era profondamente innamorata, aveva capito i suoi problemi ed ha saputo aspettare, sorridente e rassicurante, che le sue paure scomparissero.

Più complesso il caso in cui, invece, la persona innamorata si propone di conquistare qualcuno che non è pronto, che non è predisposto ad innamorarsi. Ce ne fornisce un esempio *La ragazza che cerca marito*. Dopo una infatuazione divistica per il cantante Al Bano, è attratta da un divetto locale, ammiratissimo, che non la guarda nemmeno. Lei allora studia tutti i suoi spostamenti, conosce i suoi amici e fa in modo di incontrarlo tutte le sere. Per strada, nei negozi, nei locali da ballo. Ogni volta si prepara con cura, va dal parrucchiere, si trucca in modo perfetto, mette i vestiti più eleganti e provocanti. Ballando usa tutte le tecniche di adulazione, di lusinga di cui è capace e lo seduce sessualmente. Entrata nella sua casa e nel suo letto, gli fa da schiava, da geisha, soddisfa qualsiasi suo capriccio, qualsiasi stranezza. Gli porta continui regali. Gli fa da cameriera, gli aggiusta gli abiti, va a fargli la spesa, gli prepara da mangiare. E non dimentica di portargli ogni giorno dei fiori. Lui la tratta male, ma lei sorride. Non guarda più un altro uomo e gli racconta che nel passato ha avuto mille corteggiatori, ma non ha mai amato nessuno.

A poco a poco si insedia nella sua vita. Ma sempre dicendogli che non vuol dare disturbo, che non si aspetta nulla, che è pronta ad andarsene se lui glielo chiede. Gli fa da amante, da cameriera, da segretaria. Prende nota perfino dei suoi appuntamenti amorosi, senza mai mostrarsi gelosa.

Ma, per risvegliare l'innamoramento, noi dobbiamo parlare non solo al presente, ma anche al passato e al futuro del soggetto. Il giovane di cui parliamo viene da una famiglia contadina, solida, tradizionalista a cui è molto legato. Una famiglia in cui una brava moglie fa tutti i lavori domestici, ubbidisce al marito, sempre pronta, sempre servizievole. Con il suo comportamento umile e cerimonioso *La ragazza che cerca marito* mette in scena esattamente questo modello di moglie ideale. Lei gli chiede anche della sua famiglia, di sua madre. Lui le mostra delle fotografie, lei va in sollucchero. Dice che è sicura che sua madre è una donna straordinaria, che le piacerebbe conoscerla, ma non osa chiederlo. Così, alla fine, lui la porta dai suoi, dove lei compie prodigi di adulazione e mette in mostra tutte le sue qualità di potenziale nuora casalinga, remissiva e fedele. La madre, conquistata, incomincia a parlare bene di lei a suo figlio. E costui, per la prima volta, la guarda con altri occhi e prende in esame la possibilità di sposarla. Prima non ci aveva mai pensato. Per lui era un'amante comoda. Ora improvvisamente «vede» le straordinarie qualità domestiche della ragazza. Gliele mostra addirittura sua madre, come dubitarne? E così si innamora.

Un altro esempio di innamoramento successivo è quello del marito de *La laureata in legge*. Lui era un grande avvocato del nord. Un civilista freddo e calcolatore. Lei una giovane donna del sud. Arrivata a Milano appena dopo la laurea, incontra il grande avvocato e ne resta affascinata. È il suo ideale, il suo maestro, il suo divo. Un amore divistico che avrebbe potuto diventare un vero innamoramento reciproco, se lui fosse stato disponibile. Ma l'uomo è per sua natura chiuso, riservato. Per di più reduce da una delusione amorosa. Cerca compagnia, consolazione. La ragazza allora incomincia un'opera di seduzione sistematica, incessante, senza tregua. Lui le parla dell'altra, piagnucola, lei ascolta paziente. Lui cambia d'umore, lei non reagisce. Lui la trascura, non la porta in pubblico, non la presenta agli amici, quando lo fa non le rivolge la parola. Ha dei rapporti sessuali frettolosi e, poi, non si fa vivo per settimane. Lei non perde mai la calma. Gli si presenta sempre elegante, sempre affascinante, pronta a soddisfare tutti i suoi capricci, tutti i suoi desideri. Lui le dice che non si sposerà mai e lei risponde, sorridente, che le piace stare con lui così come sta facendo. Lo aiuta nel suo lavoro, si assume compiti delicati. A poco a poco conquista la fiducia di questo uomo difficile, chiuso, abitudinario.

Passano così due anni. Ormai convivono come marito e moglie, ma lui continua a non parlare del matrimonio. Finché lei non si accorge di aspettare un bambino. Allora in lui avviene una metamorfosi. La guarda con occhi nuovi. Non solo le chiede di sposarlo, ma vuol farlo subito. Perché è il figlio che gli interessa. Al suo progetto non bastava una amante devota, una assistente fedele, occorreva anche la sacralità della madre. E lei gli dà altri due figli. A questo punto lui si innamora. Il suo progetto amoroso, il suo modello di comunità amorosa non era la donna, era la famiglia. E così si innamora di sua moglie solo quando lei è diventata una madre circondata da figli, solo quando è diventata il nucleo della sua famiglia. Adesso è felice e sicuro. Si dedica anima e corpo al suo lavoro. Non fa mai una vacanza. Guadagna montagne di soldi che consegna a lei, perché le investa «per la famiglia». È felice.

La riconquista

Le curiose proprietà dello stato nascente ci consentono di spiegare un altro fenomeno apparentemente paradossale: che sia possibile riconquistare una persona che sta innamorandosi di un'altra. Tutto è semplice quando i due sono ancora nella fase di *esplorazione*. Perché il processo è reversibile. Quando la gente dice che si innamora continuamente, oppure che ama due o tre persone simultaneamente è perché sta facendo delle esplorazioni. Quando una di queste esplorazioni va male, incontra qualche ostacolo, qualche disappunto, il soggetto ne incomincia un'altra. Talvolta ne porta avanti molte contemporaneamente.

Ci sono innumerevoli commedie, romanzi, film che descrivono questa situazione di corteggiamento, dove tutti i rapporti sono instabili e reversibili. La gente si sceglie, si lascia, prova con un altro, poi ritorna dal primo. Il fenomeno non cambia se il soggetto è sposato. Basta qualche incomprensione, qualche disappunto con l'amante, e il marito o la moglie tradita possono riprendere il posto nel cuore dell'amato. Ma tutto questo non è ancora innamoramento. L'innamoramento vero avviene quando si supera il *punto di irreversibilità*. Allora i giochi sono fatti e non ci possono più essere ripensamenti.

In un libro divertente Maria Venturi insegna ad una moglie che strategia adottare per riconquistare il marito che si sta innamorando di un'altra. Il tipo di suggerimenti sono perfettamente sovrapponibili e quelli che aveva già scoperto la marchesa di Merteuil ne *Le relazioni pericolose*: controllare completamente la proprie emozioni, saper fingere, sapere mettere in scena l'indifferenza o la passione a seconda della necessità. Il primo elemento della strategia è di ignorare ostentatamente la relazione e cambiare completamente il proprio comportamento. Da un lato tornare ad essere fresca, giovane, ingenua, innamorata e, dall'altro, nuova, sconcertante, imprevedibile. Il secondo giocare sul violento senso di colpa, sul dilemma etico, da cui l'uomo si trova lacerato, spezzato. La Venturi dice: «La donna deve apparire al marito nobile, distaccata, rassegnata, buona, generosa. Tradire una moglie castrante, oppressiva, lamentosa e priva di amabilità gli sembra un'autodifesa quasi morale. Accorgersi invece che sta facendo soffrire una compagna dignitosa, comprensiva e dotata di sorprendenti risorse, lo butta in balia dei sensi di colpa».[7] A questo punto l'amante incomincia a premere perché lui prenda una decisione, si affretti a lasciare la moglie. E questo fa sì che, a poco a poco, si invertano i ruoli. L'amante diventa oppressiva, ripetitiva, non rappresenta più il nuovo, l'alternativa, la libertà. Adesso è proprio la moglie che gli dà un senso di leggerezza, che gli prospetta una vita più facile. Se lo stato nascente è appena iniziato, se il processo è nella fase dell'*esplorazione*, questa strategia, di solito, ha successo.

Quel che non dice la Venturi, e non dicono di solito nemmeno gli altri autori, è quello che succede in seguito. La moglie è riuscita nello sforzo di seduzione. Ha vinto. Ma adesso si trova nella situazione psicologica di un atleta che si è allenato a lungo, si è concentrato sulla meta, ed ha ottenuto un trofeo. Ora vuole rilassarsi, desidera un riposo ristoratore. Ha compiuto uno sforzo titanico, pretende una ricompensa. Pensa che le spettino delle scuse per le ferite lasciate dal tradimento, dall'umiliazione. Ed è stanca della messa in scena che ha dovuto fare per inventarsi una nuova identità. Vuol ritornare se stessa, senza più mentire.

Ma non può farlo. Perché il marito si aspetta che lei continui ad essere come gli è apparsa quando l'ha riconquistato. Si aspetta più gioia, più libertà, più novità. Inoltre non vuol subire processi e recriminazioni. Vuole quella donna nuova che gli si è rivelata. La nuova identità e le virtù che ha scoperto le ritiene autentiche. Le ritiene vere a tal punto che si rimprovera la sua cecità, la sua mancanza di sensibilità per non averle scoperte prima.

La donna ha vinto ma, se vuol conservare vivo l'amore

del marito, è costretta a mantenere nel tempo la nuova identità che si è creata per riconquistarlo. Non può agire come un attore che, finito di recitare il suo ruolo sul palcoscenico, ritorna ad essere quello che è nella vita. Deve continuare a recitare quel ruolo ogni momento, farne la sua seconda natura, anzi la sua vera natura. Quella precedente deve soccombere. Ma può riuscire a mantenere una identità costruita per uno scopo preciso? Può reggere tale sforzo nel tempo per un trofeo già avuto, posseduto? Per giustificare uno sforzo del genere il suo amato deve essere veramente speciale, una sorta di divinità a cui lei offre in sacrificio la sua identità passata.

Di solito, perciò, la donna rinuncia a questo sforzo. Smette la finzione, rimprovera duramente il marito, esige delle scuse e un po' di espiazione. Così i loro rapporti tornano rapidamente ad avvelenarsi.

E se il marito era *veramente innamorato* dell'altra donna? Se aveva superato il punto di irreversibilità? Per strapparlo all'altra, lei deve puntare sul suo senso di colpa. Creare in lui il dilemma. Finché non compie la *rinuncia*. Ma, in questo caso, egli ritorna a casa in uno stato di *pietrificazione*, svuotato, annichilito. E la donna, che ha tanto lottato per riaverlo, si trova accanto un uomo assente, con lo sguardo spento, privo di forze. Su quest'uomo è facile infierire, vendicarsi delle umiliazioni subite. E, poiché non reagisce, è facile ritornare anche ad essere quella di prima. Dapprima si sente sollevata ma, a poco a poco, scopre che la sua vita è vuota. È impossibile far rinascere l'amore. E intuisce che è in agguato un'altra prospettiva: non appena lui sarà guarito dal lutto della perdita, non appena avrà recuperato l'energia vitale, la utilizzerà per fuggire un'altra volta. Per tradirla, o per innamorarsi di nuovo.

Abbiamo descritto tutto il processo al femminile. Ma non cambia se chi si innamora è la moglie ed è il marito che cerca di riconquistarla. L'unica differenza riguarda la natura del senso di colpa. Una donna, di solito, non prova senso di colpa quando lascia un uomo che non ama più. È lacerata dal dilemma solo per amore dei figli.

CAPITOLO DODICESIMO

La costruzione della coppia

Fusione e individuazione

Gli innamorati sono trascinati l'uno verso l'altro da una forza che tende a fonderli per creare una entità nuova, la coppia. Però ciascuno resta un individuo con la sua particolarissima storia personale, con i suoi genitori, i suoi fratelli, i suoi oggetti d'amore, le sue credenze, i suoi sogni, le sue aspirazioni. Anche nel più grande degli amori, c'è sempre scontro dialettico tra la forza che tende alla fusione e quella che tende all'individuazione. La prima vuole il compimento del gruppo, la seconda il compimento dell'individuo. È per questo che gli innamorati appaiono estremamente altruisti ed estremamente egoisti. Ciascuno vuole fino in fondo la propria felicità, vuol strappare la propria felicità all'altro. Ma, per realizzare se stesso, deve volere l'altro, deve accettarlo, amarlo, plasmarsi su di lui.

La straordinaria gioia che gli innamorati provano, permette di esercitare fortissime pressioni reciproche. Essi, in un gioco di spinte e controspinte, di avanzate e ritirate, di continue scoperte su se stessi, giungono a costituire una comune visione del mondo, e un comune progetto di vita. Già verso la metà degli anni Sessanta Berger e Kellner[1] avevano affermato che, quando due persone si sposano, si impegnano in un compito di ristrutturazione delle proprie relazioni sociali. Ciò che i due autori non hanno capito – poiché mancavano del concetto di stato nascente e di movimento – è che il motore di questo processo non è il matrimonio, l'istituzione. Ma è il processo creativo dell'innamoramento. I due autori applicano alla coppia nascente lo schema della *società* che si fonda sulla realizzazione di un fine. Anche due soci in affari che decidono di incominciare una nuova impresa economica devono ristrutturare le loro relazioni sociali. Lo stesso vale per due persone che vanno a coabitare nello stesso appartamento.

Ciò che caratterizza l'innamoramento non è una semplice ristrutturazione, un riaggiustamento dei rapporti sociali. La persona amata non è un socio di affari, né un compagno di collegio. È l'oggetto unico, il centro assoluto di riferimento, la porta per accedere ad una nuova regione dell'essere, l'unica in cui valga la pena di vivere. È ad un tempo il capo carismatico e il seguace, il profeta e il compagno di viaggio verso la Terra promessa. L'innamoramento è un ricominciamento *ab ovo*, un ripartire da zero, in cui tutto, la vita, la famiglia, le credenze vengono riplasmate per creare una nuova concezione del vivere. La creazione della coppia è una rifondazione, è una rinascita. Nuovo individuo e nuova collettività nascono insieme. Il nuovo «noi» ed i nuovi «me stesso» e «te stesso» non si costruiscono attraverso adattamenti razionali, ma si sviluppano per intuizione, per rivelazione.

La coppia nascente è un uragano di energia vibrante, di emozioni, di speranze, di dubbi, di sogni, di entusiasmi e di terrori. È a partire da questo crogiuolo incandescente, in cui si scontrano le forze che tendono alla fusione e quelle che tendono alla individuazione, che emerge la nuova collettività che si struttura, che si stabilizza. Ma come si formano le travature stabili della relazione di coppia? Come si passa dallo stato fluido, esaltante e pieno di incertezze, alla relazione amorosa fiduciosa e sicura? Dall'innamoramento all'amore?

Le prove

Dall'innamoramento si passa all'amore attraverso una serie di prove. Prove che poniamo a noi stessi, prove che poniamo all'altro, prove che ci troviamo imposte dal *sistema esterno.* Alcune di queste prove sono cruciali. Se vengono superate, l'innamoramento procede nel regime di certezze quotidiane che chiamiamo *amore.* Se non vengono superate subentra qualcosa d'altro: la rinuncia, la pietrificazione o il disinnamoramento.

Se l'innamoramento diventa *amore* esse ci appaiono lievi, quasi un gioco. Quando le prove vengono superate, noi proiettiamo nel nostro ricordo, la continuità dell'amore che viviamo. Quando non vengono superate, proiettiamo indietro le sofferenze dell'attuale disamore.

Prove di verità. Fra queste prove noi troviamo, innanzitutto, quelle che poniamo a noi stessi: le *prove di verità.* Quando ci stiamo innamorando cerchiamo sempre di resistere all'amore, non vogliamo metterci completamente nelle mani dell'altro. Abbiamo paura di non essere ricambiati. Poiché l'amore dell'altro ci appare come una «grazia» immeritata, temiamo che non ci venga data proprio quando la desideriamo ardentemente, quando non possiamo più farne a meno. Inoltre possiamo essere straziati da sensi di colpa verso i genitori, o verso nostro marito, nostra moglie, i nostri figli. Oppure abbiamo paura che la persona amata sia diversa da come appare.

L'innamoramento, all'inizio, non è uno stato costante, ma un succedersi di bagliori e visioni. L'oggetto di amore ci appare, ci affascina, poi sembra svanire. Talvolta ci diciamo «Forse era solo un'infatuazione». Nella fase nascente dell'amore siamo incerti, cerchiamo la persona amata, ma desideriamo anche farne a meno. Nei momenti di felicità, la paura di perderci si rivela in pensieri stravaganti. Ci diciamo: «Ho raggiunto il massimo che mai potrò ottenere, ora posso tornare così come ero, portando con me solo il ricordo. Ho ottenuto quanto desideravo, mi basta». Oppure capita che ci svegliamo al mattino e abbiamo l'impressione di non essere più innamorati. «È tutto finito» ci diciamo «era solo una illusione.» Poi, improvvisamente, la persona amata ci ritorna in mente e ci accorgiamo di desiderarla disperatamente. Pazzi dalla paura che non voglia più saperne di noi, corriamo a telefonarle con il cuore in gola.

Per sapere se siamo veramente innamorati non c'è che un mezzo: allontanarsi, cercare di fare a meno dell'amato, e vedere che cosa succede. Se non possiamo farne a meno, se siamo presi da una vera *disperazione*, allora vuol dire che amiamo veramente. Abbiamo superato la *prova di verità*. Il distacco, per significare qualcosa deve essere reale. E deve essere reale la spinta interiore che ci costringe a tornare. Ma il nostro amato può interpretare il nostro distacco come disinteresse. Può consolarsi con un altro, o sviluppare sentimenti di rancore e di vendetta.

Contrariamente a quanto molti immaginano, l'innamoramento non appare in modo solare, trionfante. Si afferma solo superando ostacoli, aggirandoli, percorrendo sentieri difficili. Nelle fasi iniziali dell'innamoramento i due innamorati, prima di abbandonarsi, possono fare anche dei passi indietro. Per esempio ritornare con un precedente amante, o tentare una nuova avventura. Se il periodo della prova è breve, se l'altro ha la forza di aspettare, il processo continua. Il vero amore si fa strada a poco a poco in mezzo alle incertezze, alla gelosia, superando le situazioni triangolari.

Quando l'amore è difficile, ostacolato, l'individuo lotta per avere ciò che ama, e allora tutte le forme di infatuazione lieve, tutte le forme di amore inautentico, vengono spazzate via. Gli ostacoli selezionano le forme di amore più forte. Un amore ostacolato è un amore che ha superato le prove. E la prova che noi poniamo volontariamente sulla strada del nostro amore è un ostacolo che serve per selezionare il vero dal falso.

Le prove di verità sono sempre pericolose. Se mi allontano per mettermi alla prova, e anche l'altro fa la stessa cosa, nasce un corteo di equivoci. Per non correre questo rischio è necessario che almeno uno dei due sia certo del proprio amore, e sappia trovare comportamenti e parole adeguate per consentire all'altro di capire se il suo sentimento è vero. *L'uomo prudente* era reduce da un matrimonio disastroso ed aveva paura di commettere un altro errore. Così, prima di abbandonarsi al nuovo amore, mette a dura prova la forza d'animo della giovane donna che l'ama. Sparisce per lunghi periodi di tempo. La donna, che è sinceramente innamorata, adotta la strategia della pazienza. Tornando, lui la trova sempre bella e sorridente, come se fosse partito il giorno prima. Lei ha capito che lui ha i nervi a pezzi e lo rassicura, lo aiuta a risolvere i suoi problemi professionali e domestici, si occupa della sua salute. A poco a poco la sua casa diventa il porto sereno dove lui può alleviare le sue ansie. Un giorno *L'uomo prudente* si ammala, è in pericolo. Allora lei gli chiede di fermarsi. Lui accetta e smette di fuggire.

Prove di reciprocità. Siamo arrivati così alla seconda classe di prove. Le *prove di reciprocità*. Se amiamo desideriamo essere riamati. Perciò continuiamo ad interrogarci, sfogliamo la margherita: «m'ama, non m'ama». Tutto ciò che l'altro fa, tutti i suoi gesti, tutte le sfumature del suo comportamento sono oggetto di continua analisi. L'innamorato studia, analizza, interpreta. «Se fa così vuol dire che... se non fa così vuol dire che...» Dalle cose più semplici, come ad esempio se arriva in anticipo o in ritardo, dal fatto che guardi o non guardi un'altra persona. Ma il significato non è mai limpido. Può arrivare in ritardo trafelato, e allora questo cosa significa? Che si era dimenticato di me, oppure che ha corso come un forsennato e perciò il suo ritardo è una prova d'amore? L'innamorato, assillato dalla paura, diventa un investigatore. Ma anche quando la prova gli appare negativa, basta una spiegazione, uno sguardo, una carezza dell'amato per fargli dimenticare l'angoscia, per rassicurarlo.

Però ci sono anche delle prove di reciprocità difficili da superare. *L'uomo prudente* scappa pieno di ansie e di sensi di colpa. Mette alla prova il proprio amore ma, soprattutto, mette a dura prova la donna amata. La prova di reciprocità a cui si sottopone la giovane donna, è difficile. Per superarla ha bisogno di pazienza, di serenità d'animo, di coraggio e di fedeltà. Poiché riesce, il loro amore si consolida felice. Ma un'altra persona avrebbe potuto distruggere tutto anche solo non facendosi trovare quando lui tornava, o uscendo in compagnia di un altro.

E se avesse avuto bisogno anche lei di rassicurazioni? Se avesse posto anche lei una prova di reciprocità, quando lui stava facendo una prova di verità? Se, cioè, gli avesse detto: «Se mi ami veramente non partire. Se parti non mi vedrai mai più!». Che cosa sarebbe successo? Probabilmente lui non sarebbe partito, però avrebbe avuto l'impressione di un ricatto, di una pericolosa minaccia. Sarebbe rimasto, ma con un dubbio, un rancore destinato a maturare nel tempo.

Vi sono delle prove di reciprocità particolarmente pericolose. Sono quelle che mettono alla prova l'altro con la gelosia. Nel caso de *L'uomo di Bari* l'amore finisce quando la donna gli dice che c'è un altro che le fa la corte, e gli si rifiuta sessualmente. Usa la menzogna per spingerlo a scegliere. Ma lui non capisce l'intenzione nascosta. Crede che sia veramente innamorata di un altro. Così decide di rinunciare e parte, anche se in preda alla disperazione. In altri casi l'arma della gelosia invece funziona. Però esiste sempre il pericolo che restino ricordi angosciosi, ferite, cicatrici destinate ad incidere negativamente sul rapporto nel futuro.

Le prove sul progetto. Ciascuno degli innamorati vuol realizzare il più possibile del futuro che ha intravvisto, ed elabora un *progetto*. Ma i due progetti possono non coincidere. Ciascuno dei due desidera che venga riconosciuto il proprio. La domanda «Mi ami?» significa anche: «Accetti di entrare nel mio progetto?». E l'altro, domandando «Mi ami?», chiede: «Accetti tu di entrare nel mio?». Ed ogni volta che l'uno risponde, «Sì, ti amo», in realtà gli dice: «Modifico il mio progetto, vengo verso di te, accetto la tua richiesta, rinuncio a qualcosa che volevo, voglio insieme a te ciò che vuoi». Ma nel contempo gli chiede: «Che cosa cambi tu di te stesso, come mi vieni incontro?».

Il «mi ami?» sottintende la richiesta: «mi vuoi con tutto il peso della mia concretezza, dei miei sogni, e realizzarli insieme?». Il progetto che ciascuno fa per sé coinvolge l'altro: è un progetto di vita anche per l'altro. È la proposta di ciò che si deve volere congiuntamente.

La lotta con l'angelo

L'innamoramento tende alla fusione di due persone diverse, che conservano la propria libertà e la propria inconfondibile specificità. Noi vogliamo essere amati in quanto esseri unici, straordinari, insostituibili. Nell'amore non dobbiamo limitarci, ma espanderci, non dobbiamo rinunciare alla nostra essenza ma realizzarla, non dobbiamo tarpare le nostre possibilità, ma portarle a compimento. Anche la persona amata ci interessa perché è assolutamente diversa, inconfrontabile. E tale deve restare, splendente e sovranamente libera. Noi siamo affascinati da ciò che essa è, da tutto ciò che di sé ci rivela. Quindi siamo pronti ad adottare il suo punto di vista, a modificare noi stessi.

Perché ci sia innamoramento occorre che ci sia questa diversità. Però, nello stesso tempo, l'innamoramento tende a superare la diversità, a fondere i due amanti, a farne una entità collettiva unica, con un'unica volontà. Ciascuno sviluppa una concezione di sé e dell'altro, di loro due, del loro destino. E ciascuno preme sull'altro perché si comporti come lui vorrebbe, perché si adegui all'ideale che si è creato. Infatti noi vediamo, concentrate nell'amato, tutte le persone che abbiamo desiderato, ammirato. Tutti i ricordi, tutti i desideri erotici, anche quelli fugaci che abbiamo avuto nel passato. Il nostro amato è la sintesi di tutti gli ideali, di tutte le figure del cinema, della letteratura, di tutte le donne e di tutti gli uomini, di tutti i divi. E, a sprazzi, ci sembra di riconoscerli in lui.

Nell'innamoramento si verifica il paradosso che ciascuno, pur vedendo il suo amato come un essere perfetto, è anche convinto che, con il suo aiuto, diverrà ancora più perfetto. Raggiungerà una vetta ancora più alta. Noi perciò premiamo su di lui, lo spingiamo a mutare. Ma egli può viversi in modo diverso, resisterci, proporci altre possibili strade. L'amore quindi è anche lotta, ma lotta interna all'amore stesso. È *la lotta con l'angelo.*[2]

Un esempio di lotta con l'angelo ci è offerto dal caso che chiameremo *La donna che voleva un figlio*. Questa donna è giovane, inquieta, ribelle, curiosa, anticonformista. È audace, sa battersi fino in fondo per quel che vuole e per quello in cui crede. Finora ha avuto solo qualche relazione erotica con dei coetanei, ma nessuna profonda esperienza amorosa. Non ha ancora trovato chi cerca, un uomo più maturo, più intelligente, un uomo con cui affrontare il mondo e con cui realizzarsi. L'uomo della sua vita, il cavaliere errante con cui andare all'avventura. Un giorno incontra un personaggio considerevole, più anziano di lei, molto noto nel suo ambiente. L'uomo, fino a quel momento, ha dedicato la sua vita solo al lavoro. Non ha avuto giovinezza. Si è sposato senza essere innamorato, e si è assunto tutti i doveri di una grande famiglia meridionale. Ma quando incontra la giovane donna, quel modo di vivere gli è diventato insopportabile. Sono entrambi pronti per il cambiamento. Al primo invito a cena è un colpo di fulmine. Si buttano l'uno nelle braccia dell'altro senza freni.

Lei gli dice che non ha paura di nulla, che è pronta a seguirlo dappertutto. Non gli chiede niente, non fa programmi. Il loro incontro potrebbe essere l'avventura di una settimana o di una vita. L'uomo è come folgorato dalla sua energia e dalla sua determinazione. È affascinato dal modo in cui mette in gioco la sua vita. Lui ha sognato per molto tempo di liberarsi di tutti gli impegni che lo schiacciavano, di mandare al diavolo le continue richieste che tutti gli ponevano. Ma non si è mai lasciato andare. Le parole della donna lo seducono, lo infiammano. Non si rende conto che la disponibilità della ragazza è frutto della sua giovinezza, della mancanza di impegni, di doveri. Ai suoi occhi diventa il simbolo di un modo di vivere libero, felice.

Però, nell'impeto della passione che nasce, la donna sente subito un altro desiderio: avere un figlio. E gliene parla: «Tu te ne potrai anche andare» gli dice «l'importante è che mi resti il figlio. Lo alleverò io, sarà mio. Non te ne devi preoccupare». Ma l'uomo, che ha già dei figli e che si sente schiacciato dalle proprie responsabilità famigliari, resta turbato. Lui cerca una amante appassionata, non una famiglia. Cerca una femmina giovane con cui muoversi in libertà come non ha mai potuto fare, non una madre con una culla. Sa che, se avesse un figlio, non riuscirebbe a non prendersene cura. Sa cosa vuol dire avere una famiglia. Sa cosa significa responsabilità. Ama questa donna, ma il suo progetto di vita è totalmente diverso da quello che lei gli sta proponendo. Non parli più di quell'argomento, per favore. È la lotta con l'angelo: lo scontro di due progetti fra persone innamorate.

Nel periodo che segue l'uomo è combattuto fra il nuovo amore e i doveri famigliari. Ne parla alla moglie, si sforzano di salvare il matrimonio. Fanno una psicoterapia famigliare. Rompe i rapporti con la giovane donna, non si fa trovare. Soffre atrocemente, ma è deciso a troncare la relazione. Lei, però, è determinata. Lo insegue, si installa non lontano da casa sua, si cerca un lavoro e lo trova. Lo rassicura di nuovo: da lui non vuole nulla, non ha programmi per il futuro. Così ricominciano a vedersi. Lei però non prende precauzioni e resta incinta. Il suo desiderio del figlio si è fatto strada ugualmente. È di nuovo la lotta con l'angelo.

Sotto le sue pressioni la ragazza cede di nuovo, abortisce e lo assicura che non succederà più, che è stato un errore casuale. Intanto usa tutti gli strumenti della seduzione e della logica per convincerlo a lasciare la moglie ed i figli, ed andare a vivere insieme. Lo scontro si protrae a lungo, con un'altra psicoterapia. Anche questa è lotta con l'angelo, ed è lei che vince. Lui si separa. La moglie accetta il divorzio. Vanno a vivere insieme e lei si dimostra un'ottima compagna, devota, amorosa. Finalmente è felice.

I punti di non ritorno

Vi sono cose che è impossibile volere insieme. Cose, tradendo le quali, si tradiscono proprio i valori nel cui nome è avvenuto l'innamoramento. Sono *i punti di non ritorno*. Se la persona amata ci impone di superarli e noi accettiamo, è come se rinunciassimo alla nostra essenza. Abbiamo già parlato di alcuni casi di amore che si sono scontrati con un punto di non ritorno. Ricordiamo quello di Mahler, il grande compositore sinfonico. Il pubblico e i critici non capivano la sua musica. Ma lui lottava, sicuro che, nel futuro, sarebbe stata apprezzata. Un giorno si accorge che anche Alma, la donna di cui è innamorato, la pensa come gli altri. Allora le scrive una lettera bellissima e terribile dove le chiede di rinunciare alle sue critiche. Sa che queste critiche gli avrebbero tolto la forza di combattere. Quello per lui è un punto di non ritorno.

Riprendiamo ora il caso della *Donna che voleva un figlio*. L'abbiamo lasciata contenta perché, finalmente, ha l'uomo che ama. Ma, qualche anno dopo, il desiderio del figlio ritorna. Perché questo è sempre stato il suo progetto di vita, perché questo è il modo in cui ha concepito il suo amore fin dall'inizio. La maternità diventa una idea tormentosa, ossessionante. E se dovesse diventare troppo vecchia, se non potesse più averne? Cerca di respingere il desiderio perché sa che il marito non vuole. Ma, come sostituto del figlio, si mette ad allevare cani, gatti, rifà in continuazione l'arredamento della casa. Prepara e riprepara il «nido». È un altro scontro silenzioso, doloroso. Continua la *lotta con l'angelo.*

Per lei il figlio è un *punto di non ritorno*. Ma lo è anche per il marito che resiste ad oltranza. Finché, ad un certo punto, lei non si ammala. Allora l'uomo stremato, pieno di sensi di colpa, non ha più il coraggio di opporsi «irrazionalmente» a quello che considera un legittimo desiderio femminile. La donna resta incinta ma, nello stesso tempo, è preoccupata. Nasconde la gravidanza e, dopo la nascita di una bambina, farà di tutto per non far pesare la sua presenza. Si sobbarca tutte le fatiche, si comporta in modo eroico. Però, anche se il marito l'apprezza sul piano morale, se la stima profondamente, qualcosa nel loro rapporto amoroso è cambiato. Non è più la compagna con cui ha sfidato il mondo, la donna dell'avventura folle. È diventata una madre che si occupa della figlia. E anche lui adora questa bambina. Però, mentre cresce il suo amore paterno, il suo erotismo incomincia a declinare. Una nuova psicoterapia spiega ad entrambi l'assurdità della situazione: l'analista svela all'uomo che proietta sulla moglie il rapporto asessuato che aveva con la propria madre. Ma la scoperta non cambia la realtà. La passione erotica non ritorna. Il fuoco del grande amore si è spento. Riprende i rapporti con la ex moglie, con i precedenti figli, che vorrebbe vedere riuniti, insieme alla nuova bimba, in un'unica grande famiglia. Se deve fare il padre, lo farà nello stesso modo per tutti. Se deve accettare il dovere, lo accetterà nello stesso modo per tutti.

Questo esempio ci mostra un grande amore e lo scontro di due progetti di vita che affondano le loro radici nella storia passata dei due soggetti, nei loro sogni. Due progetti incompatibili. Realizzare il progetto dell'altro significa, per ciascuno di loro, superare un punto di non ritorno. Nonostante l'amore, la loro relazione è condannata.

Il patto e l'istituzione di reciprocità

Noi incontriamo un *punto di non ritorno* quando l'altro ci chiede di rinunciare ad una cosa che per noi è essenziale. Una cosa resa essenziale proprio dal nuovo amore, e senza la quale l'amore perde di senso. Ce ne offre uno stupendo esempio la Bibbia. Abramo aveva desiderato sopra ogni altra cosa un figlio da Sara, e Dio glielo aveva miracolosamente concesso. Ma un giorno Dio lo mette alla prova. Gli chiede di sacrificare proprio questo figlio, ciò che egli ama di più. È il dilemma: la scelta fra due alternative fra cui non è possibile alcuna scelta.

Quando la posta in gioco è un punto di non ritorno, ciascuno chiede all'altro una resa senza condizioni, la perdita del senso della sua vita, del suo amore, di tutto. Chi subisce la prova resiste disperatamente. Se chi la pone è deciso ad andare fino in fondo, l'amore corre un rischio mortale.

In casi di questo genere l'amore può continuare solo se

viene trovata un'altra soluzione. *Perché chi pone la prova, a sua volta la subisce.* Nell'immagine biblica Dio mette alla prova Abramo ma, nello stesso tempo, Abramo mette alla prova il suo Dio. Che cosa accadrebbe infatti a Dio se Abramo uccidesse il figlio? Non sarebbe più un Dio d'amore, ma un Dio crudele, sanguinario. Proprio come gli dei del passato che chiedevano sacrifici umani e che Lui è venuto a sostituire. Anche Mosè viene messo alla prova dal suo Dio, quando gli chiede di buttarsi nelle acque del Mar Rosso. E Mosè accettando l'invito, mette alla prova Dio, perché Egli non può dire «buttati» per poi lasciare che le acque anneghino il suo popolo. Un Dio che agisce così sarebbe un ingannatore, un demone.

La chiave della soluzione sta in questo: il punto di non ritorno è richiesto, ma non deve essere riscosso. È un assegno firmato che non verrà mai incassato. Abramo sta per uccidere il figlio, ma Dio glielo impedisce. Blocca il suo gesto facendogli apparire un angelo ed un capretto. L'angelo lo invita a sacrificare l'animale al posto del figlio. Abramo è pronto a sacrificare a Dio ciò che gli è più caro. Ma a Dio basta l'intenzione. Dio ed Abramo hanno superato la prova. Entrambi hanno avuto la dimostrazione d'amore. Entrambi però hanno compiuto una rinuncia essenziale: hanno incontrato e riconosciuto un *limite* insuperabile dell'altro. L'amore reciproco diventa possibile solo *quando il punto di non ritorno dell'altro viene preso come proprio limite* autentico, voluto come proprio autentico limite.

Il ***patto*** costituisce il riconoscimento del *limite* alle nostre pretese e dei diritti inalienabili dell'altro. Conferma, con un impegno solenne, la nostra unità e, nello stesso tempo, stabilisce con un impegno solenne il rispetto delle nostre diversità. Con *il patto* ciascuno saprà che l'altro non gli chiederà ciò che non può chiedere. Questa certezza, trovata nella disperazione, costituisce il punto fermo della fiducia reciproca: ***l'istituzione di reciprocità.*** So che amo e non posso non amare, so che ho un *limite* che non posso non avere, e l'accetto. Ma l'accetto con tutto lo slancio della mia passione, della mia dedizione, senza riserve. *Il patto* è un abbraccio, è un giuramento.

L'amore sorge attorno all'*istituzione*, attorno al patto. Il processo descritto non avviene una volta sola, ma tante volte. Ogni volta lo scontro termina con un patto. Le nuove certezze diventano il punto di partenza per riorganizzare l'esistenza quotidiana.

È grazie a queste straordinarie proprietà dell'innamoramento che la coppia, se supera le prove, crea una comune visione del mondo e un codice di comportamento che ne assicura la durata. La prima corrisponde alla ideologia dei grandi movimenti. La seconda alla loro carta costituzionale, al loro statuto.[3] L'energia creativa e fluida dello stato nascente si oggettiva in struttura, si trasforma in principi, regole, patti, norme, impegni solenni. Questi patti hanno il potere di durare proprio perché sorgono nel clima incandescente della passione, nel momento massimo della unione e della spinta creativa.

Il matrimonio

Lo sviluppo dell'amore di coppia richiede un apporto della volontà. L'amore si consolida se lo vogliamo, se lo accogliamo, se lo aiutiamo, se ci impegniamo a farlo durare, a renderlo stabile. Quando siamo innamorati vogliamo stare con la persona amata. Però anche nel più grande innamoramento agisce sempre in noi una forza che lo contrasta. Ed anche quando, attraverso le prove di verità e di reciprocità, siamo giunti alla conclusione che l'amiamo e che lei ci ama, ebbene anche a questo punto possiamo continuare a resistere al nostro amore.

Quindi ci deve essere un momento della scelta, un momento in cui noi escludiamo ogni altra alternativa. E non basta che decidiamo noi, occorre che decida anche l'altro. Due innamorati possono avere progetti diversi sulla durata del loro amore, sulla loro vita. Uno pensa ad un amore per sempre, col matrimonio, una casa. Mentre l'altro non se la sente di impegnarsi nemmeno mentalmente in modo così totale. È innamorato, ma vorrebbe poter scegliere giorno per giorno cosa fare. Ne nasce una lotta con l'angelo che, in caso positivo, termina con una decisione comune, con un patto: ***il patto di continuità***. Il *patto di continuità* è perciò un momento essenziale della vita amorosa. È quello in cui gli innamorati costruiscono il progetto comune di continuare ad amarsi, mettendo da parte tutti i ripensamenti, tutte le indecisioni.

Ma, ci si può domandare, che cosa è mai un patto stabilito fra due sole persone, nel silenzio della loro casa? Gli amanti si giurano: «Ti amo, ti amerò per sempre, non ti lascerò mai». Ma lo stato d'animo cambia. Talvolta basta un litigio, e quell'amore si trasforma in odio. E non c'è nessun testimone, nessuna legge, nessun tribunale che possa imporre il rispetto dell'impegno preso. Può esistere un patto puramente soggettivo, di cui non dobbiamo rendere conto a nessuno, e che ci faccia sentire obbligati ugualmente?

Sì. Sul piano morale. Kant ci indica la regola morale così: «Agisci in base alla massima che tu vorresti erigere a norma universale». Il legislatore della morale è il soggetto stesso. E il tribunale della morale non è esterno, ma interno, nella mente e nel cuore. Quindi il patto fra i due amanti è un *atto morale*. La coppia, anche se fondata sull'amore, sulla passione non può continuare se non si traduce in *moralità*. La moralità, però, non è solo un fatto soggettivo. Nel principio – «Agisci in base ad una massima che vorresti erigere a norma universale» è – implicito che noi pensiamo a tutti gli altri, che ci impegniamo davanti a loro. Gli innamorati sono orgogliosi di mostrarsi in pubblico, considerano esemplare il loro amore. E sono pronti a prendere impegni in pubblico. Fino ad arrivare a quello preso davanti allo Stato o alla divinità: *il matrimonio*.

Ci sono coppie stabili, forti anche senza il matrimonio, anche senza il bisogno di sanzioni legali, e che anzi si contrappongono alla legge. Ne *Le affinità elettive* di Goethe il Conte e la Baronessa costituiscono una coppia innamorata estremamente unita. Non si nascondono, viaggiano insieme, ma non vogliono sentirsi obbligati, costretti dai vincoli esterni della legge matrimoniale. Però il matrimonio è importante anche in una società in cui può essere sciolto facilmente con il divorzio. Indica una intenzione di continuare, di durare. Di fare quelle scelte, quegli atti, di coltivare quei sentimenti che rafforzano il loro amore. Di evitare quelli che lo indeboliscono.

Col matrimonio i due amanti introducono volontariamente un terzo elemento, una potenza esterna, lo Stato, e alienano in essa certe loro volontà condivise. Una parte della coppia non esiste più solo nella mente e nel cuore degli individui che la compongono, esiste anche al di fuori, e nessuno di loro individualmente può modificarla. Il matrimonio è il prototipo ed il simbolo di tutte le attività che acquistano esistenza autonoma, delle *oggettivazioni* della coppia.

CAPITOLO TREDICESIMO

L'istituzione: oggettivazioni spirituali e materiali

L'istituzione

Istituito vuol dire scelto, deciso, affermato, stabilizzato. L' istituzione serve a rendere stabili le scelte fatte, senza dover ritornare sulle decisioni prese, senza dover forzare il volere dell'altro. Le istituzioni fissano la volontà, la oggettivano. Si traducono in *oggettivazioni spirituali e materiali*.

Quali sono le *oggettivazioni spirituali* dell'amore? Ne conosciamo già alcune. *I a prova di verità* in cui arrivo alla certezza che amo veramente quella persona. *La prova di reciprocità* con cui mi convinco che il mio amore è ricambiato. Il *patto di continuità* che gli innamorati stabiliscono per rendere duraturo il loro amore e per difenderlo dalle insidie esterne.

Il processo di fusione e di edificazione di una identità nuova non è armonico, graduale, continuo. Come ogni processo vitale procede per tentativi ed errori. Ha dei momenti di crisi e dei momenti di stagnazione. E, poi, ha delle brusche accelerazioni. I più importanti adattamenti reciproci sono quelli che emergono proprio dalle crisi. Sono degli atti creativi, delle soluzioni pensate ed accettate da entrambi.

Ci sono poi le *oggettivazioni materiali*. La coppia è una entità vivente che agisce nel mondo. Produce, compera oggetti, compie azioni. Entrambi lavorano, in casa e fuori. Si costruiscono un'abitazione, l'arredano secondo i propri gusti, le proprie esigenze. Hanno dei figli, li allevano, li fanno studiare. Partecipano all'attività politica, collaborano all'attività di associazioni o di confessioni religiose. Fanno viaggi, vacanze. Stabiliscono rapporti con gli amici, con i colleghi, con i vicini. Modificano l'ambiente materiale e sociale in cui vivono. Creano, cioè, la loro nicchia ecologica. Anche in questa attività costruttiva i due soggetti sono in rapporto dinamico: convergono e divergono, esprimono la propria identità personale e collettiva. Oggettivano, confrontandosi, il loro volere e il loro agire. Costruiscono un percorso, lasciando una impronta del loro esistere insieme nel mondo.

Le regole di vita

Le *oggettivazioni spirituali* più semplici sono le regole di vita che si stabiliscono all'interno della coppia. Di solito, quando due persone sono molto innamorate, nessuno cerca di imporre all'altro regole rigide. Entrambi sono disposti a cambiare, a modificarsi, ad esplorare nuove forme di vita. Eppure la convivenza quotidiana produce un insieme di norme elaborate a poco a poco, per tentativi ed errori. Alcune nascono dal lento adattamento reciproco, *dall'abitudine*, senza che ci siano discussioni. Chi si sveglia per primo, porta il caffè a letto all'altro che non riesce ad aprire gli occhi. Ciascuno sceglie il suo posto preferito davanti alla televisione, e poi continua ad usarlo per anni. Se uno non beve mai vino e l'altro lo usa solo saltuariamente, la bottiglia finisce per sparire dalla tavola. Riappare solo quando ci sono ospiti a cena.

Ci sono poi delle regole, dei comportamenti che uno *insegna* e l'altro *apprende*. Ed è soprattutto la donna che svolge il compito di insegnamento, di educazione dell'uomo alla vita a due. Essa ha una idea molto più chiara di lui su come deve essere la loro vita comune. Sa bene come dovrebbe comportarsi, sa come vorrebbe farlo cambiare. Così, a poco a poco, lo porta a fare ciò che vuole con suggerimenti, con gesti appropriati, usando una sottile arte diplomatica. Come nel caso di *Anna e Maurizio*. Si sono conosciuti da poco, si sono innamorati. Lui va a trovarla verso sera. E, poiché gli piace correre ed ha poco tempo, arriva da lei in tuta, sudato e trafelato. Appena arriva l'abbraccia, la solleva, incomincia a spogliarla nell'ingresso e finiscono avvinghiati sul tappeto, sul letto, sul divano, dove capita. A lei piace molto fare all'amore con lui. Però è combattuta, vorrebbe chiedergli di fare la doccia, di lavarsi. Ma come frenare il suo slancio amoroso e dirgli: «Guarda caro che puzzi, per favore lavati, profumati!». Così Anna fa finta di niente, ma si propone in cuor suo di fargli cambiare abitudine quando saranno sposati. Userà tutta la sua arte femminile per insegnargli come ci si deve comportare. E sarà una vera rieducazione. Ad Anna non piace fargli da madre. Vorrebbe essere la sua amante, la sua complice. Pensa quello che pensano tutte le donne giovani. Ma deve piegarsi davanti alla realtà. L'ama, non vuole rinunciare a lui, gli farà anche da madre.

A volte questa sottile diplomazia educativa non ha successo. Allora il processo può procedere solo con *crisi e una decisione cosciente*. L'uomo, abituato a disseminare tutti i suoi oggetti per la casa, perché tanto c'era sua madre che glieli raccoglieva amorevolmente, continua a farlo con la moglie. Lei cerca di educarlo con pazienza, glieli raccoglie, glieli fa trovare in ordine. Gli mostra dove sono i cassetti, gli mostra dove ha riposto le sue scarpe. Ma lui continua nella vecchia abitudine, anzi diventa ancora più disordinato. La tensione cresce finché la donna non reagisce: «Io non sono tua madre, non sono la tua serva». A partire da quel momento lui deve accettare, coscientemente, di non farlo più.

I rapporti erotici sono ancora più delicati. La donna vuol fare l'amore quando è riposata, quando ha del tempo davanti a sé. Ed ha bisogno prima di essere vezzeggiata, coccolata.

Poi si offre. Dopo l'atto sessuale le piace restare a parlare nella penombra, abbracciata al suo amato. L'uomo, invece, ha uno schema mentale diverso. Vuol prenderla all'improvviso, strapparle i vestiti di dosso, ripetere l'atto sessuale con violenza, anche se lei dice di no, che è stanca. Perché è convinto che le piaccia questo gioco, che sia eccitata come lui. È convinto che il suo rifiuto sia un residuo di pudicizia infantile. Perciò insiste. Lei cerca di trasmettergli i suoi desideri con espressioni allusive, in modo simbolico. Ma non ci riesce. Si arriva così ad un punto in cui il problema si presenta come crisi. Allora è solo attraverso un chiarimento e un patto che la coppia stabilisce un limite al processo di confusione fra ciò che desidera l'uno e ciò che desidera l'altro, e trova qualcosa che piace ad entrambi. È solo il patto che consente di proseguire il processo di fusione senza che uno prevarichi sull'altro.[1]

Nella coppia avviene ciò che avviene nei movimenti politici o religiosi. All'inizio c'è sempre una unanimità spontanea attorno al capo carismatico. Ma questa unanimità, nel tempo, diventa una dittatura, diventa oppressione. Allora è necessario ridare la parola alla gente, lasciar emergere le divergenze ed i conflitti con il metodo democratico. Solo così si ristabilisce il consenso sui valori di fondo.

Nella vita di coppia vi sono molti momenti di questo tipo. Perché nessuno resta identico a se stesso, perché sorgono nuove esigenze, nuovi desideri. La vita in comune pone sempre nuovi problemi e, quindi, il processo di costruzione delle regole di vita non è diverso da quello di uno Stato che modifica le sue leggi, ne introduce di nuove, reinterpreta quelle del passato. La stabilità della coppia non è statica, è dinamica.

Abitudine, insegnamento, crisi e patto sono i processi che producono le regole della convivenza amorosa. E questo tipo di regole, proprio perché nascono dall'amore, non sono una perdita, un cedere, un annullarsi. Ma una conquista, un arricchimento. Il modo per far proseguire il processo di fusione.

Nel processo che abbiamo descritto, le regole emergono dall'esperienza amorosa e dalla convivenza. Vi sono però casi in cui vengono definite in anticipo nel *contratto matrimoniale*. Nel contratto matrimoniale vengono elencati in modo meticoloso i diritti ed i doveri di ciascun coniuge. Di chi sono le reciproche proprietà, come ciascuno può usarle. In che confessione religiosa devono essere educati i figli. Ma anche particolari più intimi, come se dormire nello stesso letto o in letti separati, se si può fumare in soggiorno, se si possono tenere animali in casa, quali tipi di amici invitare. Il contratto matrimoniale presuppone delle personalità che sanno esattamente cosa vogliono e che non sono disposte a cedere di un millimetro all'altra. Questo tipo di contratto era diffuso nelle famiglie aristocratiche, dove il matrimonio serviva a cementare un rapporto politico, o fra persone di religione diversa, per regolare i possibili conflitti. Nella nostra epoca viene steso quando ci sono in gioco forti interessi economici o quando i coniugi non si amano e si fidano poco l'uno dell'altro.

Il dono

La più semplice delle *oggettivazioni materiali individuali* dell'amore è il dono. Ogni innamorato desidera fare dei doni alla sua amata, ogni donna al suo uomo. Nell'innamoramento il dono è sempre dono di se stessi, un simbolo del proprio sé che viene consegnato alla persona amata. È per questo che viene dato con trepidazione. È per questo che osserviamo come viene accolto, se è gradito. Se l'altro lo apprezza, ci ringrazia, ci bacia, allora siamo felici, perché vuol dire che ci ama, che ci siamo meritati il suo amore. Se invece gli getta un'occhiata distratta e lo mette da parte, è come se mettesse da parte noi stessi. Perciò le persone veramente innamorate dicono sempre che il regalo è bellissimo, anche quando non risponde ai loro gusti. E non costa loro fatica farlo: quel dono è il simbolo dell'amato, e il nostro amato ci appare sempre bello. Se riceviamo un regalo bizzarro o di cattivo gusto cerchiamo di scoprirne qualche significato simbolico.

Gli innamorati, all'inizio, fanno dei doni che non corrispondono esattamente ai gusti dell'altro perché non li conoscono. Ma, soprattutto, perché ciascuno regala quello che, ai suoi occhi, dovrebbe rendere l'amato ancora più bello e desiderabile. Compera il dono guidato dai suoi sogni, dalle sue fantasie erotiche. Un uomo può perciò regalare all'amata una pelliccia eccessivamente vistosa, che lei non indosserà mai in pubblico. La proverà per lui solo e, alla fine, la useranno come tappeto su cui far l'amore. Con quel dono egli ha voluto realizzare un sogno giovanile. Quella pelliccia sontuosa è il simbolo delle dive del cinema che hanno turbato le sue notti di ragazzo, del loro fascino, della loro bellezza. Le donne innamorate sono altrettanto eccessive e bizzarre. Soprattutto quelle giovani. Quando si innamorano di un uomo maturo gli regalano vestiti adatti ad un adolescente e che lo rendono ridicolo. Ma per loro è bellissimo.

A poco a poco il bisogno di rendere più bello l'amato secondo i nostri canoni, diminuisce. Impariamo a conoscere i suoi gusti, a rispettarli. Così, con il passar del tempo, le persone che si amano finiscono per avere preferenze simili e per costruire una estetica comune.

Il dono appartiene all'area dello straordinario.[2] Deve distaccarsi dalla vita quotidiana. È una interruzione, una festa. Perciò deve essere presentato in un apposito pacco, con nastri, fiocchi. Deve segnalare la differenza dal mondo consueto e mettere in moto il rituale dell'attesa. «Cosa sarà?», si domanda chi lo riceve. E, mentre lo scarta, scioglie i nodi, la sua curiosità cresce. Una parte importante del dono è proprio questo pregustare. Mentre il donatore si domanda: «Gli piacerà, non gli piacerà?» e attende trepidante lo stupore gioioso dell'altro. Il rituale del dono richiede perciò sempre di minimizzare ciò che si dona: «Un oggettino, una sciocchezza, un semplice simbolo», per evitare che l'altro resti poi deluso.

In tutte le relazioni, un regalo è sempre rivolto all'altro come individuo, ha di mira il suo valore personale. Il regalo d'amore riguarda l'altro come soggetto erotico, apprezzato eroticamente. Quando il marito, per il compleanno della moglie, le regala un oggetto per la casa, una pentola, un servizio di piatti, una tovaglia, compie un gesto di rifiuto della donna come amante. È come se le regalasse una scopa.

Ci sono dei regali che sono solo apparentemente individuali, mentre in realtà simbolizzano la coppia e la loro unione. Come l'anello. Quando un innamorato regala alla donna una collana, può presentarla come «un oggettino grazioso» anche se è un simbolo del proprio sé che vuol vedere sempre adagiato sul suo seno. E lo stesso se la donna gli regala un orologio o un portafogli. Perché è qualcosa da cui non si separa mai. Ma, nel momento in cui qualcuno regala un anello, il simbolo è manifesto. Gli propone un impegno vincolante. Gli dice: «Vuoi legare la tua vita alla mia?». E l'altro, accettandolo, risponde: «Sì, lo voglio».

Talvolta questo simbolo suscita paura e un desiderio di fuga. Questo si verifica soprattutto nelle persone che hanno avuto esperienze spiacevoli. Un mio amico, nella sua vita, aveva portato solo la vera matrimoniale. Ma, dopo il divorzio, se ne era liberato con sollievo. «Sono libero!» mi diceva mostrando la mano. Dopo qualche anno incontra una donna che gli piace molto, di cui si innamora. Una sera lei gli porta, come regalo, un bellissimo anello antico, comperato da un antiquario. Lui lo ammira e se lo infila sorridendo al dito. Ma il giorno dopo, quando va in ufficio, un collega gli domanda, ridendo, se quello è l'anello di fidanzamento. A lui sembra di sprofondare. Mormora una sorta di spiegazione confusa sul fatto che apparteneva ad uno zio morto, e se lo infila in tasca. Ma quella parola, «fidanzamento», gli resta scolpita in mente perché gli ricorda il matrimonio finito male. Solo in seguito, quando è sicuro della profondità del suo amore, lo accetta e lo porta con orgoglio.

Da nomadi a stanziali

Nell'innamoramento, all'inizio, l'ambiente conta poco. Conta solo la persona amata. Solo il suo volto, i suoi occhi, il suo corpo, le sue carezze. Tutto il resto è inessenziale. Gli innamorati si incontrano dove e quando possono, in una stazione ferroviaria, in un cinema, in un ristorante. Si abbracciano all'angolo di una strada. Questo ambiente, per squallido che sia, viene trasfigurato dalla persona amata. A distanza di anni lo ricorderanno bellissimo, meraviglioso.

Poi, spontaneamente, vanno alla ricerca della bellezza della natura e ne sono sensibili. Questa bellezza risuona con la loro bellezza interiore. Una pianura sconfinata, un precipizio roccioso, la campagna illuminata dalla luna, un tramonto infuocato sul mare. L'amore non crea solo nella nostra mente delle metafore poetiche, acuisce il nostro gusto estetico, la nostra capacità di percepire. Gli innamorati sanno vedere cose che non vedranno mai più, colori che non potranno più ritrovare. E quelle sensazioni sono indelebili. Anche quando un amore va a finire male. La rimozione non può nulla contro questa trasfigurazione del mondo.

Però, per qualche tempo, gli innamorati non si affezionano ai luoghi che poi diventeranno i santuari del loro amore. Perché la loro energia vitale è così grande che sono sicuri di trovarne altri senza fine. Essi lasciano tutte le cose belle senza rimpianti, sicuri che ve ne sono altre in attesa. Tutto il mondo è la loro patria, ogni anfratto la loro casa. Gli innamorati sono come gli uomini dell'infanzia della civiltà: dei raccoglitori, dei nomadi.

Poi sentono il bisogno di un ambiente più adatto, che sia più esclusivamente loro. Nell'uomo si presenta come desiderio di tornare nei luoghi dei primi incontri che, a poco a poco, diventano carichi di significato, consacrati al loro amore. Nella donna come desiderio di avere una casa per loro due soli, qualcosa di bello, un nido. Probabilmente perché è la donna che, nella nostra civiltà, ha pensato più a lungo all'amore come convivenza, ha pensato più a lungo, fin da bambina, come dovrà essere la sua casa. La casa è il suo stesso corpo oggettivato. Il suo corpo accogliente.

Fare insieme, costruire insieme, oggettivare vuol dire far durare il proprio amore. Ma anche prima l'amore voleva durare. Però pensava di durare nei cuori. Che cosa significa il passaggio alla casa? È come il passaggio dal nomadismo alla costruzione delle città.[3] La città non si sposta come l'accampamento. Con la nascita della città gli uomini non si adattano passivamente al loro ambiente, non ne seguono le vicissitudini climatiche. Deviano ed incanalano i fiumi, irrigano la terra, si procurano i prodotti di cui hanno bisogno con il commercio e la navigazione. Trasformano il mondo in modo irreversibile per adattarlo alle proprie esigenze. Questo vuol dire che non affrontano più i problemi mano a mano che si presentano, ma che li prevedono. Che predispongono in anticipo un repertorio di soluzioni per affrontarli.

Per compiere questo passaggio dalla fase nomade a quella stanziale, la coppia ha bisogno di un periodo di vita in comune e lo studio attento di ciò che serve. Questo comporta un cambiamento di atteggiamento mentale. Gli innamorati si lasciano trasportare dalla corrente, la coppia stanziale non solo costruisce una nave, ma traccia una rotta, prevede dove approvvigionarsi nei porti. Entrambi perciò devono sviluppare un orientamento concreto, pragmatico. Devono sviluppare la riflessione, la memoria, il calcolo.

In questa seconda fase la coppia cerca ciò che le serve, ciò che le piace, fa in modo di avere a disposizione tutti gli oggetti che potranno servire per la sua vita, per renderla più comoda, sicura. Modifica anche l'ambiente sociale in cui vive. Stabilisce relazioni con certi vicini e con certi conoscenti, seleziona gli amici da coltivare e le persone con cui fare affari.

La terza fase della civiltà è la costruzione della città monumentale. Coi palazzi, i templi, le terme, il lusso. Nella coppia questa fase corrisponde ad una riscoperta del bello. Ricordiamo che, all'inizio, tutto è bello, perché tutto viene trasfigurato dall'amore. Questa prima fase è contemplativa. La seconda fase invece è attiva, pragmatica. In essa dominano le esigenze funzionali, la ricerca della comodità. Nella terza fase ritorna il desiderio del bello e lo spirito contemplativo. Però la coppia possiede un proprio gusto estetico e costruisce attivamente il bello attorno a sé. Il bello che, nella prima fase era un dono, ora è una conquista, una oggettivazione spirituale.

Alcuni, quelli che non sanno rinnovarsi, rinascere, possono poi entrare nella fase della decadenza. Non sono più capaci di vedere la bellezza nel mondo che li circonda. Perché si è spenta la fiamma dell'amore nascente che trasfigura e rende magiche le cose. Non sono più capaci di creare il bello, non lo cercano. Si aggrappano alle abitudini, diffidano delle novità. Non cambiano nulla nella loro casa, non la rinnovano. E per questa stagnazione hanno un alibi: ogni oggetto deve restare identico perché è carico di ricordi felici. Così vivono fra vecchie mura scrostate, con tappezzerie ingiallite, poltrone sfondate che non notano più. Solo una rinascita, un risveglio può scuoterle da questo torpore e ridare loro la forza di ricominciare a vivere.

La donna e la casa

Per una donna innamorata costruire ed arredare la casa è un atto d'amore. Molto spesso è lei che sceglie i singoli mobili e tutti gli innumerevoli oggetti che serviranno nella loro vita futura. Li sceglie in modo che la casa piaccia al suo uomo, perché egli vi si trovi a suo agio, perché si senta bene in ogni momento della loro vita. Nella sua mente vede già dove staranno seduti per guardare insieme la televisione. Immagina la stanza con la tovaglia ricamata dove riceveranno gli amici, quale sarà il posto del marito, quale il suo. E poi la camera da letto, con le lenzuola fiorite come i campi di primavera, i copriletto preziosi, le coperte calde, le trapunte per il gran freddo. E la camera per i bambini che verranno, di cui immagina già le tappezzerie colorate, la morbida moquette perché non si facciano male. Poi il bagno in cui ritaglia un po' di spazio per sé, per truccarsi, per essere bella. E lo spazio per lui, per il suo rasoio, il suo dopobarba. Ci sono poi degli ambienti, come la cucina, in cui dovrà lavorare soprattutto lei, comoda, spaziosa con tutto ciò che pensa le potrà servire. E penserà ai cibi che potrà cucinare. Se poi il marito ha una attività intellettuale, farà in modo che abbia il suo studio, mentre, se è uno sportivo, troverà spazi nel guardaroba o in appositi armadi per i suoi oggetti.

Nell'arredare la casa la donna esprime la sua visione del mondo, il suo ideale di vita privata e il tipo di rapporti sociali che vuol instaurare. Ma soprattutto distende *il suo corpo*. Ogni oggetto è una parte di sé. La sua pelle termina con la tappezzeria delle pareti, con le tende. Per questo è lei che, normalmente, si prende cura della casa, della sua manutenzione. Lo fa come se fosse il suo corpo. Per questo non vuole che entrino estranei se non è in ordine, presentabile. Come non si mostrerebbe ad estranei in ciabatte, spettinata. E come profuma il suo corpo per sé, per il marito, così ha orrore dei cattivi odori che possono impregnare le tende, i divani, la cucina. E vigila che non ci siano. Vigila sulla sporcizia. Teme i cattivi odori e la sporcizia come se fossero malattie infettive. Perciò diventa di malumore se la pulizia fatta dalla cameriera è superficiale, se le sposta gli oggetti, se rovina un tappeto o rompe qualcosa a cui lei attribuisce un significato simbolico particolare. Sente il gesto incurante, sprezzante dell'altra donna come una offesa personale che fa fatica a dimenticare. Come non dimentica un ospite maldestro che le sporca il tappeto. Ogni atto che deturpa la sua casa lo vive come una violenza personale. Se in casa entrano i ladri lo vive come uno stupro, una profanazione. Molte donne, dopo un furto, non vogliono più vivere in quegli ambienti, li disinfettano, cambiano l'arredamento.[4]

Per la donna la costruzione e la gestione della casa è anche una forma di erotismo. Perché comunica il suo amore non solo cambiando pettinatura, il trucco degli occhi, mettendo una camicetta stirata di fresco. Ma anche preparando il letto con nuove lenzuola, mettendo i fiori freschi, spargendo essenze profumate per la casa. Oppure preparando un piatto che suo marito gradisce.

Spesso l'uomo non capisce il raffinato lavoro che la donna compie per rendere la casa armoniosa, accogliente. Non capisce che quella è un'opera d'arte continuamente rinnovata, e che impegna la sua mente e il suo cuore. E se entra in casa distratto, se butta la sua roba sporca in giro, lei lo percepisce come disinteresse verso la sua persona, come disprezzo del suo lavoro creativo, e ne resta amareggiata e offesa.

Se un uomo si innamora di una donna che possiede già una casa, ci va a vivere senza crearsi molti crucci. Non pretende di darle la sua impronta, non ne sente il bisogno. Vi si adagia. È come se lei lo accogliesse nelle sue braccia, nel suo letto, nel suo corpo. Invece se la donna va a vivere nella casa dell'uomo, sente il bisogno di darle una sua impronta. Se non può trasformarla secondo la sua sensibilità, se non riesce a renderla come un vestito su misura, si trova a disagio, si chiude in se stessa, si fa piccola piccola, e non vi può essere né concordia, né armonia nella coppia. Anche l'amore più appassionato è destinato a spegnersi. È il caso di *Marina e Alberto*. Si incontrano quando sono due persone adulte, ciascuno con un proprio passato da dimenticare. Lui è vedovo, lei è divorziata. Si frequentano, stanno bene insieme. Lei è innamorata. È certa di aver trovato l'uomo che ha sempre sognato. Lui è affettuoso, la copre di regali, di attenzioni. Ad un certo punto è proprio lui che l'invita ad andare a vivere nella sua grande villa. Lei accetta ma, appena vi entra, prova un senso di gelo: in quella casa è presente ovunque la prima moglie. Vi sono le sue foto dappertutto, i suoi oggetti, i mobili, tutto parla di lei. Marina, con trepidazione, gli chiede se può rinnovare l'arredamento. Lui le risponde che lo faranno in seguito e, intanto, la convince a vendere l'appartamento in cui lei è vissuta con l'ex marito. Non vuole che vi ritorni, le proibisce di nominarlo. A poco a poco Marina capisce che lui vuol distruggere il suo passato per farla entrare nel proprio. Quella in cui l'ha portata è la casa della prima moglie e non sarà mai la sua. È il corpo, il sepolcro della prima moglie, e lui la costringe ad entrarvi, ad essere lei. Perciò non l'ama, e non l'amerà mai. Non le resta che fuggire.

Dissonanze

I conflitti e le divergenze fra i coniugi si materializzano nella casa come dissonanze e disarmonie. Dall'esame della loro abitazione si può capire se le due persone sono compatibili o incompatibili. Ricordo il caso di due professionisti molto innamorati ma anche molto diversi. Lui sistematico e razionale, lei esibizionista e zingaresca. Nella loro casa una camera era pulita e ordinatissima, quella vicina caotica e sporca. Una aveva solo oggetti essenziali e funzionali, l'altra sembrava il ripostiglio di un rigattiere. Nonostante il loro amore, avevano una concezione inconciliabile della vita. E, infatti, hanno finito per separarsi. Al contrario ricordo il caso di una coppia di stilisti sempre in disaccordo. Lei prudente, schiva, lui avventuroso, temerario. Ma la loro casa aveva una impronta artistica unitaria ed estremamente rigorosa. Nonostante i conflitti, le loro personalità erano complementari e l'uno correggeva l'altro. Vivono ancora insieme.

Dalla casa si vede quando uno dei due prevale sull'altro, gli impone i suoi gusti, lo schiaccia. Ce ne accorgiamo perché vi è un solo stile dominante che pervade senza eccezioni tutto ciò che è visibile, manifesto. Ma se osservate attentamente i particolari, per esempio nel bagno della donna o nello studio dell'uomo, trovate le sopravvivenze di un altro stile diverso dal primo. Qualcosa ad un tempo fuori posto e patetico. Per esempio dei fiori finti e una icona in una casa dove tutto è moderno e squadrato. Oppure un computer ultramoderno in un angolo, quasi nascosto da oggetti d'antiquariato.

Dalla casa si può anche capire quando un uomo è innamorato di un'altra donna. Perché, allora, si comporta come un ospite. È quasi sempre in viaggio, torna tardissimo. Si disinteressa di tutto e dice alla moglie con magnanimità: «Fa' tu, cara, sei bravissima». Quando è presente riduce al minimo lo spazio che occupa. A tavola resta seduto sulla punta della seggiola. Nel letto si accuccia sul bordo. Negli armadi impila le sue camicie ed i suoi vestiti in un angolo. Non lascia più in giro i suoi oggetti, le sue tracce. Toglie anche le sue fotografie. A poco a poco nella casa resta solo la presenza della moglie e dei figli. E lui è come se non ci fosse mai stato.

Non è così quando il marito fa un lavoro in cui resta assente lunghi periodi. In questo caso la moglie innamorata conserva quasi dappertutto la sua presenza simbolica. Le sue fotografie, i suoi cimeli, i suoi attrezzi sportivi, le sue pipe. Si vede che lo aspetta e tutte le sue cose sono pronte per quando tornerà a casa.

Quando invece è la donna che ha un amante, non trascura la casa, anzi la rende più bella. Espelle il marito. Vedendolo prova ripugnanza, le sembra un estraneo che invade il suo spazio con il suo corpaccio e con le sue cosacce. Come un ladro che profana la sua intimità. Allora fa in modo di rendergli la vita sgradevole. Si alza presto la mattina e fa un baccano indiavolato. Se lui torna tardi la notte, gli fa trovare la porta della loro camera chiusa. Dimentica di preparargli il pranzo o glielo lascia freddo. Oppure, mentre mangia, gli porta via i piatti, con gesti impazienti, anche se non ha ancora finito. Dimentica i suoi vestiti in tintoria o glieli brucia stirando. Gli dice che puzza. Lo rimprovera perché ha lasciato in giro le sue scarpe schifose. A poco a poco, la casa diventa tutta sua. E le dà la propria impronta come se fosse già separata.

CAPITOLO QUATTORDICESIMO

Tipi di vita in comune

Convivenza quotidiana

Vi sono persone che vivono sempre insieme. Abitano nella stessa casa, dormono nello stesso letto, si alzano alla stessa ora al mattino, guardano gli stessi giornali, vanno a lavorare nello stesso posto, mangiano fianco a fianco a mezzogiorno, la sera. Vanno a dormire la stessa ora la notte. Hanno gli stessi amici. Quando uno deve fare un viaggio l'altro lo accompagna. Sono abituati a discutere le esperienze che hanno fatto, a commentare il comportamento delle persone che incontrano. Si recano entrambi a comperare i vestiti. Lui consiglia lei e lei consiglia lui. Scelgono congiuntamente il luogo in cui abitare, l'arredamento, dove e come passare le vacanze. Sono reciprocamente fedeli e lo fanno senza fatica perché si piacciono, perché sono attratti sessualmente l'uno dall'altro.

Questa intimità non è il semplice prodotto dello stato di fusione amorosa. È il prodotto di un progressivo, graduale avvicinamento che li porta, a poco a poco, a scoprire che insieme stanno meglio, che insieme rafforzano le proprie energie, le proprie capacità intellettuali e vitali. Quando uno è stanco, l'altro gli va in soccorso, quando uno è irritato e perde la pazienza, l'altro conserva la calma e l'equilibrio. Ciascuno ha acquistato fiducia nelle capacità di giudizio dell'altro. L'ha visto alla prova e sa di potersi fidare di lui. Se non può andare personalmente, lo manda al suo posto, perché sa che agirà per il meglio. Tanto poi hanno la possibilità di mettere a confronto i loro punti di vista e di giungere ad un risultato comune. Poiché uno è maschio e l'altro femmina, le loro sensibilità sono complementari. Ciascuno vede aspetti che all'altro sfuggirebbero e, discutendo di un caso, hanno una capacità di penetrazione maggiore di quello che avrebbero separatamente. Col tempo si sono anche abituati a tollerare i loro difetti minori e a correggere quelli più dannosi. Hanno imparato a scherzare, ad evitare gli argomenti irritanti, a scusarsi, a rimediare agli errori.

In sostanza vivono così come di solito immaginano di vivere gli innamorati. Sempre insieme, sempre mano nella mano. Eppure restano due personalità separate, distinte, due individualità inconfondibili. Come ha osservato Murray Davis, proprio il fatto di avere così tante cose in comune consente loro di mettere a fuoco, di rendere più distinti gli elementi personali che li caratterizzano. L'essere umano, egli osserva, ha la capacità di scomporsi in innumerevoli parti e di sentire ciascuna di queste come il proprio sé. Grazie a questa *sineddoche* psichica una persona può darsi totalmente e, nello stesso tempo, restare se stessa, trattenendo solo le componenti che la caratterizzano.[1]

È perciò completamente sbagliato parlare, in questi casi, di unione simbiotica come fanno alcuni psicoanalisti. Pur essendo uniti in modo strettissimo, essi restano diversi e liberi. Ciascuno conserva alcuni suoi specifici gusti alimentari. Ha propri ritmi biologici, anche se ha imparato ad armonizzarli con quelli della persona amata. Ha i suoi film ed i suoi autori preferiti, ha proprie opinioni filosofiche, politiche e religiose. Naturalmente è molto aperto alle idee dell'altro, ne capisce le ragioni e, quando discute con lui, mostra pazienza e rispetto. In sostanza vede il mondo con i suoi occhi e, nello stesso tempo, è capace di vederli con quelli dell'altro. Il loro rapporto non è di continuo ininterrotto consenso, ma di continuo ininterrotto dialogo, confronto, in cui ci sono innumerevoli convergenze e anche delle divergenze. Di qui discussioni che arricchiscono entrambi.

Vite separate

Nel film *La mia Africa*, il regista Sidney Pollack racconta la vita della scrittrice danese Karen Blixen. Karen si innamora perdutamente del cugino Hans von Blixen-Finecke. Non viene corrisposta e allora, per conservare almeno l'ombra, l'alone del suo amore giovanile, ne sposa il fratello gemello Bror. In Africa il matrimonio con Bror fallisce. Bror è volubile e cinico, insegue tutte le donne, non importa se bianche o nere. Si ammala di sifilide. Un giorno Karen incontra Denys Finch Hatton, un aristocratico inglese, e se ne innamora. Ma non vivono insieme come marito e moglie, non costruiscono insieme una casa. La casa è quella di Karen. E lei la rende bella per lui, accogliente. Finch caccia elefanti e leoni, commercia, parte per viaggi di pochi giorni o di mesi. Quando ritorna, vi trova serenità e rifugio. Karen è felice. «Se arriva Denys, la morte è niente.... sono felice, perfettamente felice, così felice che per vivere questa settimana vale la pena di aver vissuto e sopportato, essere stata malata... Sono legata a Denys per l'eternità, ad amare la terra che calpesta.»[2] Karen soffre per questo continuo sfuggire di Denys, lo vorrebbe vicino. Però accetta il suo modo d'amare dicendo a se stessa che Denys è come Ariel, che ha la natura dell'aria. Il loro amore perciò continua fino alla sua morte. Sempre fatto di incontri, non di permanenze, di quotidianità.

Anche Erica Jong ricorda una esperienza amorosa in cui lei e il suo amante vivono separati. È il caso di Piero, di cui parla nel romanzo *La ballata di ogni donna*. La struttura tipica dei romanzi e della esperienza personale della Jong è sempre la stessa. La donna si innamora, ha una straordinaria esperienza erotica. Si sposa. Dopo qualche tempo il marito incomincia a diventarle infedele. Lei non lo sopporta e lo lascia dopo aspri conflitti. Subentra una fase di promiscuità sessuale, in cui fa ogni tipo di esperienza, va con ogni tipo di uomini. Spera di riuscire ad avere un rapporto puramente sessuale senza coinvolgimento emotivo, quello che lei chiama «la scopata senza cerniera». Ma resta delusa, amareggiata. A questo punto si innamora di un altro uomo, ritorna monogama, si sposa e va a vivere con lui. Dopo di che ricomincia il ciclo.

Nel caso di Piero, invece, non lo sposa. Lui è già sposato e lei non pretende che divorzi. Non vanno nemmeno a vivere insieme. Restano amanti secondo «l'uso europeo». Lui va, viene, ritorna. «Quando se ne andava» scrive «non ero sicura che sarebbe tornato. Questa è una storia che non ha fine. Se lui comparisse qui, oggi, e mi accarezzasse, io verrei di nuovo stregata e attratta in quella foresta, in quella laguna, in quella sarabanda.»[3] «Sarei potuta vivere accanto al dio dei boschi? Solo parte del tempo. Egli non avrebbe accettato di stare con me a tempo pieno. Ed io accettai le sue condizioni, seguitando a vivere la mia vita.»[4]

La Jong aspira ad un rapporto continuo ma, dopo tante delusioni che lei attribuisce agli uomini, ci rinuncia. Si accontenta. È una situazione simile a quella della Blixen. E la Jong, nel libro *Paura dei cinquanta*, la teorizza secondo il modello che abbiamo descritto come *isola dorata*: «La passione deve serbarsi scevra dagli impicci della vita ordinaria, per poter restare passione. La vita quotidiana tende a prevalere e a cacciar via la passione. La vita ordinaria è la più tenace di tutte le erbacce».[5]

Vita con i figli

La nascita e la presenza dei figli ha un effetto diverso nella vita della coppia a seconda del progetto iniziale. Nel passato un matrimonio e, spesso, perfino un amore, non avevano senso senza figli. Perché li desiderava l'uomo, perché li desiderava la donna. Entrambi li consideravano l'espressione, l'oggettivazione più importante del loro legame. Abramo, pur amando Sara, era tormentato dal fatto che lei non potesse avere figli, e accetta di averne uno da Agar. Nei nostri giorni, il desiderio di figli è molto diminuito. In Europa sono pochi gli uomini che si innamorano pensando di avere dei figli. Ho presente il caso di un artista meridionale, che chiameremo *Lo scultore*, per il quale i figli erano essenziali. Una volta aveva letteralmente perso la testa per una ragazza bellissima e che sarebbe stata per lui la moglie ideale. Solo che questa, da piccola, era cresciuta in una famiglia povera ed aveva allevato da sola quattro fratellini. Perciò, non voleva assolutamente avere figli. Quando lo scultore capisce che sarà irremovibile incomincia ad allontanarsi e a poco a poco il suo amore abortisce.

Se invece l'uomo esclude esplicitamente nel suo progetto amoroso i figli, la loro presenza può uccidere il suo erotismo. Questo avviene soprattutto nelle forme di amore-rivolta come nel caso de *L'uomo di Torino* o di *Antonio* di Buzzati. Perché egli cerca l'erotismo degli amanti: folle, scatenato e non accetta freni e disciplina. Se ci sono dei bambini deve controllarsi, nascondersi, darsi degli orari, tacere. Non può più esplodere, non può costituire, nello spazio domestico, l'eccesso dionisiaco, il paradiso urlante, la fusione totale ed esclusiva con la donna, senza che ci sia nient'altro in mezzo. In numerosi uomini, la convivenza quotidiana con i figli, l'educazione, gli orari, l'etichetta, gli occhi indiscreti, distruggono, a poco a poco, l'erotismo come area separata della sfrenatezza e della trasgressione. Distruggono, in sostanza, ciò che rende per l'uomo l'erotismo erotismo e non un'altra cosa.

Nella donna questa esigenza di separazione, di specificità, di solito è minore. Perché si sente nata per procreare. In lei affetto, tenerezza, emotività ed erotismo vanno insieme. Ed ha l'impressione che fra i vari ambiti non vi sia opposizione, ma che si potenzino a vicenda. Per molte donne la gravidanza è una espressione dell'amore verso il marito. Si aspetta che questo ammiri la sua nuova bellezza di gestante e soffre se non avviene. Per molte donne la nascita del figlio completa il loro amore. Alcune si sentono pienamente innamorate solo quando sono anche madri.[6] Tutto si svolge sul registro del continuo, dell'accrescimento. Per dimostrare al marito un amore più grande, la madre trova naturale portare il bambino a letto fra loro due, accarezzarlo, stringerlo al seno. Poi si aspetta che, al risveglio, il marito sia cavalleresco, si ricordi di mandarle un mazzo di fiori. Non si rende neppure conto che il marito avrebbe desiderato un altro tipo di erotismo, rivolto esclusivamente a lui. Anche l'uomo è emozionato dal contatto con il corpo tenero del bambino, ma questa emozione non ha nessun rapporto, nessuna somiglianza con il desiderio che prova per il suo corpo eccitato di femmina, per il suo odore, per gli spasimi del suo ventre, del suo bacino. La visione della madre col bambino accresce invece in lui un'altra forma di amore. Un amore compenetrato di dovere, di responsabilità. Qualcosa che il maschio della specie umana ha appreso nel lungo processo della sua umanizzazione quando, come cacciatore e guerriero, doveva difendere il territorio e, con questo, la donna ed i piccoli disarmati e deboli.

È un amore che assomiglia all'amore materno, ma non ne ha le valenze sensoriali, tattili, cinestesiche e, soprattutto, non ha nulla di erotico. È un amore vigile, fatto di cure, di attenzioni nascoste. È un amore che si manifesta in azioni, non in carezze. È un amore che si esprime nella difesa verso i pericoli esterni, il cui simbolo più adeguato è la sentinella che vigila, fuori dal campo, nella notte. È un amore, perciò, che non viene minimamente toccato dalla distanza, che non ha bisogno della prossimità fisica, del contatto. Questo tipo di amore cresce con il passare degli anni, cresce con la nascita dei figli, cresce con la vita in comune. È un amore cementato dai ricordi condivisi, dall'aver combattuto insieme contro le avversità. È intessuto di intimità intellettuale e spirituale, di abitudine al dialogo. In questo modo la moglie diventa per l'uomo l'altra «metà», come si diceva un tempo.

Eppure questo amore così vero, così profondo, può non avere assolutamente nulla di erotico. L'uomo può, così, trovarsi ad amare profondamente una persona che gli è indispensabile, ma verso la quale non sente nessuna attrazione sessuale. O, addirittura, ripugnanza. Allora può fare all'amore con tutte le altre donne del mondo meno che con quella, oppure lo fa perché se lo impone, per dovere. Quando esce in società, o viaggia, non può fare a meno di guardare le altre. E, anche se, nel confronto trova che sua moglie è migliore, persino più bella, non riesce a non desiderare altri corpi, altri contatti. Non sono in gioco la stima, la riconoscenza, l'affetto. Continua ad apprezzarne le straordinarie qualità intellettuali e morali, la raffinatezza, il gusto. Può considerare preziosi i suoi consigli. Non vorrebbe, soprattutto, farle alcun male, e soffre della propria indifferenza, se ne fa una colpa.

Questo insieme di sentimenti appartengono certo all'area dell'amore. Quell'uomo può dire di amare quella donna. Però gli è eroticamente estranea, non può soddisfare il suo bisogno di erotismo. Un bisogno che rimane intatto come la fame, come la sete, e che lo lacera.

Nelle donne è meno frequente questo tipo di lacerazione. Per loro erotismo ed amore sono gemelli. Se perdono ogni interesse erotico per il marito, di solito è perché non lo amano più. Allora non desiderano vederlo. Se, invece, lo amano, continuano ad aspettarsi da lui un gesto romantico, una carezza, un abbraccio, una attenzione amorosa che, per loro, è erotismo. Mentre per l'uomo l'erotismo è un'altra cosa. La cavalleria non è erotismo, i fiori non sono erotismo, la gentilezza non è erotismo, la carezza non è erotismo. L'erotismo, per l'uomo, è una regione a sé stante, splendente e tormentosa, sempre desiderata e sempre sfuggente, che appare e scompare come un miraggio.

Il dramma specifico dell'uomo è stato quello di amare una persona e di desiderarne un'altra, e di sentire questo come *colpa*. Colpa non espiabile, peccato originale a cui cerca di porre rimedio aumentando le sue responsabilità, le sue cure ed i suoi doveri. Tutto inutile, perché non è questo che gli viene chiesto. Gli viene chiesto di unire due cose che in lui si dividono capricciosamente. È questo conflitto la causa della autodisciplina che i maschi si sono sempre imposti fin dall'antichità.[7] Del governo di sé, della repressione sessuale che hanno sempre considerato meritoria. L'avevamo già visto e lo ritroviamo ora: nella donna erotismo e morale vanno d'accordo, nell'uomo no.

Gli amanti

Fra i molti modi di costruire una coppia c'è anche quello di non sciogliere la propria precedente relazione, di non separarsi, di non divorziare, ma di stabilire un rapporto clandestino. Vi sono mille motivi per agire in questo modo. Perché nel complesso uno è soddisfatto del proprio matrimonio, per non dare un dolore alla moglie o al marito, per evitare problemi con i figli, per non affrontare le gravi spese di un divorzio, per non rinunciare ad una bella casa, ad una vita agiata. O anche soltanto perché uno non è sicuro di essere veramente innamorato della nuova persona, o non è sicuro di venir ricambiato. O perché desidera una avventura, una diversità. Non qualcosa di alternativo, ma qualcosa che si aggiunge all'esistente.

L'erotismo è stimolato dalla diversità, dalla novità.[8] Nella maggior parte dei casi, nel matrimonio, dopo un certo numero di anni, lo stimolo erotico perde forza, mentre si risveglia in contatto con persone nuove e diverse. È così che nasce l'avventura, l'infatuazione erotica. È così che viene stabilita una relazione che non porta alla separazione o al divorzio, ma che serve per arricchire la vita quotidiana con un sapore perduto. Il soggetto trova nell'amante quel desiderio bruciante, quel brivido dell'attesa, quell'abbandono sfrenato totale, quel piacere torbido e sconvolgente che non prova più con suo marito o sua moglie. E in questo modo ha l'impressione di prendersi qualcosa che gli è dovuto, e che l'altro non è più capace di dargli.

Se non c'è innamoramento, il rapporto con l'amante coinvolge solo una parte della persona. I due amanti non mettono in comune tutta la loro vita, tutto il loro passato. Non aspirano ad una comunione totale dell'anima, ad avere gli stessi gusti, gli stessi principi. Non si raccontano tutte le piccole cose della loro esistenza, non confrontano i loro giudizi sulle altre persone del loro ambiente, non leggono gli stessi libri, non si confidano i pensieri segreti. Non devono edificare una vita comune, un mondo comune. Fra loro c'è confidenza, ma non c'è fusione. La loro intimità riguarda essenzialmente il corpo, il sesso. Non modificano l'ambiente fisico e sociale che li circonda. Possono ritrovarsi a casa dell'uno o dell'altro, oppure in un albergo, il luogo non ha importanza. Conta solo il loro rapporto, non le sue oggettivazioni.

La loro intimità è limitata anche nel tempo. Si incontrano in certi giorni, in certe ore e vogliono solo piacersi reciprocamente, appagarsi di sesso, di erotismo. Gli amanti pregustano l'incontro e si preparano all'appuntamento amoroso con cura. La donna veste in modo elegante, va dal parrucchiere, si trucca. L'uomo si sbarba, si profuma, porta dei fiori o un regalo. Ogni incontro è un rituale di corteggiamento a cui segue poi l'orgia erotica, sfrenata, con i vestiti buttati per la stanza e i corpi nudi avvinghiati. Come succede nei primi tempi dell'amore. Con la freschezza della sorpresa e dell'inizio. Fa parte del piacere della relazione fra amanti quello di darsi appuntamenti segreti, in un appartamento nascosto, oppure in un albergo lontano. Il piacere di un weekend, di un viaggio in incognito, una sorta di viaggio di nozze reso più eccitante dal segreto, dal fatto di rubare agli altri quel piacere.

La vita coniugale è fatta anche di rimproveri, di ripicche, di piccole vendette. C'è chi, andando con l'amante, punisce mentalmente il coniuge per le sue mancanze, per i suoi difetti. A volte questo è un alibi per la propria coscienza. Ma in altri casi è proprio il gusto di tradirlo. Quando la tensione domestica è più forte, i due amanti si fanno beffe dei mariti e delle mogli tradite. Si fanno beffe del mondo, affermano il proprio piacere contro i doveri coniugali, famigliari, la loro libertà sfrenata contro gli obblighi sociali. Non è una sovversione come l'innamoramento, è una *sconsacrazione* del rapporto ufficiale, dell'istituzione. E c'è chi prova piacere a portare l'amante nel letto della moglie o del marito, e chi chiede di andarci proprio per profanarlo, per offendere, svalutare simbolicamente l'altra persona, prenderne oscenamente il posto e deriderla.

In altri casi, nelle relazioni fra amanti, troviamo invece quel tipo di amore che abbiamo descritto come *isola dorata*. Relazione amorosa separata dal mondo, protetta nella sua purezza, dove tutto il dovere, tutta la fatica restano fuori, e tutto il bene, tutta la gioia dentro. Dove ci deve essere solo festa. Amore che non ha come modello la famiglia, la vita profana, ma il culto misterico con le orge sacre protette dal segreto iniziatico. Amore il cui modello non è la celebrazione nuziale manifesta, la casa aperta agli amici, ma la setta in cui gli adepti sono legati da una fratellanza giurata, dall'obbligo della dissimulazione. Amore segreto, clandestino, protetto. Amore premio quando i doveri coniugali sono stati compiuti, i lavori professionali terminati. Allora viene concessa la festa dell'anima e del corpo, il tripudio.

La relazione con l'amante può continuare molto tempo, anche anni. E se certe volte si affievolisce fino a svanire, in altri casi si rafforza. A poco a poco l'intimità diventa più profonda, la fiducia reciproca cresce, si stabilisce una vera amicizia. E il luogo dell'incontro diventa una vera e propria casa. Una seconda casa che si aggiunge alla prima: la casa della seconda moglie o del secondo marito. Talvolta da queste relazioni nascono anche dei figli. Si creano così due famiglie, nascoste l'una dall'altra. E magari vivono nella stessa città.

CAPITOLO QUINDICESIMO

Fedeltà-Infedeltà

Fedeltà ed esclusività

In amore fedeltà vuol dire *esclusività*: amore per una sola persona, rapporti sessuali solo con lei. Come nel monoteismo assoluto: «Non avrai altro Dio all'infuori di me». Invece nel politeismo posso essere fedele a più di una divinità. Come nell'amicizia. Essere fedele ad un amico significa conservare intatto nel tempo il mio amore, la mia lealtà, il mio aiuto. Non vuol dire non avere altri amici.[1]

Nella nostra tradizione, la fedeltà ha una doppia origine. Una deriva dal concetto di possesso esclusivo. In epoca patriarcale la donna appartiene all'uomo e, se lo tradisce, deve essere uccisa. L'altra radice, invece, è quella della fedeltà esclusiva alla tribù, alla patria, alla fede, al capo. Questo tipo di fedeltà è richiesta dai movimenti politici e religiosi come dagli innamorati. Amore individuale e amore per il capo carismatico divinizzato sono fatti della stessa sostanza.

Con la fedeltà comunico al mio amato che egli vale più di ogni altra persona, che è il mio solo bene, il mio solo desiderio. Quando l'innamorato resta tutte le notti davanti alla casa della sua amata le comunica che è lei l'unica cosa al mondo che conti veramente. Che gli è indispensabile sempre, ogni istante.

Ma se l'altro non sa che io gli sono fedele? Cosa vuol dire essere fedele a qualcuno che non ne è a conoscenza? La fedeltà, in questo caso, diventa un rapporto con me stesso. È un atto che io compio in me stesso. Scaccio dal mio pensiero ogni altra presenza, ogni altro desiderio, per far posto solo a lui, che ne diventa il protagonista assoluto e privilegiato. Allargo la mia anima, il mio cuore, escludendovi tutto ciò che potrebbe disturbare, incrinare il mio amore, allontanarmi da lui. Elimino ogni possibile seduzione, ogni possibile tentazione. Creo una barriera protettiva attorno al mio amore.

Ma l'innamorato che resta tutte le notti davanti alla casa dell'amata per quanto tempo può farlo? E, nel momento in cui smette, vuol dire che il suo amore è finito? No, noi dobbiamo lavorare, mangiare, dormire, intrattenere relazioni sociali, produrre, creare. Si può essere fedeli ed esclusivi facendo tutte queste cose. Ma fino a che punto? La moglie di uno scienziato mio amico, sosteneva che lui la tradiva con le sue ricerche. «Ma chi ami di più» gli chiedeva «me o le tue cavie?» E, probabilmente, aveva ragione, perché lui era assorbito dalle sue ricerche. Non aveva né avventure né amanti, ma tornava tardi la notte e, spesso, si fermava in laboratorio anche il sabato e la domenica.

La fedeltà implica sempre una dedizione di energie, un dispendio di sé a favore dell'amato. È dono di sé, dono del proprio tempo, dono delle proprie attenzioni, dei propri pensieri. Anche per l'amico – che di certo non vuole nulla in modo esclusivo – la fedeltà richiede un minimo di ricordo, di attenzioni, di cure. Il fedele del dio gli fa offerte, gli rivolge preghiere, lo ringrazia per i doni ricevuti.

Vi sono poi i rapporti con l'altro sesso. Quando scatta l'infedeltà? A quale punto il rapporto con l'altro può essere considerato sottrazione di qualcosa che ci è dovuto in modo esclusivo? Nella nostra società abbracciare un altro uomo nel ballo non è infedeltà, come non è infedeltà baciarlo sulle guance quando ci si incontra o ci si lascia. Non è infedeltà fare un viaggio con un collega dell'altro sesso per ragioni di lavoro. Ma lo è anche recarsi ogni sera a casa sua per fare conversazioni riservate, sia pure senza alcun rapporto sessuale? Quand'è che l'amicizia e il rapporto spirituale fra un uomo ed una donna superano il livello che fa parlare di infedeltà? Se il rapporto fra i due coniugi è ricco e il dialogo intenso e continuo, allora anche l'amicizia spirituale con un'altra persona non crea problemi. Ma se il loro dialogo è povero, basta una conversazione appassionata per suscitare gelosia. Come è accaduto ad una donna che chiamerò *La scrittrice*. Qualche anno dopo il matrimonio e la nascita di due figli, incomincia a scrivere. Invita a casa sua altri artisti per parlare di ciò che stanno facendo. È convinta di piacere ancora di più al marito. Pensa di coinvolgerlo. Invece lui, che fa l'imprenditore, reagisce malissimo, si sente escluso. Il matrimonio va a rotoli e finiscono per divorziare.

Vi sono infine i rapporti sessuali propriamente detti. Per millenni i rapporti sessuali che il marito aveva fuori del matrimonio, con le serve e con le prostitute, non sono stati considerati atti di infedeltà. Lo erano quelli della moglie. Oggi i due sessi sono equiparati. Tuttavia c'è ancora chi giudica insignificante un rapporto sessuale occasionale senza coinvolgimento emotivo. Altri invece considerano tradimento anche un semplice bacio sulla bocca.

La fedeltà può essere vista anche sotto l'aspetto della sofferenza che infliggiamo agli altri. Chi è infedele non soffre. Soffre chi è stato tradito, soprattutto se è fedele. Ma soffre solo se è a conoscenza della nostra infedeltà. E se non lo sa? Se io mento così bene da dargli l'impressione che amo solo lui, e questo inganno mi riesce per tutta la vita? Che cosa è più importante moralmente, dire la verità o non far soffrire?

L'infedeltà può essere un modo per vendicarsi. C'è gente che compie un atto di infedeltà quando si sente trascurata o trattata male. *L'uomo di Torino* ogni volta che litigava con sua moglie andava con una prostituta. *Il comandante* andava da una delle molte amiche con cui aveva una amicizia erotica. C'è poi l'uso della infedeltà come strumento di giustizia del taglione. Ti punisco con l'infedeltà, perché sei stato infedele. Mi vendico della tua infedeltà essendoti infedele. E, per rendere più crudele la vendetta, per ferirti mortalmente, lo faccio sotto i tuoi occhi.

Irrequietezza sessuale

Con l'innamoramento due individui si scelgono in modo elettivo, si preferiscono ad ogni altro, e prendono un impegno reciproco di fedeltà. Però questa forza è sempre contrastata da una forza opposta: dal desiderio sessuale per persone nuove, diverse, interessanti. L'amore che unisce in modo esclusivo, ha come perenne avversario la *tendenza esplorativa* presente in ogni individuo, maschio o femmina.

Nella nostra ricerca sull'amore siamo partiti dall'innamoramento, dall'esclusività, dalla monogamia. Ma avremmo potuto partire anche dalla tendenza esplorativa. Considerare l'innamoramento e l'amore l'interruzione di una tendenza esplorativa iscritta nel nostro patrimonio biologico. In quasi tutte le specie animali, ma particolarmente nei mammiferi, il maschio produce e diffonde miliardi di spermatozoi. Alla base del suo comportamento sessuale c'è il principio di inseminare quante più femmine è possibile. La femmina, invece, è alla ricerca di un maschio dotato del miglior patrimonio genetico, per assicurarsi una prole forte e vincente.

La tentazione erotica può risvegliarsi anche nel più fedele dei mariti, nella più virtuosa delle mogli. Questo erotismo si risveglia proprio come trasgressione, tradimento, avventura, disordine. Improvvisa attrazione per una persona che, in altre circostanze, non avrebbe mai suscitato il nostro interesse. Desiderio bruciante, fame di sentire il contatto di un corpo sconosciuto o proibito, piacere di sedurre, di essere sedotti, gioco erotico, brivido, trasgressione.

Che cosa ha sempre spinto gli uomini sposati, con figli, con responsabilità famigliari, a cercare avventure erotiche pericolose, talvolta catastrofiche? Che cosa ha spinto molte donne sposate a rischiare di venir uccise per una accusa di adulterio? Ed oggi che cosa porta tante persone a rischiare una infezione mortale come l'Aids? Noi immaginiamo che ci sia alla base un qualche motivo grave, una profonda insoddisfazione del matrimonio, oppure un grande amore appassionato. No, di solito non è l'amore, non è la disperazione. È un motivo più futile, un piacere più capriccioso, gratuito. È il gusto del nuovo, della diversità, una spinta primordiale e irrazionale. È stata questa oscura forza che ha affascinato Freud e lo ha spinto a porre la sessualità alla base di tutte le attività umane. Perché gli pareva la potenza più difficilmente disciplinabile, incanalabile, dominabile.

La parola sessualità ci suggerisce l'idea di un impulso come la fame, la sete, il sonno. Di una tensione che vuol scaricarsi e, una volta scaricata, sparisce. Ma, nell'essere umano, la sessualità è fecondata dalla fantasia, alimentata da amore e odio, emozioni, speranze, passioni, gioie, angosce, ripugnanze, sogni e progetti. La sessualità, diventata erotismo, si trasforma in potenza inquietante, capricciosa, smisurata, che sfida il rischio, perché è alimentata da una inesauribile fantasia. Tutti noi desideriamo una vita più intensa. Desideriamo vedere nuovi paesi, desideriamo nuovi incontri. Desideriamo non solo vivere più a lungo, ma vivere più vite. Ciò che ci caratterizza è una inquietudine di ricerca, una tendenza a trascenderci. L'erotismo nasce quando questa tendenza, divina e demoniaca, irrompe nella sessualità e vi fa intravvedere il meraviglioso, lo straordinario, la rivelazione di qualcosa di stupefacentemente nuovo. Lo ha capito bene Bataille[2] che ha considerato l'erotismo sinonimo di trasgressione e violazione di un tabù. Per questo ritiene impossibile un erotismo che si incanali nella normalità e nella istituzione.

Mentre l'innamoramento non conosce differenze di sesso, di età e di paese, la *tendenza esplorativa* continua ad essere abbastanza diversa nei due sessi. L'uomo è più stimolato dalla diversità, la donna dalla qualità. L'uomo è affascinato dal corpo della donna. Basta un vestito che copre o scopre il seno, lo lascia intravvedere. Basta una gonnellina corta che risale sui glutei quando si china. O una gonna con lo spacco che si apre mentre si muove. Inoltre l'uomo cerca soprattutto il sesso, il puro piacere sessuale. Perfino alcuni attori di Hollywood che hanno tante ammiratrici, frequentano le prostitute.

La donna, invece, anche se ammira la bellezza scultorea di un corpo maschile, non se ne accontenta. Per diventare erotico, per accendere il suo desiderio, quel corpo, quel sesso, deve diventare corteggiamento, deve promettere una relazione intima. La donna è eccitata dal desiderio che l'uomo ha per lei. Il vero dongiovanni fa sentire ad ogni donna che è unica, straordinaria. La contagia con il suo desiderio. L'erotismo femminile è sempre una fantasia amorosa, in cui il rapporto sessuale è un momento. In realtà, sia ben chiaro, la donna è potenzialmente promiscua come l'uomo. Ha bisogno di altrettanta varietà di lui. Farebbe all'amore con sempre nuovi uomini. Che cosa la blocca? Il fatto di non trovare l'uomo adatto. Perché è molto, molto più esigente del maschio. Si sente attratta solo da uomini pulsanti di vita e pieni di desiderio, di passione per lei. La donna perciò cerca di eccitare l'uomo. Si mette in mostra, danza. La danza erotica, la danza dei sette veli, la danza del ventre, il ballo scatenato in discoteca, sono femminili. A volte la donna prova piacere più nel vedere l'effetto della sua potenza seduttiva che nell'atto sessuale in se stesso. Una cosa che l'uomo non capisce.

Eppure, in entrambi i sessi, è proprio questa *tendenza esplorativa*, errabonda, distruttiva, questo disordine che, ad un certo punto, si traduce in potenza creativa, unificante. Dal disordine, improvvisamente, nasce l'ordine. L'esplosione erotica trasgressiva dell'innamoramento produce la fusione di coppia e l'esclusività. L'innamoramento, il «ti amo», allora interrompe la ricerca e genera, al contrario, una struttura stabile, una entità permanente, una coppia fedele. Per l'uomo, più attratto dalla diversità in quanto tale, l'innamoramento è perciò un avvenimento più sorprendente, più sconvolgente che per la donna.

Nella nostra epoca moltissime persone, per una parte più o meno consistente della loro vita, vivono in modo *promiscuo*, hanno contemporaneamente rapporti sessuali con molte altre. E vi sono sempre stati movimenti politici e religiosi che hanno cercato di realizzare al loro interno il libero amore. Per questo motivo si sono opposti ai rapporti di coppia esclusivi ed hanno guardato con sospetto l'innamoramento. Comunità ideologiche promiscue di questo genere si trovano tra i Fratelli del libero spirito nel tardo medioevo, tra i Franchisti, una setta ebraica nata dal movimento messianico di Sabbatai Zevi. Nel secolo scorso, negli Stati Uniti sono sorte le comunità Nashoba e Oneida. Un altro fiorire di comunità promiscue si è avuto nei movimenti giovanili degli anni Sessanta-Settanta. Il massimo della *promiscuità* è però stata realizzata probabilmente nelle comunità gay, dove, per un certo periodo di tempo, la sessualità separata dall'amore era una condizione di iniziazione. Un processo analogo è avvenuto nelle comunità di *singles* fiorite negli anni Settanta e nei primi anni Ottanta.[3]

Attualmente sono molto frequenti le *reti di amicizia erotica*. Ogni soggetto ha rapporti sessuali regolari o saltuari con un certo numero di amici dell'altro sesso. Questi, a loro volta, lo hanno con altri. Si crea così una rete molto vasta, in cui più di un amico ha rapporti sessuali con la stessa persona. Qualche volta sapendolo, talvolta ignorandolo. Queste reti erotico-amicali sono più frequenti fra i giovani, fra i *singles*. Ma si trovano anche fra persone sposate. Quando, in queste reti amicali, due persone si innamorano, interrompono i rapporti erotici con gli altri. Però basta che la coppia incontri una difficoltà perché riemergano le vecchie abitudini. Se una coppia vuol restare fedele, deve abbandonare la rete delle amicizie erotiche e frequentare solo quelle non erotiche.

L'erotismo, mentre trasgredisce e infrange, esplora cercando altri possibili legami, altre relazioni, altri amori. Ogni incontro erotico, anche un semplice sguardo, un desiderio che ci scuote, una frase di corteggiamento, il fugace contatto con la mano, con il braccio, con il corpo dell'altro è il potenziale inizio di qualcosa di diverso. Come se ci fosse in germe un possibile amore, una possibile relazione, quindi una possibile nuova vita.

Per questo le persone che amano, di solito, sono gelose e non sopportano che il loro amato guardi, faccia la corte, abbia un rapporto sessuale con un altro. Perché quel rapporto non è mai, non può essere mai puramente fisico, nemmeno quello occasionale con la prostituta. È sempre un incontro di anime, un'apertura amorosa all'altro, reso possibile proprio dal rapporto sessuale, dall'intimità massima dei corpi, dalla loro fusione. Perché il rapporto sessuale, anche quando avviene fra due sconosciuti, brucia tutte le tappe delle convenzioni sociali. C'è un momento in cui l'uomo e la donna, fino ad allora impegnati nel rituale sociale che regola l'abbigliamento, le parole, i gesti, le distanze, se ne sbarazzano. Si spogliano e, spogliandosi dei vestiti, si spogliano di tutte le regole. Per cui possono baciarsi, penetrarsi in tutti i modi, contorcersi, urlare, dire frasi oscene, succhiare e mescolare i loro umori, fare tutto ciò che è non solo proibito, ma considerato ripugnante nella vita sociale. E in questa intimità diventano possibili confessioni che sono abitualmente celate. Anche il più semplice corteggiamento, il flirt più morigerato, stabiliscono una intimità, un rapporto, un patrimonio comune di ricordi.

Nella maggior parte delle coppie fedeli l'irrequietezza sessuale si esprime sul piano delle fantasie. Anche le persone che si amano profondamente possono sentirsi attratte da qualcun altro, e fantasticano di avere una relazione con lui. La fantasia in questo caso sostituisce l'azione, ne prende il posto e consente di restare fedeli all'amato. Molti uomini guardano con voracità riviste o film pornografici, molte donne vivono avventure erotiche nei film o nelle telenovele. Molte volte si tradiscono anche durante l'atto sessuale. Alcune donne immaginano di essere con un divo del cuore, oppure con un precedente amante. Alcune fantasticano di venir stuprate. Gli uomini fantasticano particolari di rapporti già vissuti. Tutte queste fantasie, di solito, poi scompaiono con l'avvicinarsi dell'orgasmo. Esse sono come una esplorazione preparatoria. Poi i ricordi, i sogni, le fantasie si concentrano sulla persona amata, confluiscono in lei, riversano su di lei l'energia, l'evocazione delle fantasie del passato. Anche i membri della coppia più fedele perciò si tradiscono sul piano dell'immaginario. Possono conservare il proprio rapporto monogamico solo a patto di tenere accuratamente segreto l'uno all'altro il proprio mondo fantastico.

Ben diversa è la situazione fra coloro che non si amano. In questo caso le fantasie erotiche non convergono sulla persona amata, anzi ne divergono sempre di più. E, per raggiungere l'orgasmo, ciascuno deve immaginare di essere con qualcuno che non c'è. Una situazione che, presto o tardi, produce l'impotenza o il rifiuto.

Il patto di fedeltà

Nell'essere umano si scontrano due tendenze. La prima è caratterizzata dal vagabondaggio sessuale, la ricerca del nuovo, la promiscuità. La seconda dall'innamoramento, che stabilisce un legame amoroso esclusivo e duraturo. Ma lo stato nascente amoroso deve diventare progetto, istituzione. E ci sono tanti possibili progetti, tante possibili istituzioni. Due innamorati possono decidere di non andare a vivere insieme, possono decidere di non dormire insieme. Possono anche decidere di lasciarsi totalmente liberi, di avere rapporti sessuali e amorosi con chi vogliono. Un fatto piuttosto raro perché di solito, quando siamo innamorati, vogliamo l'altro per noi soli. Però può succedere.

La scrittrice George Sand incontra Alfred de Musset nel 1833, quando lei ha trent'anni e lui ventidue. Si innamorano, partono per l'Italia. Ma ciascuno si considera libero, non impacciato da patti di fedeltà. Arrivati a Genova, George Sand si ammala e Alfred la lascia per frequentare le prostitute del porto. La stessa cosa si ripete a Firenze e, soprattutto a Venezia, dove lei resta sola in camera, mentre Alfred si dedica alle attrici e alle ballerine. A questo punto entra in scena il medico italiano Pagello, che la cura e, approfittando dell'indifferenza di de Musset, incomincia una relazione con lei. Le parti si rovesciano. Alfred si ammala e George, ristabilita, diventa l'amante di Pagello. Alfred è costretto a ritornare in Francia. George Sand e Pagello, allora, vanno a fare un viaggio sulle Alpi e lo raggiungono a Parigi solo molto tempo dopo. Qui la relazione fra la Sand e de Musset riprende stancamente. Nello stesso periodo finisce anche quella con Pagello.

George Sand e Alfred de Musset erano realmente innamorati? Probabilmente sì. Di certo, però, nessuno di loro ha fatto il minimo sforzo per essere fedele all'altro, per dare un carattere monogamico alla loro relazione. Non appena George si è ammalata Alfred, annoiato, si è dedicato ad altre donne e lei, per dimostrargli di essere sul suo stesso piano, si è comportata nello stesso modo col suo medico curante. Così la loro relazione si è rapidamente deteriorata.

Perché l'innamoramento diventi un amore esclusivo, fedele, bisogna che entrambi lo vogliano. L'amore, rispetto allo stato nascente dell'innamoramento, è istituzione, è cioè qualcosa di scelto, di voluto. È il prodotto di un patto. Se non viene esplicitamente stabilito un *patto di fedeltà*, lo stato nascente può generare altri tipi di rapporti.

La fedeltà della coppia è profondamente influenzata dalla cultura. La coppia resta fedele se la società indica la fedeltà e la durata come un modello da seguire. Se invece la critica, se propone come modello la poligamia, la promiscuità, la coppia aperta o la vita da *single*, allora la coppia amorosa si incrina. I sostegni culturali esterni alla coppia sono fondamentali. L'innamoramento è uno stato plastico. Se non è la cultura ad indicargli di formare una coppia, una casa, una famiglia, non la forma. I due si cercano, ma non sanno nemmeno cosa fare. Eloisa non voleva sposare Abelardo perché pensava che il matrimonio non avesse alcun rapporto con l'amore, ne fosse una corruzione. Una idea che è continuata a lungo, anche in epoca romantica. Un'altra idea, culturalmente appresa, è che l'erotismo debba sparire nel matrimonio concepito come strumento per avere una prole.

In epoca recente si è diffusa una ideologia contraria alla coppia e alla fedeltà coniugale. Questa ideologia si è diffusa in modo estremamente rapido negli anni Settanta con la rivoluzione sessuale e il femminismo. Riporterò uno solo degli innumerevoli casi analoghi di quel periodo. Erano due coppie di giovani profondamente e teneramente innamorati. Li chiamerò *Bruno e Bruna*, *Carlo e Carla*. Con l'arrivo del femminismo *Bruna* incomincia a frequentare un gruppo di autocoscienza femminista dove le viene spiegato che la fedeltà sessuale è una cosa reazionaria. Trascina con sé *Carla* ed insieme incominciano ad avere rapporti sessuali con altri uomini in casa propria. I rispettivi mariti devono aspettare fuori dalla porta che abbiano finito. A poco a poco gli incontri sessuali diventano multipli. La notte il pavimento è coperto di corpi avvinghiati. Dopo qualche mese *Carla* incomincia a vomitare ed ha una crisi anoressica. Il marito diventa taciturno, trova un altro lavoro, va a vivere in un'altra città e due anni dopo si innamora di un'altra donna. *Carla* ne esce schiantata.

Bruno invece resiste alla prova. Sta fuori dalla porta fino all'alba per non disturbare la moglie che compie i suoi doveri erotici con l'uomo di turno. Quando nasce un bambino, lo cura come una madre. In seguito lui e *Bruna* si separano, ma nessuno si innamora una seconda volta. Restano amici, un po' tristi. Quando *Bruno* muore, *Bruna* piange a lungo, perché era stato il suo unico vero amore.

La tendenza spontanea alla esclusività e alla fedeltà dell'innamoramento si trasforma in fedeltà effettiva solo e soltanto se viene desiderata, voluta, richiesta e *incorporata nel patto come punto di non ritorno*. È questo un punto molto importante. *Il patto di fedeltà* si forma quando è in atto il processo di fusione e le emozioni e le promesse sono come lava ardente, metallo liquido che si cala entro lo stampo e assume forma definitiva. È il corrispondente della costituzione dei paesi democratici scritta nel momento entusiasmante della liberazione, e il cui ricordo resta inciso profondamente nelle menti e nei cuori.

L'impegno di fedeltà, come tutti gli altri impegni di coppia, deve essere rinnovato nel tempo. L'istituzione è il prodotto di questa riconferma del patto. Se questo avviene, se il patto viene rispettato a lungo, produce un profondo mutamento della relazione erotica. A poco a poco entrambi rinunciano a fare fantasie di tradimento, non si espongono a tentazioni, ed imparano a cercare la bellezza e il piacere nel corpo dell'altro. Consentitemi una analogia. Ci sono persone che amano i viaggi, che cercano continuamente nuovi paesaggi. E si stancano, si annoiano se sono costrette a restare sempre nello stesso posto. Mentre altre persone si «innamorano» di un certo paesaggio o anche solo del loro giardino. Ne scoprono l'infinita complessità. Sanno apprezzare le sfumature dei colori delle diverse stagioni, la gioia dei fiori che nascono. E non si può dire che la loro emozione estetica sia inferiore a quella di chi contempla le cascate dell'Iguaçu, o le cime delle Alpi.

Più amori

Vi sono ambienti in cui l'infedeltà, anche se provoca sofferenza, non viene considerata un motivo sufficiente per un divorzio. Accade spesso nel mondo dell'aristocrazia e della grande borghesia europea, dove sono in gioco titoli nobiliari e immense fortune. Non è un matrimonio aperto. I due coniugi non si devono raccontare nulla. Ciascuno fa finta di non sapere niente, a condizione che l'altro continui a fare i suoi doveri famigliari e sappia salvare le forme. È in questo ambiente che si colloca il caso de *La principessa*. Nata in una famiglia contadina era di straordinaria intelligenza, bellissima e dotata di una vitalità irresistibile. A sedici anni vince un concorso di bellezza, diventa indossatrice. Durante una sfilata incontra un ricchissimo aristocratico che si innamora di lei. È veramente il principe azzurro. Lei ne resta affascinata, se ne innamora. Lui la presenta al padre, un vecchio industriale di genio che, colpito dalla personalità della ragazza, dà il suo *placet* al matrimonio, nonostante le obiezioni di fratelli e parenti. Incomincia una vita meravigliosa fatta di ricevimenti, viaggi, yacht, fra magnati, artisti, teste coronate. È una padrona di casa perfetta e, in dieci anni, mette al mondo numerosi figli. La casata è orgogliosa.

Diventa una delle protagoniste della vita mondana del suo paese, ammirata, corteggiata. Un giorno si accorge che il marito la tradisce con una sua amica intima. Se avesse seguito il suo primo impulso lo avrebbe buttato dalle scale e poi chiesto il divorzio. Ma si trattiene. Sa che nel suo ambiente non si rompe un matrimonio per così poco. Non si mettono in crisi la famiglia, i figli, il titolo, l'impresa. Però qualcosa si è rotto. Viaggia sempre più spesso da sola, conduce una vita mondana più intensa. E così incontra un grandissimo pittore, uno degli uomini più in vista della sua epoca. Lui ha vent'anni più di lei, è sposato. Si sente invecchiare. Ogni tanto arrivano delle ammiratrici che si buttano nelle sue braccia. Ma non si lega con nessuna. Vive ritirato fra le sue tele. Ma lei gli trasmette una irrefrenabile voglia di vivere e lui se ne innamora.

Anche lei è pronta per un innamoramento. Però resiste. Ci tiene ad essere una buona moglie, una buona madre, vuol meritare il posto elevato che ha conquistato. Ma l'innamoramento produce nell'artista una vera e propria rinascita. Lasciato da parte il vecchio mondo politico e l'ideologia, viene totalmente assorbito, rapito dalla bellezza della donna che ama, ricostruisce attorno a lei tutto il suo mondo pittorico. Per vent'anni non dipingerà che lei. Crea opere prodigiose. *La principessa* si sente travolta da questo amore, da questa adorazione, da questo flusso creativo. Ne diventa l'amante discreta. La moglie del pittore non sa niente. Il marito de *La principessa* non sa o non vuol sapere. E lei ama tutti e due anche se di un amore diverso. Il primo fatto di solida tenerezza, l'altro di sogno, di slancio mistico.

È innamorata? Sì, anche se in modo controllato. Si lascia amare più che amare. Non progettano mai di vivere insieme. Il loro amore si svolge tutto nel chiuso dello studio. Lei viaggia, arriva, riparte, si ferma qualche ora, poi esce e continua la sua vita. A lui bastano gli incontri estatici. Perché si rituffa nella creazione, si alimenta di lei. Quando è assente, la ricrea. Ma a lei non basta. Lei vorrebbe trascinarlo nel turbine della sua attività mondana, fondere insieme le loro vite, forse avere un figlio.

Così rinasce, silenziosa una oscura insoddisfazione. È allora che incontra il grande dongiovanni, l'uomo più bello del paese, e si innamora di lui. Questa volta è una esplosione erotica. Ma anche questa relazione non si traduce in convivenza. Lei continua ad andare dal pittore a cui vuole profondamente bene. Lui è geloso. Però non esce mai di casa ed è facile tenergli nascosto tutto. Ma anche se sapesse, probabilmente non farebbe nulla, continuerebbe ad amarla. Perché è sposato e non vuol divorziare, non se la sente di dare un dolore così grande alla moglie che è invecchiata con lui. Perché è assorbito dalla sua arte con cui la ricrea continuamente. Il suo amore è del tipo *isola dorata*, dove conta solo ciò che avviene in quel momento, dove il mondo esterno è tenuto fuori, respinto. È un tipo di amore che può addirittura alimentarsi dell'idea che il proprio uomo o la propria donna hanno relazioni con altri. Perché se ne impossessa con la propria creazione, la strappa al mondo, la eternizza, e così la rende esclusivamente sua.

Questa situazione continua per una diecina d'anni, fino a quando il grande pittore muore. Allora, improvvisamente, *La principessa* si accorge di aver perso la persona più importante della sua vita. Perché tutta la sua giovinezza, tutta la sua bellezza è nei suoi quadri. Perché lui, immortale, l'ha resa immortale. In poco tempo gli altri amori svaniscono. Adesso è veramente innamorata di lui. Si separa dal marito, lascia l'amante, resta sola.

Il matrimonio aperto

Anziché parlarne in astratto, incomincerò illustrando un caso concreto: quello di *Giovanna e Donato*. Lui è americano, lei italiana. Si conoscono negli Stati Uniti alla fine degli anni Sessanta quando, fra i giovani, è diffusa l'ideologia della vita in comunità e viene condannata come borghese la monogamia e la gelosia. Al momento del matrimonio stabiliscono un patto: ciascuno è libero di avere rapporti amorosi e sessuali con qualsiasi altra persona purché rispetti tre condizioni. La prima raccontare tutte le proprie esperienze, anche nei dettagli, al coniuge. La seconda continuare a conservare con lui rapporti erotici e di amicizia. La terza assistersi reciprocamente, aver cura dei figli e non chiedere né separazione né divorzio. In sostanza una monogamia permissiva sul piano erotico, ma rigidissima su quello degli impegni famigliari.

Per vent'anni questo schema funziona. Ciascuno di loro ha numerose relazioni erotiche con altre persone. La donna si innamora diverse volte, ma dice subito all'uomo che ama che non andrà mai a vivere con lui, e che non gli sarà mai fedele. Egli in un primo tempo accetta, poi fa qualche tentativo per convincerla a rinunciare alla sua promessa. Alla fine incomincia a tradirla a sua volta e finisce per allontanarsi.

L'impegno di dover raccontare tutti i propri pensieri, tutti i propri sentimenti, tutti i propri progetti, di far conoscere all'altro coniuge il proprio amante, ha sempre impedito a entrambi di sviluppare un progetto amoroso alternativo. Ed ha reso impraticabile anche il modello dell'amore rifugio, dell'*isola dorata* lontana dal mondo. Gli innamoramenti di Giovanna, perciò, sono sempre rimasti solo a livello esplorativo e non hanno mai minacciato il suo matrimonio.

In compenso, col loro matrimonio aperto, essi hanno creato numerosi problemi ai loro amici. Perché tendevano ad esportare il loro modello di convivenza. Ciascuno faceva la corte al marito o alla moglie dell'amico come se fosse la cosa più naturale del mondo. E poi, se l'altro accettava di avere rapporti sessuali con lui, andava subito a dirlo, dando tutti i dettagli, all'altro coniuge. Con le conseguenze che potete immaginare.

Cicli amorosi

Alcune persone sono eroticamente vagabonde, sono portate alla promiscuità. Altre invece tendono a stabilire legami solidi e duraturi. Però nel corso della vita, più o meno tutti attraversiamo dei periodi in cui prevale il primo tipo di tendenza e dei periodi in cui si afferma il secondo. Dei periodi di vagabondaggio erotico o emotivo, di ricerca, di promiscuità, e dei periodi di amore monogamico forte e fedele.[4]

Date le enormi differenze individuali, questo schema può variare profondamente. Vi sono uomini e donne in cui domina la promiscuità, mentre in altri domina la monogamia. Vi sono persone in cui la separazione fra *fase* monogamica e *fase* promiscua è netta. In altre invece è confusa. Abbiamo perciò identificato una serie di casi tipici.

1) ***Promiscuità assoluta.*** Casi di promiscuità assoluta si trovano facilmente solo in coppie che si sono sposate molto giovani con il matrimonio aperto e che lo hanno rispettato. Un esempio ci è dato dalla vicenda di *Giovanna e Donato*. A volte la promiscuità è interrotta per brevi periodi monogamici. Come nel caso di Hugo Hefner, il fondatore della rivista «Play Boy». Hefner si era sposato molto giovane. Abbiamo così una prima breve fase monogamica. Segue poi una lunga fase poligama quando costruisce la rivista «Play Boy» e crea a Chicago un vero harem, da cui trae ogni mese la sua favorita che presenta nuda al pubblico della sua rivista. Due volte però prova un attaccamento più forte: prima con Baby Benton di Los Angeles e poi con Karen Christy di Chicago. Sono due brevi fasi monogamiche. Il conflitto fra le due donne, però, lo fa ritornare rapidamente alla sua abituale promiscuità.[5]

I casi più tipici di promiscuità assoluta la troviamo in alcuni divi arrivati al successo giovanissimi. Per esempio Elvis Presley che, dopo il trionfo, ha sempre condotto una esistenza totalmente promiscua, anche nel periodo del matrimonio con Priscilla. L'ultima fase della sua vita è caratterizzata da un continuo succedersi di orge e di droga, fino alla morte.[6]

2) ***Amori subentranti.*** Le esperienze erotiche o passionali si succedono come gli anelli di una catena. Un esempio ci è fornito dalla vita di George Sand. Sposata senza amore a Casimir Dudevant, riesce ad imporgli una specie di matrimonio aperto ed ha una prima relazione con Jules Sandeau. La relazione con Sandeau finisce per il sovrapporsi di quella con Prosper Merimé, a cui segue Alfred de Musset e l'italiano Pagello. Tornata a Parigi George Sand si innamora del politico Michel de Bourges a cui seguono Leroux e Chopin. Tutto questo nell'arco di otto anni, dal 1830 al 1838.[7]

Un altro esempio ci è offerto dalla vita di D'Annunzio. Dopo un innamoramento adolescenziale con Giselda Zucconi, D'Annunzio si innamora della marchesina Maria Hardouin di Gallese. A determinare l'attrazione è l'elevato grado sociale della ragazza. In poco tempo D'Annunzio si stanca della vita coniugale e si innamora, questa volta in modo profondo, di Barbara Leoni. Siamo nel 1887. Fino a quel momento aveva scritto solo poesie. L'innamoramento segna una nuova fase vitale e una nuova fase creativa. Scrive i romanzi: *Il Trionfo della morte*, *Il piacere* e *L'innocente*. Finita la sua storia d'amore con Barbara Leoni ha un intermezzo coniugale con Maria Gravina che gli dà altri due figli. Poi avviene l'incontro con Eleonora Duse. È per lei che egli scrive le opere teatrali: *La città morta*, *Il sogno di un mattino di primavera*, *La Gioconda*, *Francesca da Rimini*. Nell'ultima fase della sua vita, però D'Annunzio non si innamora più. Si dedica alla guerra e alla politica, e conduce una vita totalmente promiscua.[8]

3) ***Più amanti contemporanei.*** È una modalità assai diffusa di cui abbiamo visto un esempio nel caso de *La principessa*. Dopo una fase monogamica il soggetto si innamora una seconda volta, o semplicemente instaura una nuova relazione erotica senza interrompere il precedente rapporto. E così fa anche in seguito. In questo modo ha una relazione principale e, contemporaneamente, una o più relazioni con amanti che continuano nel tempo. In Messico, nelle classi agiate, era diffusa fra i maschi la consuetudine di comperare una casa ad ogni nuova amante. Ingrandendo e arricchendo però, contemporaneamente, quella della moglie e delle amanti precedenti, in modo da conservare la gerarchia di *status*. In definitiva una modalità informale di poligamia.[9]

4) ***Lunghe fasi amorose.*** L'esempio tipico è Goethe che, nella sua giovinezza, ha diversi amori non ricambiati. Uno in particolare con Charlotte Buff, fidanzata e poi sposata con il suo amico Kestner. Il prodotto di queste esperienze lo tra-

sferisce ne *I dolori del giovane Werther*. Diventato famoso, conosce a Francoforte il principe Carlo Augusto che lo invita a Weimar, dove diventerà il suo braccio destro nel governo del piccolo Stato. Qui conosce Charlotte von Stein, una donna più anziana di lui, colta e raffinata. Se ne innamora ed hanno una lunga relazione. È con lei che raggiunge la maturità e diventa un uomo di Stato. A trentasette anni però, si ribella, parte di nascosto per un viaggio in Italia che dura quasi due anni. Quando torna a Weimar la sua relazione con Charlotte von Stein volge alla fine. Si innamora di Christiane Vulpius che, all'opposto di Charlotte, è vivace, ama i vestiti colorati, i gioielli vistosi, il buon cibo. Entra in una terza fase in cui non viaggia, fa vita domestica, si occupa di botanica, di fisica, di scienze naturali.[10]

5) ***Ricerca promiscua e approdo monogamico.*** È un tipo di esperienza abbastanza frequente nelle persone molto dotate che partono da una posizione sociale molto bassa. Nei primi tempi non vengono prese in considerazione, subiscono diverse frustrazioni e finiscono per accontentarsi di un amore consolazione. Poi, col successo, vivono una sorta di ebbrezza e si lasciano andare ad eccessi. Si sposano, divorziano, hanno numerosi amanti. Solo verso la maturità trovano la persona con cui hanno reali affinità elettive. Allora subentra una stabile fase monogamica.[11]

6) ***Grande unico amore.*** Vi sono anche persone che hanno un unico grande amore nella vita e vi restano fedeli. È il caso di Giuseppe Verdi. Dopo essere stato sposato, senza amore, con la figlia del suo benefattore, si innamora del soprano Giuseppina Strepponi che ha fiducia in lui e lo assiste all'inizio della sua carriera. Vivranno sempre insieme fino a quando Giuseppina muore. L'unico incidente in questo percorso monogamico ` l'innamoramento improvviso, e rimasto probabilmente a livello platonico, per il soprano Teresa Stolz. Non molto diverso è il caso di Freud.[12]

CAPITOLO SEDICESIMO

La crisi precoce

Perché la crisi?

Le ricerche condotte sulla vita matrimoniale mostrano che la crisi ed il divorzio, in tutte le culture ed in tutte le società, avvengono soprattutto nei primi anni.[1] Perché? Molti lo spiegano con il fatto che i processi amorosi sono il prodotto di fattori emozionali, di sogni infantili e, quindi, di scelte impulsive, irrazionali. Noi invece riteniamo che, nella maggior parte dei casi, la *crisi precoce* della coppia avviene perché non è stato stabilito un legame amoroso forte. Cioè perché non c'era vero innamoramento. Certo, vi sono anche dei casi in cui la crisi avviene nonostante l'innamoramento. Questo avviene quando le divergenze sul progetto sono troppo grandi.

Manca l'innamoramento

Molte coppie vanno male molto semplicemente perché le due persone che «si mettono insieme» non erano veramente innamorate. Esamineremo quattro di queste situazioni.

1) ***L'esplorazione amorosa.*** L'innamoramento incomincia sempre sotto forma di esplorazioni. Si accende un interesse, una cotta, una emozione intensa. Ciascuno cerca di rendersi gradito all'altro. Non gli chiede di fare lavori gravosi, ma anzi lo aiuta. Non lo rimprovera, non lo rimbrotta, anzi gli fa complimenti. Non gli dà ordini, al contrario si dimostra servizievole. Nel periodo del corteggiamento ci dedichiamo interamente all'altra persona. Non lavoriamo, non accumuliamo risorse, le spendiamo. Come nella vacanza, come nella festa. Ci comportiamo come dei gran signori. Ci occupiamo solo del corpo, della bellezza, dell'erotismo e dell'amore.

Ma, se i due incominciano a frequentarsi con regolarità, se vanno a vivere insieme, ritornano i problemi della vita quotidiana. Ritorna il lavoro, la fatica, le preoccupazioni. E quelle due persone, che prima avevano tutto il tempo di pensare solo al gioco amoroso, adesso devono affrontare i problemi pratici del mondo. Ciascuno deve chiedere all'altro delle cose, lo critica, lo rimprovera, gli ricorda i propri doveri. Emergono i caratteri, le diversità di abitudini. Oggi molti giovani vivono in famiglia per molto tempo, accuditi e curati dai genitori. Non sono abituati ad affrontare le piccole difficoltà della vita, pulire, lavare, cucinare, rifare i letti, lavorare e spendere con oculatezza il poco denaro. Se non c'è un vero innamoramento, in poco tempo la poesia scompare e l'amore si spegne.

Nel suo studio su *Quando l'amore finisce*, Donata Francescato ci presenta molti casi di questo genere. Per esempio *Teresa* dice: «Visto che quando lo vedevo il sabato e la domenica mi divertivo... pensavo che se fossi stata con lui tutta la settimana o tutta la vita... sarebbe stato ancora meglio e sarei diventata una persona migliore».[2] E *Valeria*, «Sposarmi con mio marito è stato un atto impulsivo. Mi piaceva tanto far l'amore con lui, lo trovavo bello, affascinante, imprevedibile [... Però] nessuno dei due sopportava di essersi legato così giovane, i nostri amici erano tutti liberi, noi no. Eravamo abituati a farci servire in casa dalle nostre mamme... insomma crescendo mi sono resa conto che era una farsa, una cosa inconsistente».[3]

2) ***Fantasie romantiche di matrimonio.*** Le adolescenti hanno un livello di aspirazione amorosa estremamente elevato. Molte di loro fanno fantasie d'amore con i divi dello spettacolo. Alcune finiscono per fidanzarsi e sposarsi con un uomo che considerano nettamente inferiore all'ideale. E lo sposano senza esserne innamorate, anche se poi non lo ammettono. Desiderano esserlo, vogliono il grande amore. Ma, poiché non l'hanno, poiché l'uomo reale è un ripiego rispetto all'ideale, si autoconvincono di provare una passione che non provano. Alcune pensano all'abito bianco, al ricevimento sontuoso, all'ammirazione delle amiche, all'ingresso nel mondo delle donne sposate. Concepiscono cioè la cerimonia nuziale, *l'istituzione come ciò che dovrebbe produrre* il fiorire, lo sbocciare dell'amore. Naturalmente, col matrimonio la trasformazione magica non avviene. La passione non cresce, il marito non si trasforma in un irresistibile rubacuori. Stando insieme non hanno da dirsi nulla di più di quanto si dicevano prima. Quando sono soli le ore non passano mai, si annoiano. Ciascuno scopre che l'altro resta se stesso, con le sue abitudini, i suoi difetti, i suoi pregiudizi. Subentrano il disappunto, la rabbia, il rimprovero, le liti, le recriminazioni, le accuse. Dopo pochi mesi o un anno, incominciano le pratiche di divorzio.[4]

Ricorderò il caso de *La figlia del banchiere*. Era piuttosto bella, arrogante, sicura di sé. Non si era mai innamorata anche se aveva avuto diversi flirt, o cotte. Fenomeni che, nella nostra terminologia, sono esplorazioni. Però si sentiva incompleta, fin da bambina aveva sognato un grande amore e il matrimonio. Un grande matrimonio. Con l'abito bianco, con centinaia di invitati. Diventare una «signora» con un marito, con una casa. Essere adulta. Il ragazzo che aveva le piaceva fisicamente, facevano all'amore con gioia. Ciascuno abitava con i propri genitori che pensavano a tutto. Avevano fatto delle belle vacanze insieme, vacanze romantiche in cui si tenevano per mano e dicevano che erano fidanzati, e tutti li guardavano con simpatia. Era convinta che, con il matrimonio, il loro amore sarebbe diventato ancora più grande.

Voleva essere innamorata, immaginava di esserlo. Ma un esame attento del suo comportamento, mostrava che non c'era assolutamente stato nascente. Non aveva incominciato la trasformazione radicale di sé che consente di plasmarsi sull'altro, di fondersi con lui, di formare una comunità nuova, capace di affermarsi nel mondo con lotte e sacrifici perché sa di portare in sé un destino e una meta. Era rimasta se stessa, una ragazza abituata alle comodità. Nella sua fantasia doveva essere il matrimonio a mettere in moto, a scatenare, svelare, far nascere l'amore. Il matrimonio, cioè l'istituzione, doveva generare il miracolo dello stato nascente. Un errore incredibile, eppure frequente, soprattutto nelle ragazze giovani.

3) In altri casi invece manca l'innamoramento perché il soggetto ha deciso di ***scegliere la persona più adatta usando la ragione.*** Dalma Heyn ci presenta il caso di *June*, che quando desidera avere un figlio, ritiene giusto sposarsi. Allora sceglie un marito perbene, adatto, equilibrato, servizievole. Subito dopo il matrimonio si accorge di non sopportarlo, e divorzia. Ancora più interessante il caso di *Connie*, un'adolescente che considera il sesso una conquista ed un dovere. Per essere moderna ed emancipata, fa all'amore con centinaia di uomini diversi. Ad un certo punto decide che deve mettere la testa a posto, diventare anche lei una donna adulta, seria, sposarsi. Si mette così alla ricerca di un marito adatto e, per non sbagliare, per non farsi influenzare dal sentimento o dall'erotismo, sceglie uno che le pare posato, serio, ma che non le suscita nessuna emozione e nessuna attrazione erotica. Il risultato, naturalmente, è catastrofico.[5]

Questo tipo di scelta a freddo, razionale, avviene molto spesso dopo una delusione amorosa. Ne abbiamo parlato nel capitolo sull'*amore consolazione*, dove abbiamo visto il caso de *L'uomo di Torino*. Dapprima aveva condotto una vita malandata e sregolata. Ma, passato un certo numero di anni, aveva sentito il bisogno del calore di un affetto sincero, dell'amore devoto di una donna. Allora ha incominciato a frequentare una compagna di scuola molto simpatica e gentile, che lo trattava con dolcezza, che si prodigava per lui. Non ne era innamorato, ma ne apprezzava molto le qualità umane. Era generosa, sincera, allegra, fedele. Sarebbe stata un'ottima moglie. Sessualmente l'attraeva poco. Esistevano delle donne molto più belle e desiderabili, ma sapeva che nella vita non si può avere tutto. D'altronde, diceva a se stesso, l'amore cresce con la conoscenza reciproca. E lui, con questa donna, si sentiva sicuro, protetto, amato. La sposa, hanno dei figli. Ma, come sappiamo, alcuni anni dopo si innamora di un'altra. Per concludere ricordiamo la drammatica *Storia di Chiara*. Dopo una delusione amorosa accetta di sposare un uomo che vive vicino a Milano solo perché le ricorda il grande amore perduto. Dopo la morte del padre, fugge di casa in una notte d'inverno, e nessuno ha mai saputo più nulla di lei.

4) ***Quando ama uno solo dei due.*** Per la formazione della coppia amorosa, occorre che ci sia reciprocità. Senza reciprocità il processo di fusione resta parziale, non avviene il processo di storicizzazione, e il patto non ha la drammatica importanza che possiede quando è preso da due persone che si amano realmente. Una lunga tradizione di saggezza popolare dice che, col tempo, l'amore di uno risveglia quello dell'altro. Forse questo avveniva nel passato, nelle società contadine. Ma oggi tanto gli uomini che le donne restano eroticamente giovani almeno fino a sessant'anni. Sono circondati da stimoli, hanno molte possibilità di incontro. Chi non ama si sente sacrificato, prigioniero. Può provare tenerezza, qualche volta riconoscenza. Ma è molto, molto difficile che questi sentimenti si trasformino in amore.

Vediamo il caso che chiameremo *La moglie del medico*. Era una ragazza vissuta senza padre con una madre autoritaria. Bella, formosa, aveva sempre attratto l'attenzione degli uomini. La madre, considerando la bellezza della figlia un prezioso capitale da investire, l'aveva sempre dissuasa dal legarsi ad un uomo che non fosse molto ricco. Così erano passati gli anni e la ragazza era arrivata alla trentina, sempre bella, ma ormai preoccupata per la sua avvenenza che stava svanendo.

Una sera, in discoteca, incontra un medico. Costui, fin da ragazzo, ha avuto automobili sportive, di lusso. Anche adesso spende buona parte del suo guadagno in auto costose. Dà a tutti l'impressione di essere ricco. Nel periodo in cui lei lo incontra sta attraversando un periodo di sfrenatezza erotica, di ricerca. Va in discoteca, non torna mai a casa prima delle tre di notte. È attratto da ogni tipo di donna. Passa da una cotta all'altra. In realtà è pronto per un cambiamento radicale, per un nuovo innamoramento.

Lei ne resta attratta. Non le piace fisicamente, ma l'affascinano le sue automobili favolose, la sua vita da gran signore. La madre si informa e viene a sapere che l'uomo sta per avere una grande eredità, insomma che è ricchissimo. Questo ha un effetto eccitante sulla nostra ragazza che vede finalmente realizzarsi un sogno lungamente coltivato: sposare un miliardario.

Al primo incontro, quando il medico la vede alta, formosa, una chioma rossa, un seno imponente, ne resta fulminato. La invita a salire sulla sua macchina lussuosa e la gente si volta a guardarli. Non ha mai avuto una donna simile, è una diva, una dea. E questa dea lo accetta, fa all'amore, ed è pronta ad andare a vivere con lui. Non ha mai provato tanto orgoglio, tanto senso di potenza. Il possesso della bellezza, della bellezza che tutti ammirano, che tutti guardano, che tutti vogliono e che lui solo possiede, gli dà le vertigini. Egli è come Paride che ha avuto Elena, la donna più bella del mondo. Il suo desiderio si alimenta dei desideri di tutti gli uomini che, vedendola, la vogliono. La tua situazione è paragonabile a quella della ragazza che ha incontrato il grande divo, che viene prescelta da lui, e che cammina orgogliosamente al suo fianco, seguita dagli sguardi invidiosi di tutte le altre donne. Però la sua adorazione divistica diventa vero amore. Desiderio di fusione, di dedizione. «Questa donna» egli pensa «è colei che ho sempre cercato, e che amerò per sempre.»

Lei, invece, non è innamorata. Fisicamente lui non le piace, non le fa «girare la testa». È attratta dalla sua vita lussuosa, dalle sue automobili faraoniche, dalla sua esuberanza. Si diverte e, soprattutto, vede in lui un futuro di ricchezza, per sé, per la sua famiglia, per i suoi futuri figli. La ragazza si trova anche in un'età della vita in cui deve compiere delle scelte se vuol diventare madre. E lei vuol diventarlo. Resta incinta. E così si sposano.

Poi la delusione. Vivendo giorno per giorno accanto al marito si accorge che, in realtà, lui non è ricco come credeva. Guadagna bene, ha delle belle macchine, le fa dei regali munifici, perché l'ama da impazzire, ma non è miliardario. Dietro ai suoi gesti grandiosi, c'è solo la sua professione di medico, il guadagno che si procura giorno per giorno con il suo lavoro. Questa scoperta la traumatizza. È presa da una collera violenta. Ha addirittura un moto di disgusto per lui, per il suo corpo, per il rapporto sessuale. Quando nasce il bambino gli si dedica ossessivamente e non degna più il marito di uno sguardo. Lo accusa di essere tirchio, egoista, lo rimprovera in pubblico. Il matrimonio sta per rompersi in modo irreparabile, quando l'uomo reagisce. Le spiega che lui non le ha mai detto di essere ricco, che non ha mai cercato di ingannarla. Che deve scegliere se vuole un padre per loro figlio o vivere da sola. Lui l'ama e sarà un buon padre. Scelga, ma con chiarezza e senza ripensamenti. Messa di fronte a una alternativa tanto netta, la donna decide di restare. Ma, poiché non lo ama, il loro matrimonio è condannato.

Pseudoinnamoramento

Molte volte la coppia entra rapidamente in crisi perché entrambi hanno scambiato uno pseudoinnamoramento per un innamoramento vero. Nello pseudoinnamoramento le persone pensano di essere innamorate. Solo un esame attento mostra che non ci sono tutti gli elementi dello stato nascente. Le forme più frequenti di pseudoinnamoramento sono: l'amore competitivo, l'amore divistico, l'infatuazione erotica.

1) ***L'amore competitivo.*** In questo tipo di amore il vero sentimento sottostante è la competizione. Noi desideriamo ardentemente qualcuno che appartiene ad un altro, qualcuno che ci resiste. Il desiderio è alimentato dall'ostacolo, dalla lotta.

L'amore competitivo ha tre forme. La prima è il *desiderio di conquista*, di seduzione. Ne abbiamo visto degli esempi nei personaggi di Diego e di Stefano nei romanzi di *Castellaneta*, e del duca di Nemours nel romanzo *La principessa di Clèves*. L'amore di tipo competitivo è nefasto per la formazione della coppia, perché svanisce non appena viene ricambiato.

Il secondo tipo di amore competitivo è alimentato dal desiderio di affermare la propria *superiorità sul rivale*. Come fa *Casanova* nel film di Alain Delon, come fa *La ragazza che cerca marito*. Anche questo tipo di amore svanisce nel momento in cui il rivale o la rivale viene sconfitto.

Il terzo tipo di amore competitivo è quello che si costituisce nella coppia coalizzata *contro un avversario, un nemico*. Lo troviamo con una certa frequenza fra i giovani che vogliono liberarsi dalla tutela della famiglia, emanciparsi, rendersi autonomi. Ce ne dà un esempio Jurg Willi.[6] Il figlio di un ricco commerciante ebreo aveva sposato una tedesca cattolica. I genitori cercano, con le minacce e con le lusinghe, di dissuaderlo. Ma senza risultato. I due si sposano in segreto e vivono per molti anni in perfetta armonia. Li cementa la lotta contro i genitori di lui, contro le loro pressioni, contro il loro ostracismo. Un giorno però costoro si rassegnano al matrimonio e accolgono affettuosamente la sposa. A questo punto il giovane ha una violenta crisi nervosa e i suoi rapporti con la moglie improvvisamente si deteriorano.

2) ***L'infatuazione divistica.*** Abbiamo a lungo trattato dell'amore divistico parlando delle adolescenti. La fragilità dell'amore divistico deriva dal fatto che l'attaccamento al divo dipende dalla *indicazione* della società. Esso tende a svanire quando svanisce l'adorazione collettiva. Ma svanisce anche quando, con la vicinanza, la vita in comune, la persona amata si presenta nella sua realtà di uomo o di donna comune, con i pregi ed i difetti della persona normale. Le qualità straordinarie del divo non sono il prodotto della nostra trasfigurazione personale, cioè della capacità che noi acquistiamo, nello stato nascente, di apprezzare, di amare ciò che è, l'essere in se stesso, di coglierne la straordinaria e unica bellezza. Nell'infatuazione divistica non vediamo l'essere, ma ciò che la società ha proiettato sul divo. Quindi, trovandoci soli con lui, possiamo provare una terribile delusione. Immaginavamo fosse forte, generoso e impavido mentre è avaro, pauroso e falso. Pensavamo che fosse dolce e gentile, invece è brutale e arrogante. Teniamo inoltre presente che il rapporto con il divo è squilibrato, che lui (o lei) si considera superiore, pensa di avere più diritti.

Infine, spesso, la persona che ha sposato il personaggio importante, il divo, incomincia a desiderare la sua stessa notorietà, la sua stessa fama. Quando va ai ricevimenti si secca nel vedersi trascurata mentre tutti corrono incontro a lui. Le donne, di solito, sopportano questa disuguaglianza meglio degli uomini. Sono più abituate ad accontentarsi di essere «la moglie di». Ma per gli uomini è diverso. Come mostra il caso dell'*Uomo della cantante.* Lei è una delle più grandi cantanti del paese. Bellissima, intelligente e misteriosa. Lui un architetto brillante. L'incontra una sera quando canta e ne resta affascinato. Un colpo di fulmine. Le fa una corte appassionata e lei, che sta entrando in una nuova fase della sua vita, ricambia il suo amore. È pronta ad andare a vivere subito con lui, anche a sposarlo. Ma l'uomo entra in crisi. Perché quando escono insieme tutti guardano lei. Perché in un ricevimento tutti chiedono di lei. Perché, sul palcoscenico, lei è nel fuoco dei riflettori e lui ignorato in un angolo. Non si adatta. Non accetta di essere «l'uomo di...», il «marito di...». Così rifiuta la vita in comune. Si comporta da scapolo. La costringe ad incontrarsi ogni tanto, come due amanti clandestini.

3) ***L'infatuazione erotica.*** Abbiamo studiato diversi casi di infatuazione erotica. Nel maschio è caratterizzato da uno sfrenato piacere sessuale che però non diventa mai stato nascente e progetto comune di vita. Nella donna spesso si alimenta di componenti divistiche. Come nel caso di *Carmen* nell'opera di Bizet. Carmen è ardente, ha voglia di amare e di essere amata. Don José le piace perché è bello, perché indossa una uniforme, perché l'aiuta a scappare. Che non ne sia innamorata lo si vede quando lui, appena uscito di prigione per causa sua, vorrebbe tornare in caserma per non venir arrestato un'altra volta. Lei lo deride e lo costringe, con la seduzione, a disertare, a seguirla con i contrabbandieri. Lei non rinuncia a nulla, lui a tutto. Diventato un disertore l'uomo resta schiantato, triste. E Carmen se ne stanca. Ha già in mente un nuovo amore: il torero Escamillo.

Un caso tipico di infatuazione erotica è quello di un uomo d'affari italiano che si reca a Rio per il carnevale e resta affascinato, stregato eroticamente da una giovanissima mulatta. Lo chiamo *L'uomo di Rio*. Convinto di essere pazzamente innamorato, una settimana dopo la convince a venire con lui in Italia. Di nascosto dalla moglie, l'alloggia in un appartamentino di Milano. Le dà una cospicua somma ogni mese, che lei regolarmente invia alla famiglia in Brasile. La giovane donna fa vita ritirata, parla male l'italiano e soffre di solitudine. Le mancano la madre, i fratelli e le amiche. È diventata triste. Ha perso tutto il brio, tutto il fascino, tutto l'erotismo straripante che aveva durante il carnevale. L'uomo si accorge che la sua brasiliana ha un corpo minuto, magro, con seni piccoli, quasi una bambina. Ora, più che slancio sessuale, prova per lei una tenerezza paterna. Dopo un paio di mesi, la ragazza piangente gli chiede di poter tornare in Brasile. Lui si sente sollevato. Le regala una forte somma di denaro e l'accompagna all'aeroporto. Restano in rapporti affettuosi. Una volta si rivedono anche in Brasile. Ma del grande amore nessuna traccia.

Incompatibilità di progetto

La crisi della coppia può avvenire anche quando c'è stato vero innamoramento. Quindi stato nascente, fusione, storicizzazione, patto. Ma se lo stato nascente ci rende plastici, adattabili l'uno all'altro, noi restiamo personalità distinte, con sogni, aspirazioni, sentimenti, progetti vitali diversi e distinti. Abbiamo già parlato della *lotta con l'angelo* e delle divisioni, dei drammi che essa può provocare. Abbiamo già esaminato diversi casi. Ora ci limitiamo a ricordare quello di Tolstoj e di sua moglie Sonia. Dopo il matrimonio vanno ad abitare nella tenuta di Jasnaja Poljana. È il regno di Tolstoj, delle sue abitudini. Un luogo dove impera il disordine più totale, la sporcizia, dove i contadini dormono nei corridoi, il cuoco è un ubriacone. Sonia è attratta dal genio capriccioso di Tolstoj, ma vorrebbe farne un marito normale. Prende le redini della casa e cerca di trasformarla in una residenza elegante. Tolstoj interpreta queste sue esigenze come civetteria.

Così nessuno dei due riesce a realizzare il progetto di vita che aveva in mente. Lei vuole una vita gaia, mondana. Lui una semplice vita contadina. Lei cerca un uomo con cui avere un incontro spirituale, lui una donna con cui avere rapporti sessuali, che vesta abiti dimessi, che rinunci alla vita sociale e si occupi solo della casa e dei figli, senza pretese intellettuali. Eppure, quando se ne era innamorato, Tolstoj era stato attratto proprio dalla sua vivacità, dal suo brio, dalla sua eleganza. Adesso vuol annullare in lei quello che lo aveva sedotto: la gaiezza, la spontaneità, il desiderio di divertirsi, di piacere.[7] E poiché ciascuno fa leggere all'altro il proprio diario in cui descrive i suoi dubbi ed i suoi rancori, fin dai primi mesi di matrimonio incominciano scontri violenti.

Fattori esterni

Nell'innamoramento noi riprendiamo nelle mani il nostro destino di individui. Ci liberiamo dei condizionamenti della famiglia, dell'ambiente sociale. Cerchiamo una nostra strada. Ma a volte queste forze sociali ci riprendono, ci costringono a ritornare ciò che eravamo. Allora anche l'amore svanisce. Il libro di Woods Kennedy[8] *Un anno d'amore* racconta l'amore fra due diciottenni americani a Parigi. L'ambiente è quello disordinato della diaspora intellettuale americana di Fitzgerald, Pound, Henry Miller ed Hemingway. Lui è di famiglia ricca, non ha mai avuto esperienze sessuali. Lei, Sarah, invece viene dal mondo dell'avanspettacolo di New York, è stata l'amante di un regista e, dopo una malattia venerea, non può più aver figli. Però è bellissima, dolcissima. Gli svela il corpo femminile, gli insegna l'amore erotico e, attraverso l'erotismo, nasce fra loro un profondo amore. La ragazza incomincia a frequentare il suo ambiente, fanno scuole d'arte, vivono in intimità totale. In quel mondo disordinato, trasgressivo, costituiscono una coppia di innamorati inseparabili e fedeli.

Viene poi un momento in cui la madre del ragazzo gli impone di tornare a Boston. Lui porta Sarah con sé. Ma è un altro ambiente: ricco, altezzoso, puritano. Ha altri valori, altre regole. Sarah è stordita, angosciata. Si sente respinta, si sente soffocare. L'uomo che ama è il ragazzo libero di Parigi, non il figlio schiavo delle convenzioni della sua famiglia. Capisce che non verrà mai accettata, che non riuscirà mai a realizzare l'amore che ha sognato. E, allora, nel suo cuore si risveglia la rivolta, l'odio contro quel mondo che, da bambina, aveva visto da lontano, freddo, ostile, spietato. Va a trovare sua madre nel quartiere miserabile di New York dove ritrova dentro di sé quella forza predatoria, ribelle, che le aveva consentito di battersi e di sopravvivere. Decide di rientrare nel mondo dello spettacolo, sfruttando spregiudicatamente la sua bellezza e la sua sessualità. Così il loro amore termina, perché nessuno dei due riesce a superare le differenze dei mondi emersi dal passato che li accerchiano con i loro tentacoli. Perché non riescono ad inventare una modalità di vita alternativa. Ciascuno viene risucchiato dal suo ambiente, e si separa dall'altro.

Questo tipo di lotta, fra la nuova coppia e gli ambienti sociali di provenienza, esiste sempre, anche se non sempre così estenuante. Parecchi conflitti che avvengono nei primi anni del matrimonio sono dovuti alle interferenze dei genitori dello sposo o della sposa.[9]

Indebolire l'altro

Ci sono delle persone che si innamorano di qualcuno che ha caratteristiche e capacità superiori alle proprie. Poi, quando sono sicure che il loro amore è ricambiato, cercano di distruggere nell'altro proprio quelle qualità da cui sono state affascinate. È il caso dell'uomo sposato, perbene, ricco, che si innamora della ballerina, dell'attrice, perché è attratto dalla sua libertà, perché la vede come simbolo di trasgressione, di sfrenato erotismo. Perché, attraverso di lei, vuol scrollarsi di dosso i limiti, i freni della piatta mediocrità. Ma poi ha paura della sua bellezza, del fascino che esercita sugli altri, e su di lui. Sa che, per tenerla, deve restare sempre all'altezza delle speranze che le ha alimentato. E non è sicuro di riuscirci, non è sicuro delle sue capacità. Egli sa bene quale potenza erotica è capace di esercitare quando è se stessa, una diva. Ha paura che qualcun altro gliela possa strappare. Ha paura del suo stesso amore. Allora la chiude in casa, l'allontana dal suo ambiente, le chiede di lasciare il suo lavoro, le fa fare dei figli, le impone di indossare vestiti banali, anonimi. La trasforma in una donna di casa tradizionale, innocua, priva di fascino erotico. La neutralizza, la distrugge. Così smette di amarla, di desiderarla. Si sbarazza del suo amore.

Non abbiamo detto che se uno è veramente innamorato desidera amare, vuol intensificare il suo amore? Certo. Ma abbiamo anche visto che, in ogni essere umano, ci sono forze a favore dell'amore e forze che agiscono contro. In questo tipo umano le forze contrarie sono più forti. La *paura* prevale sull'amore. Si era innamorato di uno stupendo animale selvaggio che correva liberamente per il mondo. E poi lo teme, teme di restarne schiavo. E non vuol rinunciare, non vuol soffrire. Allora usa un metodo più subdolo per uccidere il suo amore. Cerca di addomesticarlo, di trasformarlo in qualcosa di familiare, di innocuo. Le taglia le ali e, alla fine, quando è ridotta ad una chioccia, anche il suo amore finisce. È quello che abbiamo visto nel caso di Tolstoj e di sua moglie Sonia.

Osservando più attentamente questo tipo di amore, scopriamo che rientra nella grande categoria degli amori competitivi. Degli amori messi in moto dal desiderio di vincere una competizione con gli altri, di impossessarsi di un trofeo, di prevalere, di eccellere. Un tipo di amore in cui il soggetto afferma se stesso, ma non è pronto a darsi, a donarsi. Di un amore egoistico. Di un amore che non vuole elevare l'altro, ma che cerca in tutti i modi di abbassarlo, di ridurlo al suo livello. Di un amore che è insidiato dalla competizione invidiosa. Quando l'uomo comune riesce a sposare la grande diva e tutti la guardano, dapprima ne è orgoglioso, poi si sente diminuito, e nasce *l'invidia.* Allora cerca di distruggere la sua bellezza, di farne una donna comune, mediocre come lui. Solo così si sente a proprio agio. Solo così non deve sforzarsi di migliorare se stesso, per salire al suo livello.

Ce lo ricorda il caso di Sandra Milo, una attrice diventata famosa con Fellini, e che abbandona il suo ruolo di diva per amore. Sposa un medico, va a vivere con lui in un paesino. Diventa madre. Lui, sposandola, le chiede di rinunciare a fare l'attrice, di diventare una moglie, una donna tutta per sé. In sostanza le chiede di trasformarsi da diva in donna normale. Eppure se ne era innamorato proprio quando lei era al massimo della sua carriera, famosa, splendente ed inavvicinabile. Quando quest'opera di distruzione è terminata anche il loro amore è svanito. Sandra Milo ritorna a Roma, nel suo ambiente. Ma non ci sono più schiere di ammiratori ad attenderla. Non ci sono più registi che se la contendono. La sua epoca di gloria è tramontata.

Qualcosa di simile accade a Ingrid Bergman quando sposa il regista italiano Rossellini. Rossellini era famoso per l'invenzione di una tecnica cinematografica nuova: il neorealismo. Ingrid Bergman era una grande diva di Hollywood grazie a film come *Per chi suona la campana*, *Notorius*, *Casablanca*. Entrambi pensano che, insieme, faranno cose straordinarie. Ma Rossellini non riesce ad uscire dal suo schema. Le fa fare delle parti di popolana come nei film neorealisti. Ma lei non è adatta. Il risultato è un fallimento. Allora la Bergman si dedica alla casa, ai figli, lontana da Hollywood, dal suo mondo, dai suoi amici. Finché, un giorno, si ribella e se ne va. Ma non sarà più come prima.

L'innamoramento è fondato sulla uguaglianza e sulla valorizzazione reciproca. Se qualcuno cerca di abbassare l'altro, uccide l'amore. Nell'innamoramento nessuno deve lasciarsi mettere sotto i piedi, dominare, imprigionare perché l'innamoramento è parità e libertà, e se io non rivendico la mia dignità ed il mio valore, se non difendo la mia personalità, tradisco non solo me stesso ma anche l'altro, che mi ha scelto per quello che sono.

Superamento di un punto di non ritorno

Ciascuno di noi ha degli oggetti d'amore essenziali, valori essenziali, costitutivi della propria personalità e che non possono essere distrutti nemmeno nell'innamoramento. Anzi, innamorandoci, noi li riscopriamo, li riconfermiamo, li mettiamo al centro del nostro progetto amoroso. Abbiamo visto il caso della *Donna che voleva un figlio*, la quale, innamorandosi, scopre e riconferma il proprio desiderio di maternità. Vi sono anche uomini che hanno un analogo bisogno di paternità. Ricordiamo il caso de *Lo scultore*. Quest'uomo, come abbiamo già visto, si innamora di una giovane donna molto bella, le fa una corte spietata. Quando finalmente lei lo ricambia, egli incomincia a parlare dei suoi progetti matrimoniali. È ricco, ha una grande casa sul lago. È là che vuole vivere con lei ed avere tanti figli. Ma la ragazza, per la sua vita, ha un progetto totalmente diverso. Vuole terminare l'università e, poi, dedicarsi alla regia televisiva, lavoro che adesso svolge saltuariamente. Forse un giorno potrà anche volere un figlio. Ma, per ora, non ha nessuna intenzione di seppellirsi viva in una villa sul lago. Vuole restare nella grande città in cui abita, perché solo lì può realizzare la sua vocazione artistica e professionale. *Lo scultore* non si arrende, cerca di convincerla con la seduzione. Ma la giovane donna si sente braccata. Il desiderio di vederlo si tramuta in desiderio di sfuggirgli. E così lo lascia. Anni dopo lo scultore trova una donna che, come lui, desidera una grande famiglia. La sposa pur non amandola ed hanno una nidiata di bambini. Lo scultore realizza il suo sogno. Diventa una sorta di patriarca rinunciando all'amore.

A volte il punto di non ritorno dipende da una decisione presa in precedenza. Come nel caso che chiameremo *La ragazza del regista*. Un regista di sceneggiati televisivi aveva sposato una donna inglese raffinata, esperta di letteratura e appassionata di cinema. Erano una coppia affiatata, lei lo seguiva nel suo lavoro, lo stimolava, lo aiutava. Vagliavano insieme i soggetti, la scelta degli attori, la colonna sonora, la sceneggiatura. Però, un giorno, la produzione invita il regista a prendere con sé una giovane laureata che aspira a diventare regista. Lui accetta, la moglie approva e lo aiuta ad insegnare alla giovane allieva le basi della regia. Ma, a poco a poco, il regista e la ragazza discutono gli aspetti dello sceneggiato, che stanno girando, come se fossero soli. La moglie è annichilita. Osserva silenziosa la complicità che si è creata fra loro, e capisce che non c'è più posto per lei. Lascia il marito, il set, la casa che avevano costruito insieme e si rifugia in un appartamento ammobiliato, dove cerca di impegnarsi in una ricerca letteraria.

Intanto la ragazza va a vivere con il regista. Gli dice che l'ama, che vuol stare con lui. Tutti pensano che siano amanti. Soprattutto la moglie che, usando tutto il suo self control inglese, non li disturba. Un giorno però il marito va a trovarla, non per scusarsi, non per chiederle perdono della sofferenza che le dà, ma per chiederle aiuto. Le racconta che la ragazza di cui si è innamorato è disposta a vivere con lui, ad aiutarlo sul lavoro, ad occuparsi della casa, ma non vuole avere rapporti sessuali. Può essere la sua complice, l'amica, la sorella, ma non la sua amante. Perché? Perché anni prima era stata innamorata di un coetaneo che conosceva fin dall'asilo. Quando questo ragazzo muore in un incidente d'auto, fa voto di castità. E non ha intenzione di infrangere quel voto per nessuna ragione al mondo. Il regista non si arrende, parla con i genitori della ragazza, chiede l'intervento di un sacerdote. Tutto inutile, lei è irremovibile. La sua vita è un incubo, non riesce più a dormire, a lavorare. È ossessionato dal desiderio. Eppure non ha il coraggio di troncare. La sola idea di perderla, lo fa vaneggiare. Cosa deve fare?

La moglie ascolta in silenzio, poi, spalancando la porta gli dice: «Resto qui per godermi la fine della tua avventura romantica. Poi me ne tornerò per sempre in Inghilterra». Tornato a casa, il regista non trova la ragazza ad aspettarlo, ma solo un biglietto con poche righe: «Il mio posto è in convento. La vita da regista è sorretta da un tumulto di passioni. Non mi consentirebbe di rispettare un voto come quello che ho fatto. Restando nel mondo potrei solo dare dolore. Ne ho già dato troppo anche a te. Non cercarmi». Da allora quest'uomo non l'ha più cercata. E non ha più cercato nemmeno la moglie ritornata in Inghilterra. Ha chiuso con l'amore e con il lavoro. Si è rifugiato nella solitudine dell'alcool.

CAPITOLO DICIASSETTESIMO

La coppia che dura

Evolvere insieme

La vita è un incessante processo di mutamento. Ed i mutamenti, anche se avvengono attraverso tanti piccoli passi, si manifestano, di regola, in modo discontinuo. Un filo di metallo sollecitato continuamente da un peso si altera a livello molecolare finché, ad un certo punto, non si rompe. Anche le malattie si presentano in modo improvviso. Per molto tempo il nostro organismo controlla l'azione degli agenti patogeni, finché le difese cedono, ed allora appaiono i sintomi. Lo stesso avviene nel campo delle decisioni umane. Cresce la mia insoddisfazione per il lavoro che faccio, incomincio a guardarmi attorno e scopro altre possibilità. Prendo contatto con amici o con agenzie specializzate. Ma poi arriva il momento in cui devo prendere la decisione irrevocabile. Allora la mia vita subisce una brusca trasformazione. Anche i movimenti collettivi, anche l'innamoramento seguono la stessa legge: si accumulano tanti piccoli cambiamenti, tante piccole tensioni, vengono esplorate nella fantasia tante nuove strade, finché non avviene una esplosione, una rivoluzione.

Se i cambiamenti avvenissero in modo continuo o per passi infinitesimi e noi ne fossimo coscienti, potremmo adattarci ad essi con facilità e prevenire le crisi. Ma questo è strutturalmente impossibile. Anche le tensioni, le incomprensioni, i problemi che maturano entro la coppia seguono la stessa legge. Ed è per questo che gli psicologi consigliano continuamente ai due coniugi di parlare, di esaminare i problemi prima che questi aumentino di dimensione e raggiungano una soglia critica. Ma poiché tutte le forze esistenti, tutte le vicende della vita agiscono su di noi in modo discontinuo, la coppia è inevitabilmente costretta ad affrontare mutamenti bruschi, problemi inattesi. Alcuni sono la conseguenza di desideri antichi che non abbiamo mai potuto soddisfare, come avere dei figli, una bella casa, fare viaggi in paesi lontani. Altri sorgono dalla nostra maturazione, dalla nostra evoluzione. Raggiunta una meta ce ne poniamo una più alta. Vogliamo un riconoscimento che pensiamo di avere meritato. Altri ancora agiscono su di noi dall'esterno, come una nostra malattia, o la malattia di nostro marito o nostra moglie. Oppure dei fratelli, dei genitori.

Tutte queste cose possono colpire i due membri della coppia separatamente ed avere effetti assai diversi sull'uno o sull'altro. Ogni mutamento è perciò potenzialmente l'occasione di una crisi, perché costringe i membri della coppia a rifare i propri programmi. In tutte queste occasioni i due soggetti possono convergere, trovare una strada comune, riscoprire il proprio amore. O, al contrario, possono divergere, prendere strade che li allontanano. Tutti gli avvenimenti discontinui della vita costituiscono per la coppia altrettante occasioni di mutamento convergente o divergente.

L'amore non è dunque qualcosa che esiste, che dura, che resta. Ma qualcosa che viene continuamente sfidato, scosso, messo alla prova. E che può continuamente rinnovarsi, rinascere. O, al contrario, attenuarsi, degradarsi, sparire. Non può esserci uno studio sulla persistenza dell'amore di coppia che non sia anche uno studio delle sfide che esso subisce e che sormonta. L'amore è proprio un sormontare queste crisi, un rinnovarsi attraverso le crisi. La *co-evoluzione*[1] non è un processo continuo, ma il prodotto della soluzione convergente di tensioni, conflitti, crisi.

Prendiamo il caso che chiamerò dei *Due intellettuali*. Lui è uno scienziato, lei una scrittrice. Una coppia senza figli, una coppia di sposi-amanti, profondamente innamorati, che si piacciono eroticamente e che hanno sempre affrontato il mondo uniti. Viaggiano insieme, lavorano insieme, discutono tutti i problemi e, di solito, giungono alle stesse conclusioni. Osservati dall'esterno sembra che non abbiano mai problemi, che siano sempre d'accordo. In realtà la loro relazione amorosa è il prodotto di un continuo allontanarsi per compiere una esplorazione, ed un continuo ritrovarsi.

Ad un certo punto il marito ha un grande ed inatteso successo. La donna, che lo ama veramente, ne è felice, e prova una attrazione ancora maggiore. Però, sebbene lei sia altrettanto brava, ormai si rivolgono tutti al marito, intervistano lui, ignorano le sue qualità intellettuali. Spesso è lei che risolve i problemi, che trova le soluzioni. Ma la gente le prende sul serio solo quando vengono formulate dall'illustre marito. Le donne la invidiano perché è «la moglie di» e la ignorano ostentatamente negli incontri pubblici. I rivali del marito l'attaccano per offendere lui. Lei soffre per questa ingiustizia e, in certi momenti, è presa da una crisi di sconforto che potrebbe facilmente diventare invidia, rancore verso il marito. L'invidia sorge proprio quando, fra due persone che si considerano pari, una supera l'altra.[2] La crisi, che avrebbe potuto diventare distruttiva, viene superata prendendo la decisione di apparire in pubblico ostentatamente uniti, complici. Viaggiano insieme, fanno insieme conferenze, affrontano, fianco a fianco, il mondo esterno. In questo modo anche il loro erotismo si rinnova. È un gesto spontaneo da entrambe le parti ma, nello stesso tempo, una soluzione intelligente ad un problema pericoloso.

Alcuni anni dopo nella donna si sveglia un vivo interesse per la politica. Se ne fa assorbire sempre di più. Il marito, per amore, si lascia coinvolgere. È una regola fondamentale della co-evoluzione che ciascuno prenda interesse e partecipi intensamente a quello che fa l'altro. Ma l'interesse politico nella donna finisce per diventare dominante. Discutono in continuazione di politica e lui si stanca, vorrebbe occuparsi d'altro. La moglie passa tutto il suo tempo nelle riunioni del partito, accetta alcune cariche pubbliche. Le viene offerto di presentarsi alle elezioni politiche. Lui non la trattiene e lei incomincia a viaggiare da sola, frequenta altri uomini. Lui si accorge di essere geloso. Allora glielo dice. La donna sa che se accetterà di presentarsi alle elezioni, se prenderà la strada della carriera politica, la loro vita in comune dovrà cambiare profondamente. Prendono in esame anche la possibilità di dedicarsi entrambi all'attività pubblica, di andare entrambi a vivere nella capitale, per restare uniti, per continuare a lavorare insieme. Poi la donna si rende conto che il marito non è adatto, che per lui sarebbe un sacrificio troppo grande. Allora fanno un programma in cui lei resterà assente quattro giorni alla settimana e restano insieme gli altri tre.

Finché, ad un certo punto la donna capisce che l'attività politica non è solo una battaglia ideale. È fatta anche di logoranti attese, di infinite chiacchiere, di continui compromessi. E sente la nostalgia della sua casa, dei suoi libri, della riflessione pacata, degli approfondimenti che faceva col marito. E capisce che la sua vera vocazione è di essere una scrittrice. Così ritrovano di nuovo uno scopo comune. Continueranno ad occuparsi di politica, però solo sotto l'aspetto della attività intellettuale, senza una partecipazione diretta. L'occasione per questa nuova fase della loro vita è la stesura di un grande romanzo storico.

Amicizia

L'amicizia e l'innamoramento sono due cose diverse.[3] L'innamoramento appare bruscamente, con lo stato nascente. L'amicizia si consolida a poco a poco, incontro dopo incontro, con il piacere di stare insieme, con il crescere della fiducia. L'innamoramento è una passione, noi amiamo anche chi non ci ama. L'amicizia, invece, può esistere solo se è reciproca. L'innamoramento è al di là del bene e del male. Noi possiamo amare anche una persona malvagia, che ci fa soffrire. L'amicizia, al contrario, è un sentimento morale. Non possiamo essere amici di uno che ci tratta male, che ci inganna, che ci tradisce. Quando vedo la persona di cui sono innamorato mi viene il batticuore. Quando vedo l'amico sono contento, sereno. Gli innamorati tendono alla fusione, esercitano una pressione l'uno sull'altro. Gli amici invece si trattano come due gran signori e ciascuno ha il massimo rispetto dell'altro e del suo mondo personale e sociale. Quando sono innamorato non sopporto di restare lontano dal mio amato, il tempo non passa mai. Gli amici, invece, possono restare lontani a lungo e, quando si incontrano, continuano il dialogo dal punto in cui l'hanno lasciato mesi prima. L'amore è esclusivo, geloso. Se il mio amato mi dice che ama un altro io impazzisco di dolore. Se un amico mi racconta che si è innamorato di qualcuno e che parte con lui per un viaggio intorno al mondo, sono contento della sua gioia.

Eppure la relazione amorosa, per durare, ha bisogno dei sentimenti morali dell'amicizia: la fiducia, la confidenza, il rispetto reciproco, la lealtà, la moderazione, la prudenza, la sincerità. Ha bisogno della delicatezza, della libertà dell'amicizia che non impone nulla, perché non pensa di avere alcun diritto sull'altro, e lo rispetta nella sua diversità. Nell'amore dell'innamoramento l'amicizia si fa strada quando rallenta la spinta frenetica alla fusione e si afferma l'altro bisogno, insito in ogni essere umano, il rispetto della propria individualità. Il processo di istituzionalizzazione può essere in parte descritto come un passaggio dalla fusione all'amicizia. Con i suoi confini, i suoi limiti. Con le sue relazioni morali fondate su impegni, patti.

Ci si può allora domandare se, col venir meno della passione amorosa, dell'interesse erotico, la coppia può restare unita, stabile, basandosi soltanto sull'amicizia. Noi riteniamo di no. È la stessa conclusione a cui è arrivato Sternberg. Secondo Sternberg[4] l'amore di coppia è costituito da tre componenti: la passione, l'intimità o amicizia, e l'impegno. Se manca totalmente la dimensione della passione non si può nemmeno più parlare di coppia.[5]

L'amicizia, quindi, è una componente importante dell'amore di coppia. Lo sviluppo dei rapporti morali dell'amicizia contribuisce al suo rafforzamento. Ma da sola non basta. Perché l'amicizia è fondata sul principio del piacere e un amico che ci dà dispiacere cessa di essere un nostro amico. Quando ci tratta male, ci mente, o anche semplicemente è disordinato o ci dà fastidio, noi lo evitiamo. L'amore dell'innamoramento è una forza che supera queste difficoltà. L'amicizia no.

Vi è poi il tema della seduzione erotica. Due amici non sono tenuti a piacersi eroticamente. Nessuno cerca di sedurre l'altro. Se lo facesse non si potrebbe nemmeno più parlare di amicizia. Gli amici si presentano come sono, senza artificio; con la massima naturalezza e spontaneità. Ma una coppia in cui nessuno si preoccupa più di piacere all'altro, in cui nessuno vuol suscitare più alcun interesse, è ridotta a ben poca cosa. Alla stima reciproca, all'abitudine. Va bene per due vecchi che non si aspettano più nulla dalla vita. Ma come può bastare a due persone giovani e piene di desideri?

Infine l'amicizia non è esclusiva. Il mio amico può avere quanti amici vuole. Può sposarsi, divorziare, avere amanti, lasciarli senza alcun obbligo di dirmelo. Ma cosa accade quando questa libertà totale viene ammessa anche nella coppia? Perché chiamarla coppia? Noi non usiamo l'espressione «una coppia di amici», diciamo semplicemente «due amici».

Intimità

In questi ultimi tempi è stata data molta importanza all'intimità.[6] Soprattutto da alcune psicologhe femministe. Esse hanno osservato che le donne, soprattutto le adolescenti, quando sono amiche si toccano, si abbracciano, studiano i loro corpi, li confrontano senza vergogna, anche nelle parti più intime. E parlano delle loro esperienze amorose, sessuali, dei loro sentimenti senza reticenze. Si confidano tutto. Hanno l'una verso l'altra quella curiosità impudica e senza limiti che ha la loro madre verso di loro, quasi continuassero a far parte del suo corpo, fossero estensioni della sua anima.

Mentre i maschi hanno difficoltà a comunicare i loro sentimenti, i loro turbamenti amorosi. Se ne vergognano come se si trattasse di una debolezza, hanno paura di mostrare la parte vulnerabile del loro animo. Nell'immaginario collettivo, il vero uomo non si sdilinquisce in sospiri e lamenti, non si lascia andare ad emozioni scomposte, non piange, non sospira, non chiacchiera, perché queste sono cose da «femminucce». Lui è rude, forte, silenzioso. Affronta impavido le avversità.

Questa differenza fra i sessi è il prodotto di una lunga tradizione culturale. Comunque esiste ancora e può creare dei problemi nella coppia, quando la donna sente un profondo bisogno di ricevere e comunicare emozioni, mentre l'uomo se ne ritrae. L'abbiamo visto in molti dei nostri casi. L'uomo si occupa del proprio lavoro, arriva a casa la sera stanco e non si accorge dei molti modi in cui la donna gli ha testimoniato il suo amore. Mettendo dei fiori in un vaso, una tovaglia nuova sul tavolo dove mangiano, un cuscino colorato sul divano. Talvolta non ha voglia di parlare. In certi casi non saprebbe nemmeno cosa dire. Lei allora trova nutrimento emozionale in una telenovela, mentre lui guarda lo sport.

Però, quando si innamora, anche l'uomo è costretto, suo

malgrado, a vivere di vibrazioni, di sentimenti, di passioni e sente il bisogno di esprimerli, di dirli alla persona amata. Quando si innamora anche l'uomo più rude si commuove, sospira, piange e desidera fondersi con chi ama, raccontarle tutto di sé e sapere tutto di lei. Ma questa fase di apertura e di fusione, spesso, dura poco. Quando l'uomo è certo di essere riamato, riemerge la sua vecchia diffidenza verso le espressioni affettive. E torna ad indossare la corazza con cui è stato abituato a vivere.

La vita della coppia dipende dalla capacità di conservare, sia pure in parte, l'intimità provocata dallo stato nascente amoroso. L'istituzione deve essere la custode e l'erede della promessa dello stato nascente, dare qualcosa di ciò che esso ha fatto intravvedere e promesso. Ma sarebbe un errore pensare che la stabilità dell'amore di coppia sia proporzionale al grado di fusione, di identificazione fra i due amanti. Per cui essi diventano quasi indistinguibili, quasi la stessa persona. Questo tipo di intimità si ha nei gemelli identici o omozigoti, in cui ciascuno vede nell'altro la propria immagine, i propri sentimenti, i propri pensieri, i propri gesti e, quindi, lo conosce in profondità, senza barriere, senza difese. Anzi conosce se stesso attraverso l'altro che è la sua immagine speculare. L'intimità amorosa comporta invece sempre una distanza, una differenza, una scoperta. Non è un dato, è una conquista o un dono.

Alcuni affermano che i coniugi devono dirsi tutto, non tener celato nulla, non mentire mai. Se provano un impulso aggressivo esprimerlo, gridare se necessario. Se sentono il desiderio per un'altra persona manifestarlo, perché tutto ciò che è manifesto non fa male, mentre tutto ciò che viene nascosto diventa inconscio e crea danni. Tutto questo è privo di senso. Il «flusso della coscienza» è un caotico accavallarsi di pensieri, ragionamenti, ipotesi, emozioni, dubbi, paure, sogni, impulsi amorosi e aggressivi.[7] È un fiume che nasce da mille affluenti, che si disperde in mille rami, si ricompone e divide ulteriormente. Lasciarsi guidare da esso significa mutare in modo caotico, lasciar esplodere le violenza, smentirsi in continuazione.

La vita di coppia richiede di dire la verità, di essere sinceri, ma richiede anche coerenza, progetto. Richiede anche di tacere pensieri ed emozioni che potrebbero turbare o offendere eccessivamente la persona che amiamo. Le parole malvagie, le accuse rabbiose, le volgarità, gli insulti lasciano ferite che, a poco e poco, scavano un baratro.

Ciascuno di noi è, in realtà, costituito da molti individui diversi. Nel corso della nostra vita noi abbiamo imboccato molte strade, abbiamo incominciato a costruire personalità che poi abbiamo abbandonato. E ad ogni cambiamento della nostra esistenza, ogni volta che abbiamo imboccato una nuova via, abbiamo utilizzato qualcuno dei frammenti di quegli *io pregressi* che avevamo scartato. In ogni caso tutti i nostri *io pregressi*, anche se subordinati alla nostra nuova identità, restano parte di noi, costituiscono il nucleo profondo del nostro essere. A cui possiamo attingere in condizioni di emergenza, o per differenziarci ancora.

Quando ci innamoriamo, nel processo di storicizzazione, raccontiamo alla persona amata cosa siamo stati e come siamo diventati ciò che siamo. In questo ripercorrere il passato li ritroviamo e li risvegliamo. Essi sono come demoni dormienti ed incatenati, demoni che ci possono fornire forze straordinarie. Ma che non possiamo slegare e lasciar irrompere a loro piacimento. Nel dialogo intimo noi possiamo evocarli, farli parlare ed agire, ma sempre entro il cerchio magico dell'esorcismo. Lasciar emergere caoticamente questi demoni, significa frantumare la propria personalità, cadere in balia del disordine. E questo distruggerebbe l'amore, perché lo stato nascente è proprio il passaggio dal disordine all'ordine. *Intimità* è perciò anche rivelare i propri sogni impossibili, liberare le proprie personalità proibite, ma sempre compatibilmente con il nuovo amore, la nuova identità personale e collettiva. Come strumento di creatività nel processo di *co-evoluzione.*

Questi *io pregressi* costituiscono anche una risorsa straordinaria per affrontare situazioni nuove e impreviste. In un celebre racconto di Rabindrānāth Tagore, un grande uomo di Stato, arrivato alla vecchiaia, decide di ritirarsi in meditazione sui monti. E così fa. Per anni ed anni vive in solitudine assoluta senza più pronunciare una parola, fin quasi a diventare un vegetale, una roccia. La gente del luogo lo considera un santo, ma non osa avvicinarsi. Un giorno, però, la regione viene colpita da un uragano di inaudita violenza. Torrenti di pioggia spazzano via i villaggi, le case, la gente corre impazzita di paura. Allora il vecchio, come svegliandosi da un sogno, ritorna ciò che era un tempo: il grande uomo di Stato. Dà ordini, organizza questa popolazione smarrita, fa costruire terrapieni, difese, e la salva. Poi si allontana silenziosamente sulla montagna per riprendere la sua immobilità ascetica.

Nel processo di co-evoluzione talvolta occorre fare appello a queste risorse nascoste. Per affrontare situazioni nuove che richiedono schemi d'azione diversi. E la cosa diventa più facile se fra gli amanti c'è confidenza. Se possono rivelarsi, senza timore, anche questi aspetti celati e pericolosi della propria personalità e della propria storia.

Complicità

La parola italiana complice ha un significato negativo. Si riferisce alla solidarietà, alla fiducia e all'aiuto reciproco fra due persone al di fuori della legge. Complice è chi aiuta il ladro a rubare, a sottrarsi alla giustizia. Non importa il motivo per cui lo fa, se per denaro, per amicizia o per amore. Dal punto di vista della legge è indifferente. L'atto resta comunque spregevole.

Nella lingua francese, invece, essa viene usata anche in

senso positivo come confidenza, accordo segreto, solidarietà fra due persone che si amano. Così si dice che due fidanzati, due sposi sono complici. La complicità è uno degli aspetti intimi, riservati dell'amore. Indica che due persone innamorate stanno dalla stessa parte, fanno fronte comune contro coloro che li ostacolano, che li minacciano, e che costituiscono un pericolo per la loro unione. Questo significato è importante. Non basta infatti dire che quei due vanno d'accordo, che si aiutano a vicenda, si sostengono. Nel rapporto di coppia c'è qualcosa di più: la difesa dal mondo esterno. Una coppia innamorata è una entità sociale che deve sopravvivere in un mondo ostile. Essa, perciò, deve essere anche una fortezza, una difesa, respingere attacchi, andare all'offensiva. Come in uno stato maggiore, i due complici devono elaborare strategie, mettere a punto piani, portarli a termine con pazienza, senza dire una parola a nessuno.

Ciascuno conosce i pregi e le debolezze dell'altro. Si appoggia ai suoi punti di forza, supplisce alle sue carenze. Nella vita sociale mette in evidenza le sue virtù e nasconde i difetti. Quando viene attaccato, corre in suo soccorso con ogni mezzo. Con il denaro, con la menzogna, se necessario con la violenza.

C' è un piacere della complicità. Lo provavano i guerrieri delle tribù antiche quando uscivano, in piccoli gruppi, a fare una scorreria. Soli nel territorio nemico dove ogni cespuglio, ogni ombra, poteva celare un agguato. Eppure non più soli, perché ciascuno aveva l'altro vigile al suo fianco che gli proteggeva le spalle. Questo antico piacere sopravvive quando due amici, due amanti, due sposi affrontano insieme un ostacolo o una sfida. Lo vediamo apparire nelle coppie più diverse. Anche fra marito e moglie che gestiscono un negozio. Una unione che sembra cementata solo dall'interesse e che è, invece, una avventura di caccia e di guerra, un gioco delle parti, una continua messinscena in cui basta uno sguardo, una inflessione della voce per trasmettere un messaggio, come fra due consumati bari. Ho visto coniugi dirigere imprese, apparentemente in disaccordo, in realtà integrati, complementari, indispensabili l'uno all'altro. La complicità, nel matrimonio, è un legame che può essere più forte dell'erotismo, o sostituire l'erotismo quando declina.

La complicità è una figura dell'amore, ma non delle forti passioni. Di solito aumenta con la vita in comune, con la conoscenza reciproca, con l'abitudine a combattere insieme. Si nutre di virtù etiche come la sincerità, la confidenza, l'intimità. Ma ha assoluto bisogno delle fredde risorse intellettuali per affrontare e risolvere insieme i problemi, giudicare le persone, elaborare strategie. Viene turbata dalle passioni. È distrutta dalla gelosia. Perché la gelosia è sospettosa e porta i due amanti a scrutarsi come due potenziali nemici. Ma anche dalla collera, dalla paura, perché sono troppo calde, troppo instabili. Ha bisogno di qualità complementari. Guai se tutti e due si fanno prendere dalla stessa emozione e si eccitano a vicenda. Se uno ha paura, occorre che l'altro conservi tutto il suo autocontrollo, il suo sangue freddo. Se uno accelera troppo, l'altro deve saper frenare. Se uno perde la testa, l'altro deve tenerla ben salda sul collo.

CAPITOLO DICIOTTESIMO

La crisi tardiva

Perché avviene?

Molte ricerche dimostrano che la vita in comune, la ripetizione dei gesti, la conoscenza reciproca rafforzano la fiducia, rendono stabile l'affetto, ma diminuiscono l'interesse sessuale e l'attesa del nuovo.[1] Così, a poco a poco, si instaura un amore senza passione, senza problemi, senza avventura. Ciò che Fromm scrive ne *L'arte di amare* si riferisce a questo secondo tipo di amore coniugale, basato sulla serena sicurezza di poter contare sull'altro. Ma senza aver bisogno della sua presenza fisica ogni momento, senza essere presi dalla commozione nel vederlo camminare, dormire, respirare. Senza brividi erotici, senza avere il cuore in gola, senza momenti di felicità incontenibile e di estasi.

Le ricerche condotte con la mia équipe hanno mostrato che la passione è più elevata, tanto nei maschi che nelle femmine, nei primi tre anni di matrimonio. Poi si attenua. E, dieci anni dopo, è diminuita di più nelle donne, che però ne soffrono maggiormente.[2] L'uomo si adatta più facilmente alla monotonia della vita matrimoniale, vi si trova a proprio agio. La donna meno. Perché è lei che si occupa di tutte le incombenze domestiche e dell'organizzazione della casa, mentre l'uomo ne beneficia. E anche perché dà più importanza al sentimento, al dialogo, all'intimità. La matrimonialista Laura Remiddi in una intervista diceva: «Non mi è mai capitato un uomo che chieda la separazione o il divorzio perché sua moglie non dialoga con lui. Mentre molte donne lo fanno».[3] Il disagio provocato dalla aridità fa sì che alcune scelgono di andare a vivere da sole piuttosto che condividere l'esistenza con un marito che sembra diventato un pensionante. Hanno nostalgia dell'epoca incandescente e dorata dell'innamoramento, quando quello stesso uomo era appassionato e pieno di premure. Sembrava un cavaliere coraggioso e gentile, faceva vibrare il loro cuore. Poi, un giorno, non ricordano bene quando, hanno incominciato ad avere nostalgia dell'amore. Passata la nostalgia è subentrato un senso di estraneità e, poi, una sorda collera. Una collera che l'uomo non capisce, per cui si infuriano ancora di più. Fino la decisione di stare sole. D'altra parte i loro mariti, spesso già dopo pochi anni di matrimonio, avevano incominciato a guardare le proprie spose con occhi privi di desiderio. Sembravano attratti solo dalle altre.

Ma che cosa c'è dietro questi fenomeni? Un processo graduale di attenuazione dell'erotismo, una assuefazione alla vita quotidiana e alla sua banalità, o il precipitato di innumerevoli crisi mal gestite, non risolte? Tutte queste cose insieme.

1) ***La quotidianizzazione.*** Gli innamorati, all'inizio pensano che basti «un cuore e una capanna». Ma, poi, scoprono le fatiche di alzarsi presto al mattino, le tensioni del lavoro, i bambini che piangono. Avevano sognato un futuro facile, radioso. Ora gli ostacoli che incontrano tendono ad indebolire il loro slancio, a privare il mondo della sua poesia. Le persone ottimiste, piene di vita e di amore affrontano il mondo con generosità, si battono, superano le frustrazioni, gioiscono anche dei piccoli successi. Ma altre sono più fragili ed hanno una impressione di fallimento.

Ripetiamo quanto abbiamo già detto. Il fattore cruciale è

la forza dell'innamoramento, la carica di energia, di entusiasmo, di determinazione, la fede in se stessi, nel proprio amore e, quindi, il piacere di lottare per il suo successo, per rendere felice ad ogni costo la persona amata. E poi c'è il processo di *trasfigurazione* che ci fa trovare valore e bellezza in ogni cosa. Però è vero che in tutti, anche nelle persone più innamorate, la vita in comune è fatta di tanti piccoli doveri, di noie. Ciascuno ha bisogno che l'altro faccia certi lavori, glieli chiede e protesta se non li ottiene, lo rimprovera, lo critica.

Se questo processo non è tenuto a freno, ne soffre l'erotismo. L'erotismo è fatto di gioco, di entusiasmo, di corteggiamento. L'erotismo è sempre una rottura della vita quotidiana, ordinaria.[4] Spesso è così che nasce il tradimento. Come rivolta contro la monotonia, il dovere, la schiavitù della quotidianità. Per il bisogno di tornare a sentirsi vivi, freschi, nuovi, senza che nessuno ti chieda di fare questo o quello, senza obbligazioni. Con una persona sconosciuta e diversa puoi dimenticare chi sei, le tue frustrazioni, i tuoi doveri. L'incontro erotico è una vacanza. Interrompe la trama della vita normale fatta di lavoro, confronti, attese, proteste, impegni. L'amante non ti rimprovera, non ti critica, non brontola. È gentile, ti fa sentire di nuovo bella, interessante, desiderata. Ti sembra di tornare a respirare, di tornare giovane, libera. Di potere cercare solo il piacere.

2) ***Le crisi.*** Ma questo processo da solo non spiega tutto. La coppia è una società vivente con una vita, una storia. Si trasforma, subisce tensioni, crisi. E queste crisi possono essere divise in tre categorie. La prima è dovuta al *ritorno del passato*. La seconda all'*evoluzione divergente*. I due membri della coppia reagiscono in modo diverso alle circostanze della vita. La terza è il prodotto dello sviluppo di una *competizione invidiosa* e dell'odio reciproco, con vendette e rappresaglie.

Il ritorno del passato

Abbiamo già incontrato casi di donne che desideravano un figlio, o volevano dedicarsi ad attività creative mentre il marito bloccava la loro spinta verso il futuro. Altre volte, invece, viene bloccato il richiamo del passato. È il caso de *La donna del sud* che sposa un imprenditore del nord. È il suo ideale e perciò è disposta a plasmarsi sul suo modello, a diventare come vuole lui. Ma l'uomo è estremamente attaccato alla sua famiglia, alle sue abitudini, è ferocemente antimeridionale. Si rifiuta di visitare i suoi genitori. Le ordina di rompere completamente con il suo paese, con i suoi parenti, con le sue tradizioni. Le rimprovera il suo accento e lei va ad una scuola di recitazione per mutarlo. Le impone, cioè, una naturalizzazione forzata. Lei si adatta a queste richieste anche se le considera esagerate e, talvolta, umilianti. Però, dopo un certo numero di anni, sente fortemente il desiderio di tornare nella sua terra, di stare un po' con i genitori. Di riascoltare il suono del suo dialetto. E, poiché il marito la porta sempre in luoghi diversi, ha l'impressione di essere in esilio. Quando sua madre si ammala, gli chiede di partire. Lui fa delle obiezioni perché è abituato a lasciare tutto nelle sue mani. Ma lei insiste. Hanno uno scontro. Lei parte. E, appena giunta all'aeroporto, ha l'impressione di aver finalmente conquistato la sua libertà. Il marito continua a telefonarle, le chiede di tornare. Non capisce il suo problema, non gli importa di sua madre. Così, per la prima volta, la donna prova un moto di ripulsa, di odio. Si ribella. Gli dice chiaramente che è stanca dei suoi soprusi, che vuol stare nella sua terra e che tornerà solo quando ne avrà voglia. L'uomo si sente abbandonato, tradito, pensa ad un complotto dei suoi famigliari. Incomincia così una crisi che avrà conseguenze molto gravi.

È il ritorno del passato. Un passato che sembrava privo

di importanza e che, invece, costituiva parte integrante della persona. Nel processo amoroso rinunciamo a molti aspetti di noi stessi, ci trasformiamo. Ma continuiamo a celare nel cuore desideri, bisogni che possono manifestarsi anche dopo molto tempo. Come succede a *L'ingegnere*, un uomo cresciuto in una famiglia povera, che poi ha fatto carriera e ha sposato una donna ricca. Dopo alcuni anni di matrimonio decidono di costruirsi una grande villa e la moglie propone di edificarla su un ampio terreno del proprio padre. Così fanno. *L'ingegnere* vi mette tutti i suoi risparmi. La donna che, anche a giudizio del marito, ha molto buon gusto, sceglie il progetto, l'architetto e l'arredamento. Quando la casa è terminata, l'ingegnere chiede al suocero di vendere a loro due la parte di terreno che la circonda. Vuol realizzare il sogno che ha sempre coltivato: avere una casa sua, con un grande parco. Ma il suocero gli risponde che è impossibile, che non bisogna spezzare la proprietà, e questa è in comune con gli altri figli. La moglie lo spalleggia. *L'ingegnere* ci rimane male, torna ad insistere. Ma scopre che tutta la famiglia della moglie è indignata della sua richiesta. La donna lo rimprovera per aver osato fare una simile proposta. Allora lui ha l'impressione di trovarsi accanto ad un'estranea legata solo alla sua famiglia e alla sua tradizione. Siamo perciò di fronte ad un doppio ritorno del passato: per lui e per la moglie. Lui al suo desiderio giovanile, lei al suo orgoglio famigliare.

Evoluzione divergente

Noi reagiamo in modo diverso alle sfide che la vita ci pone, alle diverse occasioni che ci presenta. Due persone che, all'inizio erano straordinariamente unite, giorno dopo giorno possono dividersi, prendere strade diverse. Può avvenire quando la divisione dei ruoli fra i sessi è molto forte. L'uomo fuori di casa, in ufficio, la donna ad occuparsi dei lavori domestici e dei figli. Lui sviluppa interessi, gusti, amicizie separate da quelle della moglie. E così il comune terreno di dialogo si riduce. Fino a quando l'uno o l'altro si prendono un amante ed hanno ancora meno da dirsi.

Oggi è più frequente che l'evoluzione divergente avvenga perché la donna vuol realizzare una sua vocazione, mettere a frutto una sua capacità. È il caso di cui abbiamo già parlato: *La scrittrice*. L'incontro fra lei e quello che sarebbe diventato suo marito avviene come nelle favole. Uno sguardo, un sorriso, gli occhi luminosi che avevano già detto «sì mi piaci» prima che le parole formassero l'assenso. Quando si sposano lei ha diciotto anni e lui ventisette. Lui è titolare di una azienda di elettronica. È ricco, buono, gentile, innamorato. La riempie di regali. Le intesta tutto ciò che compera: una casa in campagna, in montagna, al mare. Vuole che lei conosca tutti i suoi clienti, non può restarle lontano un istante senza sentirne la mancanza. La porta sempre con sé. Dopo alcuni mesi, però, la giovane moglie si iscrive all'università. Lui non prende la cosa con entusiasmo, anzi cerca di dissuaderla anche perché, in quei giorni, ha saputo che lei è in attesa di un bimbo. Ma la donna è irremovibile. Frequenta l'università, quando nasce il bambino lo cura con amore, si laurea. Poi sente nascere il desiderio di scrivere e, anche se ha un secondo figlio, si mette all'opera con passione. È entusiasta, si fa nuovi amici, li invita a casa. Le serate diventano intellettuali. Ma al marito piacciono sempre meno. Si sente fuori posto, a disagio. Soprattutto gli dà fastidio che la moglie sia sempre al centro dell'attenzione. A poco a poco si ritira in disparte, immusonito. La situazione peggiora quando il romanzo della donna ha successo. Arrivano i critici, i giornalisti. Lui si ingelosisce. La scruta, la rimprovera se ha lasciato la camicetta troppo aperta. «Hai messo in mostra per tutta la sera il seno», le dice. Nello stesso tempo è eccitato. Finita la serata vuol fare all'amore una, due volte. Ma in fretta, senza gesti di tenerezza. È un atto di possesso, come se marcasse il suo territorio, la sua proprietà. Poi diventa ossessivamente geloso. Le domanda con chi è stata, cosa ha fatto. Ma, quando lei gli chiede di accompagnarla a qualche conferenza letteraria, è preso da attacchi di collera. Ad un certo punto le impone di non scrivere più, di non frequentare più quegli idioti di intellettuali. La donna incomincia a soffrire di claustrofobia. La sua tensione cresce fino a pensare al suicidio. Dopo qualche anno si allontana di casa con i figli e chiede il divorzio.

Quando i due innamorati sono molto giovani e non conoscono ancora le proprie possibilità, entrambi possono rapidamente sviluppare attitudini, potenzialità diverse. E se sono poco innamorati e troppo rigidi, non accettano il cambiamento. Come nei casi di *Renato e Gianna* descritti da Donata Francescato. Lui dice: «Ci siamo sposati perché eravamo molto innamorati ed attratti fisicamente. Per me poi il matrimonio era sacro e inviolabile e speravo di restare con lei tutta la vita. Però... lei è cambiata, è diventata diversa dalla donna di cui mi ero innamorato. In poche parole a lei piaceva fare una vita movimentata, fare il dirigente, io invece desideravo una persona che fosse, innanzitutto, madre e donna di famiglia. Questo era il punto più controverso... Avevamo sviluppato due visioni diverse della vita e del futuro». La moglie sostanzialmente conferma: «Io non ero più in grado di essere come lui voleva, amo la famiglia, amo mio figlio, però non amo particolarmente stare in casa: per me non è importante tanto la quantità di tempo trascorso con una persona quanto la qualità. Mi piaceva molto viaggiare, incontrare gente, crescere mio figlio anche fuori casa. Mio marito è esattamente il contrario, alla fine mi ha detto che non gradiva nemmeno che lavorassi».[5]

L'evoluzione divergente può nascere da fallimenti, insuccessi che spengono la forza vitale di uno dei due coniugi. Ma può venire anche dalla ricchezza, dal successo. Moltissime coppie vanno in crisi quando uno dei due raggiunge un successo inatteso. Christian Barnard, da giovane, sposa una infermiera che lo aiuta nella difficile carriera di chirurgo. Con il primo trapianto cardiaco, però, raggiunge la fama mondiale e diventa un divo circondato da donne giovani, ricche e belle. Allora s'innamora di una di queste e la sposa.

Competizione e invidia

Alcuni pensano che un certo grado di competizione favorisca la vita di coppia. Una nostra ricerca empirica[6] dimostra il contrario. Non dobbiamo confondere il desiderio di affermarci nella vita per mostrare all'altro di meritare il suo amore, col desiderio di apparire migliore di lui. Di affermare la nostra superiorità su di lui.

Ogni persona umana vuol avere un valore. E non vuol solo sentirsi amata, vuol anche veder riconosciuto il suo merito. Vuol essere apprezzata per le sue virtù e le sue capacità. Anche nella coppia più unita, più solidale, piena d'amore ciascuno vuol sentirsi stimato dall'altro. Sentire che ai suoi occhi ha un valore, sapere che quello che fa viene apprezzato. Se una donna si occupa dei figli e della casa mentre il marito è un grande chirurgo, il loro amore è possibile solo se lui riesce a trasmetterle la sensazione che il ruolo che lei svolge è importante, nobile e pieno di significato quanto il suo. Questo è possibile perché l'innamoramento crea i propri criteri interni di valore e disprezza sovranamente quelli sociali.

Ma quando l'innamoramento si allontana, la società con i suoi valori torna a penetrare nella vita della coppia. La donna che vede suo marito continuamente ammirato, adorato, mentre lei è sempre in seconda fila, prova un senso di svuotamento. Prima ne era felice, adesso è amareggiata. È il dramma dell'amore divistico. L'adorazione per il divo, la felicità di trovarsi accanto ad una persona così celebre, di condividere la sua luce, lascia a poco a poco il desiderio, più che naturale, di avere una propria luce, un proprio valore. Ma guai se, in casi come questi, scatta la competizione, perché il giudizio lo dà la società. La competizione è destinata alla sconfitta. E, con la sconfitta, appare l'invidia.

L'invidia è il sentimento che proviamo quando qualcuno, che noi consideriamo del nostro stesso valore ci sorpassa, ottiene l'ammirazione degli altri. Allora abbiamo l'impressione di una profonda ingiustizia del mondo. Cerchiamo di convincerci che non lo merita, facciamo di tutto per trascinarlo al nostro stesso livello, di svalutarlo. Ne parliamo male, lo critichiamo. Ma se la società continua ad innalzarlo, ci rodiamo di collera e, nello stesso tempo, siamo presi dal dubbio. Perché non siamo sicuri di essere nel giusto. Per questo ci vergogniamo di essere invidiosi. E, soprattutto, di essere additati come persone invidiose.

L'insidia della competizione e dell'invidia è particolarmente forte nelle coppie in cui entrambi fanno la stessa attività, e ritengono di avere lo stesso valore. Perché basta che la società, a torto o a ragione, offra a uno un riconoscimento maggiore, che l'altro viene preso dal dubbio e dallo sconforto. Aurore Sand (che poi assumerà il nome di George Sand) e Jules Sandeau erano molto innamorati e avevano scritto insieme un romanzo, *Rosa e Bianca*, firmandolo con le iniziali dei loro nomi Jules (come *Jules* Sandeau) e Sand (come Aurore *Sand*). Poi, però, Aurore incomincia a rendersi indipendente. Si ritira nella casa di campagna di Nohant e scrive tutta sola e di getto, un nuovo romanzo: *Indiana*. Non lo firma col suo nome, Aurore, si limita ad abbreviare lo pseudonimo di prima: Jules Sand diventa G. Sand. Il libro ha un successo trionfale. Sandeau resta colpito e imbarazzato, forse incomincia ad essere un po' invidioso. Ma la catastrofe arriva quando Aurore scrive un altro romanzo da sola: *Valentina*, e lo firma George Sand. Adesso lei è diventata George Sand, famosa, adorata da tutti e lui quasi dimenticato. Il loro amore muore.

Occorre un grande, grandissimo amore per superare

l'invidia. Occorre che uno riesca a gioire del successo dell'altro. Questo succede più facilmente se collabora attivamente alla sua costruzione, per esempio facendone il manager. Così riesce a viverlo come suo. Ma occorre anche che questo contributo venga riconosciuto pubblicamente e ricambiato con la fedeltà.

Dispetti e provocazioni

Quando l'amore declina, le frustrazioni che i membri della coppia si fanno l'un l'altro non vengono più minimizzate, perdonate, dimenticate. Producono rabbia, risentimento. Giorno dopo giorno si crea, così, un cumulo di rancore che poi, spesso, si sfoga in dispetti e in provocazioni.

Il dispetto è un atto aggressivo in cui, chi lo fa, tiene celato il suo gesto Così l'altro non può rimproverarlo. Lui cadrà dalle nuvole e risponderà, pieno di sdegno: «Come hai il coraggio di accusarmi di tanta meschinità?». Se qualcuno mi insulta apertamente io posso rispondergli, se mi minaccia posso minacciarlo anch'io. Ma di fronte al dispetto, o rinuncio o devo accettare il suo gioco, fargli un altro dispetto. Il gioco, come ha mostrato lo psicologo Eric Berne,[7] una volta iniziato è un recinto magico, una barriera mentale che il soggetto non riesce più ad infrangere. Vedendo l'ultima villania che gli è stata fatta sarà preso da una collera cieca, e penserà solo a vendicarsi con una rappresaglia adeguata.

Nella coppia si instaurano feroci giochi di dispetto. E ciascuno tiene una sorta di contabilità perversa in cui sono elencati tutti i torti ricevuti per potersi vendicare in proporzione. Vi sono donne che fanno un dispetto al marito rifiutandogli proprio quello che lui desidera di più. Se lui ci tiene a cenare ad una certa ora, lei arriverà sempre in ritardo. Ma troverà centinaia di motivi per giustificarsi e apparirà sempre innocente. Ci sono dei mariti che, quando la moglie è stata dal parrucchiere o ha comperato un vestito nuovo ed è finalmente pronta per mostrarsi in pubblico, puntualmente le dicono che è ingrassata, che ha la cellulite, che il vestito le sta male, che la pettinatura la invecchia.

La provocazione assomiglia al dispetto, ma è più grave, più sistematica, ed ha come scopo quello di far schiattare di rabbia l'altro, di portarlo alla crisi nervosa, di avvelenargli l'esistenza. Ricorderò due casi di Mara Palazzoli Selvini.[8] Una signora molto giovane e graziosa ha sposato un industriale sempre occupato con il suo lavoro. Lui ha comperato una bellissima villa dove lei non ha nulla da fare. Però è sempre in ritardo. La cena è in ritardo. Quando devono uscire con gli amici è in ritardo. La mattina non è mai sveglia. Quando partono, i bagagli non sono mai fatti. Il marito si irrita, ha crisi di collera. Col passare del tempo arriva ad insultarla, a darle della stupida in pubblico. Che cosa ottiene questa donna provocando così il marito? Di dimostrare a se stessa, al marito e agli amici, che lui non è l'uomo equilibrato, saggio ed imparziale che pretende di essere. Che non è il perfetto organizzatore che pretende di essere. La provocazione, in genere, colpisce una qualità a cui l'individuo dà molta importanza. Il secondo caso è quello di un uomo che ha sposato una artista bellissima e raffinata che incantava chiunque l'ascoltasse. Lui quando la moglie parlava, era preso da una crisi di sbadigli. La donna perdeva completamente il controllo della situazione, sembrava diventata stupida.

Quando vedete due coniugi che litigano, mogli che hanno crisi di pianto, mariti che hanno crisi di collera, quasi sempre ciascuno cerca di mettere l'altro alle corde. Spesso i provocatori iniziano la battaglia fin dal mattino. Lei non riesce a svegliarsi se non beve il caffè a letto. Lui ha voglia di prenderlo al bar. Perciò le dice, rabbioso, che ha il diritto di bere un caffè decente. Lei risponde che si tratta solo di un pretesto per non restare in casa nemmeno un minuto. E il gioco è senza fine.

Il gioco della provocazione è un gioco aggressivo e mira a far impazzire l'altro. Nei casi gravi ad ucciderlo. Ricordo un episodio impressionante. Vicino a me viveva una coppia di mezz'età con figli. Lui era grosso, rozzo, triste. Lei esile, calma, con un delicato accento veneto. Io sentivo solo la voce di lui quando la sera tornava a casa. Non quella di lei perché parlava quasi sussurrando. Lui incominciava a lamentarsi di qualcosa riguardo ai ragazzi. Che non avevano fatto i compiti, che non si erano lavati, che avevano preso cattivi voti. Lei li difendeva e poi continuava a parlare ininterrottamente con quella voce monotona, uguale. Lui alzava il tono. Lei ribatteva ossessiva mentre sbrigava le faccende domestiche. A poco a poco il volume della voce dell'uomo cresceva, cresceva, fino ad esplodere in urla, in una crisi di collera senza freno. Non faceva nulla di fisicamente violento, si limitava ad urlare, ad urlare.

Una sera, al culmine dell'ennesima crisi, ebbe un infarto e, qualche ora dopo, morì. Parlando con i medici seppi che aveva già avuto episodi di infarto in precedenza e che tutti, lui, la moglie ed i figli, erano stati avvisati che una violenta collera avrebbe potuto ucciderlo. Dopo la sua morte, la moglie rifiorì.

Mutamento dei cicli vitali

Un tempo era l'uomo che, arrivato a quarant'anni, si innamorava di una ragazza più giovane, e incominciava una nuova vita con lei. Oggi capita sempre più spesso che sia la donna a lasciare il marito, a farsi un amante o ad innamorarsi di un altro. Perché prima era l'uomo che andava fuori casa, aveva attività sociali, si occupava di sport, di politica, cresceva. Così, arrivato ad un certo punto, si sentiva pronto per iniziare un nuovo ciclo vitale, per ricominciare. La donna, assorbita dalla monotonia della vita domestica, stremata dalle gravidanze e dal lavoro, invecchiava precocemente.

Adesso la donna studia, lavora, fa carriera. A quarant'anni sembra una ragazzina. È più giovane e vivace del marito. Ha davanti a sé più della metà della vita, perché vivrà oltre ottant'anni. I suoi figli stanno finendo le scuole. Può dialogare con loro, viaggiare con loro. Ha compiuto il suo dovere riproduttivo. È pronta ad incominciare un'altra fase vitale.

Quando finisce una fase della nostra vita, i doveri del passato ci diventano insopportabili. Anche i più lievi. La donna, che ha ancora sulle spalle la responsabilità della gestione della casa, dei figli e del marito, si stanca della routine. Le pesa rimettere in ordine, preparare il cibo, tutte attività monotone che non hanno nessun riconoscimento. E, ad un certo punto, ha l'impressione di aver dedicato tutta la sua vita al servizio del marito e dei figli e niente a se stessa. Si sente delusa, tradita, sfruttata. Era ottimista, piena di speranze e di sogni: cercava il grande amore, la grande avventura. Cosa ha avuto? Le viene voglia di ribellarsi, di gridare.

Poi, a poco a poco, dal rancore emerge il desiderio, la speranza. Vuol recuperare il tempo perduto, vivere la vita che non ha vissuto, realizzare le possibilità che ha trascurato. Vuol tornare ragazza, bella, giovane, gestire il suo tempo come vuole. Uscire con amici, viaggiare, essere nuovamente corteggiata, desiderata. Sente dentro di sé una grande energia vitale, un desiderio di erotismo e di azione. E il marito? Al marito spesso vuol bene. Ma è un amore abitudinario, privo di slancio, di passione, di avventura. Lui è tranquillo, sicuro di sé. A volte le sembra un pensionante che le arriva in casa e trova tutto fatto.

Se in questa fase vitale il marito non cambia, se non si reinnamora della moglie, non le fa la corte e non inventano insieme una nuova vita, la tensione della donna può diventare esplosiva. Lei è pronta per una mutazione, per una metamorfosi, per una morte-rinascita. È pronta per uno stato nascente. Alcune donne, in questa fase della vita, tornano all'università, altre si dedicano al proprio corpo, altre danno inizio ad una nuova attività professionale o imprenditoriale, altre si occupano di filosofia orientale o di psicologia, altre ancora scrivono romanzi o poesie. C'è chi si trova un amante, e c'è, infine, chi si innamora.

Noi ci innamoriamo quando siamo profondamente insoddisfatti del presente e, nello stesso tempo, siamo animati da un grande slancio vitale. Quando siamo pronti a lasciare una esperienza già fatta ed usurata ed abbiamo l'energia per compiere una nuova esplorazione, per mettere a frutto capacità che non avevamo ancora utilizzato, per realizzare sogni e progetti maturati nel nostro cuore. E allora basta qualcuno che simbolizza un'altra vita, più libera, più giovane per buttarci nell'avventura, nel nuovo. I cicli vitali degli uomini e delle donne cambiano, e con i cicli vitali cambiano gli amori.

Il disinnamoramento attraverso uno stato nascente

L'amore di solito termina per lenta consunzione, per il graduale accumulo di disappunti, gelosia, rancori. Ciò che resta, alla fine, è un senso di indifferenza e di vuoto rancoroso. Però ci sono anche dei casi in cui l'amore finisce bruscamente attraverso un fenomeno di stato nascente che non è un innamoramento. Il soggetto ha una esperienza di liberazione gioiosa, di rinascita, di scoperta della propria autenticità e verità. Ma non c'è nessun altro che prende il posto della persona un tempo amata.

Un esempio di stato nascente che segna la fine di un amore diventato oppressivo, è il viaggio in Italia di Goethe. Per molti anni Goethe è ministro del duca Carlo Augusto a Weimar ed ama Carlotta von Stein. Ma l'attività amministrativa, a poco a poco, gli diventa soffocante. E l'amore di Carlotta oppressivo. Egli è pronto per una maturazione ulteriore. Allora, senza avvertire nessuno, parte per l'Italia. Va verso qualcosa che aveva sempre intravvisto, un mondo spirituale da cui si sentiva profondamente attratto. Appena valicate le Alpi, a Trento, egli scrive: «Si torna a credere in Dio. È come se fossi nato e cresciuto in questo paese, ed ora vi ritornassi... Sono come un fanciullo che deve di nuovo imparare a vivere».[9] È una esplosione di gioia, di liberazione, uno stato nascente. Corre verso Roma con «l'impazienza di un uomo che si avvicina al compimento d'un sogno d'amore, sicuro della sua vittoria; e che pure si compiace, nelle ultime ore, di pregustare ed acuire col dubbio la gioia che l'attende».[10] Egli stesso interpreta la sua esperienza come una trasformazione spirituale, una rinascita simile alla conversione, simile a quella che ogni peccatore conosce rinascendo in Cristo: «Conto un secondo compleanno, una vera rinascita a partire dal momento in cui sono entrato a Roma».[11]

Nella vita di Gabriele D'Annunzio possiamo distinguere nettamente due periodi. Il primo che arriva fino al 1915 in cui al centro del suo interesse c'è sempre qualche amore. Finito un amore ne inizia un altro, e ciascuno di essi si traduce in poesie, romanzi, drammi amorosi. Con lo scoppio della prima guerra mondiale, invece, D'Annunzio non si innamora più, e non scrive più d'amore. Dalla sua penna non esce più un romanzo, non esce più un dramma, non esce più un poema. Ma solo discorsi, proclami, ricordi, memorie, poesie ispirate non più dalle donne, ma dalla Patria.[12] Al posto di uno stato nascente amoroso è subentrata una conversione politica.

C'è chi si libera, chi scopre se stesso e il suo destino gettandosi in un movimento religioso, convertendosi ad una fede. Un altro può trovare la soluzione in un movimento politico, in una militanza fanatica ed ardente. L'arrivo di un nuovo movimento politico o religioso, produce quasi sempre degli effetti di evoluzione divergente nella coppia.

E questi effetti possono essere devastanti, quando il progetto del movimento si pone in aperta antitesi con quello della vita amorosa coniugale. In questo caso non conta più l'evoluzione individuale, il crescere della insoddisfazione individuale dentro la coppia. Il movimento arriva come un turbine dall'esterno e strappa gli individui ai loro rapporti consueti e consolidati. L'arrivo del femminismo ha determinato, in moltissime donne, una evoluzione divergente rispetto ai maschi. Abbiamo visto i drammatici casi di Bruno e Bruna, di Carlo e Carla.

Abbiamo già detto che, nella nostra epoca, sono soprattutto le donne che mettono in discussione la vita coniugale. Dopo un certo numero di anni di matrimonio, spesso, dopo i quarant'anni, quando i figli sono ormai grandi, la donna ha l'impressione di aver dedicato tutta la propria vita e tutte le sue energie al lavoro, ai figli, al marito, e niente per se stessa. Incominciano ad arrivare le prime rughe, sente che il tempo della giovinezza svanisce, e allora desidera in modo frenetico, forsennato, di recuperare il tempo perduto. Vorrebbe tornare ragazza, vivere sola, gestire il suo tempo come le pare. Alzarsi tardi, mangiare quando vuole, star su la notte. Uscire con chi vuole. Ritrovarsi con se stessa, con la donna di un tempo, che poi ha dimenticato ciò che voleva. In questo progetto di vita, spesso non c'è più posto per il marito o per un nuovo matrimonio. Solo per un amante con cui andare a ballare, al cinema, con cui rinascere ad una nuova vita ricca di emozioni e di erotismo. Ma non da vedere tutti i giorni, non un fidanzato fisso. Qualcuno con cui avere rapporti senza obblighi, senza doveri, senza routine, come quando era adolescente. Questa liberazione in alcuni casi avviene attraverso una vera e propria esplosione gioiosa, uno stato nascente.

Questo desiderio di liberazione, questa voglia di rompere le catene dei doveri famigliari sono rappresentati nel romanzo *Paolo e Francesca*, di Rosa Giannetta Alberoni. Francesca, che ha lasciato il marito sposato per ambizione e per convenienza, grida: «Mi sono sentita libera, il mio corpo viveva, non s'immolava. Mi sentivo potente, giovane, leggera. Mi sentivo un'altra. Mi sentivo una donna. Da allora sopportare le mani di Paolo sul mio corpo mi è diventato impossibile. E un giorno, come per miracolo, ho trovato il coraggio di urlargli tutto lo schifo che mi fa... Sì, in fondo è facile dire mi fai schi-fo. E non ho rimorso, ho voglia di ripeterglielo all'infinito: mi fai schifo, mi fai schifo. Ogni volta che lo penso, ogni volta che posso gridarglielo è come un'esplosione, una liberazione, una gioia sconosciuta. Il mio corpo esulta, vibra, gode di una indicibile euforia. È come se mi purificassi».[13]

Anche il film *Thelma e Louise*, simbolizza questa ribellione femminile al proprio ruolo tradizionale. Le due donne se ne vanno di casa quasi per gioco, ma vengono aggredite da uno stupratore. Lo uccidono. E, dopo averlo ucciso, si liberano da ogni inibizione. Depredano un supermercato, si sbarazzano di un poliziotto, fanno esplodere l'autotreno di un uomo che le ha offese. Si trasformano in guerrigliere, in vendicatrici del loro sesso. E affrontano la morte sorridendo come due antichi guerrieri.

Quasi due secoli prima George Sand, quando lascia il marito e scopre la sua vocazione artistica, scrive: «Vivere! Che dolcezza, che meraviglia! a dispetto di mariti, e crucci, e debiti, e parenti, e pettegolezzi; ad onta di violente disperazioni e uggiose punture di spillo. Vivere è una ebbrezza; amare ed essere amati è felicità, è paradiso! Ah per il Cielo! Vivere la vita dell'artista, la cui bandiera è la libertà».[14]

CAPITOLO DICIANNOVESIMO

Cos'è l'amore?

Che cos'è l'amore? È una domanda a cui dobbiamo trovare una risposta all'interno della nostra teoria. Per rispondervi prendiamo come punto di partenza l'esperienza chiave dell'innamoramento bilaterale. Due persone, in un certo momento della loro vita, incominciano un mutamento, si rendono disponibili a staccarsi dai precedenti oggetti d'amore, dai precedenti legami, per dare origine ad una nuova comunità. Allora entrano in stato nascente, uno stato fluido e creativo, in cui si riconoscono reciprocamente e tendono alla fusione. In tal modo essi costituiscono un *noi*, una collettività ad altissima solidarietà e ad altissimo erotismo. È all'interno di questo *noi* che i singoli individui realizzano i loro sogni erotici e non erotici, le loro aspirazioni, le loro possibilità inespresse. L'altissima solidarietà, l'immenso piacere erotico che si danno a vicenda, permette a ciascuno di subire e di esercitare fortissime pressioni sull'altro, pressioni che portano alla formazione di un progetto comune di una comune visione del mondo. La nuova coppia nascente è animata da una energia inesauribile e da un traboccante entusiasmo. Il mondo le appare meraviglioso, le possibilità di azione infinite. Elabora una nuova concezione della vita, ristruttura tutti i propri rapporti interni ed esterni, si costruisce una nuova nicchia ecologica.

L'energia creativa, fluida dello stato nascente si trasforma così in struttura, in norma. Sono principi, regole, convenzioni, abitudini, costruiti con slancio, con l'adesione più entusiasta, perché avvengono nel momento della massima spinta alla fusione. Sono patti giurati che custodiscono la speranza e la promessa dello stato nascente, dove traluce sempre l'assoluto. Con il passaggio dall'istituzione allo stato nascente era avvenuta una conversione della struttura – famiglia, casa, figli, amici, idee consolidate – in energia. Adesso avviene il contrario. È l'energia che si traduce di nuovo in struttura: nuova casa, nuovi amici, nuova concezione del mondo.

Domandiamoci ora: cos'è l'amore come emozione, sentimento, esperienza soggettiva, stato dell'animo, in questa prospettiva? L'amore è il risvolto emozionale interiore della nascita di una nuova collettività e di un nuovo me stesso. E la persona amata è il perno, l'asse attorno a cui avviene questa ricostruzione. È l'esperienza del fondermi con lei formando una nuova entità che mi riplasma, mi ricrea e ricrea il mondo in cui vivo. È l'esperienza di scoprirmi parte di un nuovo mondo, di un nuovo cielo ed una nuova terra. E la persona amata è la porta per accedere a tutto questo.

L'amore come emozione d'amore, come slancio, languore, desiderio, spasimo, sogno, è quindi l'energia creativa nel suo manifestarsi. Dell'energia creativa che, attraversandomi, mi usa come sostanza per edificare un nuovo mondo e un nuovo me stesso. Noi perciò amiamo ciò che ci sta creando e che stiamo creando. Di cui siamo ad un tempo figli e genitori.

Questo nell'innamoramento. Ma possiamo applicare la stessa definizione anche alle altre forme di amore che conosciamo? Incominciamo questa verifica partendo dall'***amore della madre*** per suo figlio. Cosa abbiamo detto? Noi amiamo ciò che stiamo creando e che ci sta ricreando. La madre, già quando aspetta il bambino e poi quando lo allatta, lo nutre, lo alleva, sperimenta la creazione di un essere mediante il quale ricrea se stessa. Crea una nuova comunità con un nuovo mondo entro cui entrambi saranno mutati. È la co-creazione di un mondo. Il bambino non è passivo. Risponde ai suoi stimoli e la porta a ridefinire continuamente se stessa, lui e il loro mondo. Questo processo continuerà per tutta la vita. Ed è per questo motivo che l'amore della madre per il figlio e del figlio per la madre dura. Dura perché si rinnova perennemente.

Perché, possiamo ora domandarci, questo tipo di amore non corre il rischio di scomparire come, invece, avviene nella coppia? Perché resiste alle più forti frustrazioni, alle delusioni più amare? Perché nella coppia entrano due individui già formati, ciascuno con i propri legami amorosi individuali e collettivi, con le proprie concezioni del mondo. Nell'innamoramento essi destrutturano il proprio Sé precedente, il proprio mondo precedente. Ma solo in parte. Il processo di co-creazione della coppia avviene attraverso scontri, prove, compromessi. Ciascuno compie delle rinunce, ma tiene saldi alcuni valori. Con il passare del tempo, le due personalità possono avere sviluppi divergenti. L'universo in comune fra genitori e figli è enormemente più esteso. Il processo di aggiustamento reciproco avviene quando il bambino è plastico. E continua, giorno dopo giorno, sotto la guida del genitore che gestisce il cambiamento ed evita che sorgano conflitti insolubili, divaricazioni insopportabili. Queste possono comparire solo nell'adolescenza o nella vita adulta.

Vediamo ora il rapporto amoroso che si stabilisce nell'***amicizia.*** Questa è fondata sul principio del piacere. Non si costituisce a caldo, nel processo di stato nascente. Non c'è fusione iniziale, ardente, rischiosa, appassionata. L'amicizia si costituisce lentamente, incontro dopo incontro, in cui ciascuno getta un ponte fra quello precedente e quello successivo. È il precipitato storico di rapporti riusciti, gratificanti, rassicuranti, divertenti. Anche i due amici tendono ad una parziale fusione, anche loro tendono ad elaborare una comune visione del mondo. Anche loro costituiscono un *noi.* Ma senza la violenta e radicale distruzione del mondo precedente. Se fra loro esistono fin dall'inizio delle divergenze nelle credenze politiche e religiose, delle diversità di gusti, di abitudini, di opinione, non c'è un processo di fusione in cui vengono sciolte come in un crogiuolo. Permangono e rendono la relazione delicata. Gli amici restano uniti perché scoprono, a poco a poco, di avere delle affinità elettive, perché compiono uno sforzo volontario di aggiustamento reciproco, cercando ciò che li unisce e non ciò che li divide. Ma se compaiono divergenze ideologiche, contrasti di interesse, o se qualcuno si comporta in modo eticamente scorretto, il rapporto amicale si rompe e, di solito, la rottura è irreparabile. L'amico può perdonare la menzogna, il tradimento, ma le cose non tornano più come prima. L'amicizia è la forma etica dell'eros. Anche il sentimento amoroso dell'amicizia dipende dalla costruzione comune di un mondo e della propria identità. Si intensifica nei momenti di cambiamento, di crisi, quando ci confidiamo con l'amico, gli chiediamo sostegno e consiglio. Si intensifica con lo scambio delle esperienze, affrontando insieme i problemi, combattendo fianco a fianco contro un avversario, una minaccia, come due cacciatori, come due guerrieri.

Prendiamo adesso l'ammirazione, ***l'adorazione per un divo*** alla cui base abbiamo posto il meccanismo dell'indicazione. Quando questo interesse è molto forte, il personaggio diventa una componente importante dei processi di definizione di se stesso e del mondo. Pensiamo a cosa rappresentano, per gli adolescenti, i campioni sportivi, i divi dello spettacolo, i cantanti di musica leggera. Essi li prendono come modelli di identificazione. Le giovani donne partecipano alle vicende amorose del loro divo preferito. Talvolta fantasticano una vita di coppia con lui.

Ancora più profondo è il processo che avviene nel rapporto con il capo carismatico di un movimento politico o religioso. Il capo carismatico è colui che interpreta la situazione storica, che dà un senso al mondo, che stabilisce la meta, la direzione. L'amore per il capo carismatico rassomiglia a quello che proviamo per la persona di cui siamo innamorati. E se il capo resta tale per molto tempo, l'amore per lui si affianca all'amore per la madre o per il padre, e costituisce un punto fisso di riferimento per tutti i problemi della vita.

Questa definizione dell'amore vale anche per il meccanismo della ***perdita.*** Nella perdita il nostro mondo consolidato, famigliare, i nostri oggetti stabili di riferimento, le nostre mete vengono sconvolti, minacciati di distruzione. Ci troviamo improvvisamente di fronte all'abisso del nulla. Allora siamo costretti a riesaminare il valore di tutte le cose che abbiamo, a ripensare noi stessi, la nostra vita, il nostro futuro. A ridefinire ciò che vale, ciò che non vale. La lotta per sottrarre il nostro oggetto d'amore individuale o collettivo alla perdita, è perciò una ri-costruzione del mondo. Non è l'apparizione di un mondo nuovo, non è la marcia verso la Terra promessa. Ma è pur sempre la marcia verso la patria perduta di cui si è riscoperto il valore e la bellezza. Della patria che si deve riconquistare con la consapevolezza che è il massimo bene, e che per essa vale la pena anche di morire.

Abbiamo così visto che tutte le forme di amore, tanto quelle che sorgono dallo stato nascente come dagli altri meccanismi, il piacere, l'indicazione e la perdita, comportano sempre la creazione o la ricreazione di una collettività di cui facciamo parte e che ci plasma. Possiamo quindi concludere dicendo che l'amore è l'aspetto soggettivo, emozionale del processo in cui noi generiamo, mentre siamo a nostra volta generati, da qualcosa che ci trascende.

Da tutto quanto abbiamo detto deriva una importantissima conseguenza. Che, se l'amore dura, se si prolunga nel tempo, vuol dire che continuano ad agire i processi, i meccanismi che hanno agito nel momento iniziale, della rivelazione, della scoperta, dell'innamoramento. L'amore, se esiste, in quanto esiste, è sempre «nascente». È sempre scoperta, rivelazione, ammirazione, adorazione, desiderio di congiungimento con qualcosa che ci trascende e che dà ordine e senso al mondo. La persona che amiamo è sempre, nel momento in cui l'amiamo, ciò che ci si sta rivelando come il perno del mondo, ciò in cui traluce l'essenza del mondo, l'ordinatore del mondo. L'amore è perciò sempre brivido dell'assoluto nel contingente, qualcosa di misterioso, meraviglioso e divino. E, quando è ricambiato, è dono, grazia che chiede lode e riconoscenza.

CAPITOLO VENTESIMO

La coppia innamorata

La coppia innamorata

Ci sono delle coppie in cui entrambi, anche dopo anni, restano amanti, restano innamorati. Non ci interessa sapere se questo dura tutta la vita o solo un lungo periodo. Non ci interessa neppur sapere se questi casi sono molti o sono pochi. Se nel futuro cresceranno o diminuiranno. Ciò che conta è che esistono. In queste coppie le proprietà straordinarie dello stato nascente hanno la proprietà di rigenerarsi. Il movimento diventa istituzione, ma l'istituzione conserva la freschezza, l'energia del movimento. L'innamoramento diventa amore, ma l'amore conserva l'emozione, l'erotismo, il brivido dell'innamoramento. Ciascuno guarda il marito o la moglie con gli stessi occhi stupiti e riconoscenti con cui l'innamorato guarda l'innamorata. Svegliandosi al mattino, resta stupito di vedere la bellezza accanto a sé. Ogni tanto, d'improvviso, prova un brivido di commozione e un senso di struggimento. Ed è cosciente dello straordinario privilegio, dello straordinario dono che gli è stato concesso. Allora può legittimamente dire «sono innamorato di mia moglie», «sono innamorato di mio marito».

Come è possibile? Per rispondere dobbiamo ricordare quanto abbiamo scoperto, rispondendo alla domanda «che cos'è l'amore?». L'amore non è una modalità di stare, ma di diventare. È la risonanza interna di un processo in cui ciascuno genera ciò che a sua volta lo genera. È un aprire gli occhi, stupiti, sulla bellezza dell'essere. Una coppia resta innamorata se le due persone cambiano, crescono, si trasformano e si ritrovano, si riscoprono, si rivedono con gli occhi splendenti dello stato nascente.

Una coppia può restare unita dall'abitudine, dalla tenerezza, dall'aiuto reciproco, dal fatto di avere costruito delle cose in comune. Ma resta innamorata soltanto se riesce a soddisfare al suo interno l'impulso creativo del mutamento. Tutte le ricerche mostrano che l'esposizione ripetuta ad uno stesso stimolo positivo produce, ad un certo punto, reazioni negative. Tutte le ricerche mostrano che la ripetizione della stessa sollecitazione erotica produce noia e indifferenza. Solo l'introduzione di stimoli nuovi crea eccitamento e piacere.[1] La coppia resta innamorata se risponde a questa esigenza di novità. Se al suo interno si riaccendono nuove sollecitazioni. Come un succedersi di zampilli d'acqua fresca. Per cui la coppia amorosa non è quella che non modifica nulla dentro di sé e attorno a sé, ma quella che si rinnova continuamente e che rinnova continuamente il suo mondo. Non è quella che resta identica, ma quella che muta. L'organismo vive solo se le sue cellule si rinnovano continuamente. Il pensiero pensa solo se passa continuamente su argomenti nuovi. Pensare vuol dire creare problemi e risolverli. La vita è rinnovamento, ricerca e ascesa. La coppia resta innamorata se l'energia del cambiamento, l'energia esplorativa continuano ad operare rivitalizzandola.

Questo vuol dire che la coppia resta innamorata se conserva una componente di sorpresa, di rischio, di incertezza, di scoperta, di rivelazione. La vita amorosa della coppia si svolge fra *due polarità opposte ed entrambe indispensabili*. La prima è la sicurezza, la fedeltà, la rassicurazione reciproca, lo sviluppo di schemi comuni di comportamento con cui affrontare, nello stesso modo, i problemi ed i pericoli. La seconda polarità è mistero, incantesimo, avventura. È necessario che il rapporto fra i due amanti conservi un margine di incertezza, di insicurezza, di alea. L'assoluta prevedibilità del comportamento è tipica del mondo inanimato, dell'automa, della macchina. La vita è, per definizione, imprevedibilità. Lo spirito è libertà. Quindi anche nella coppia amorosa ciascuno non può essere assolutamente sicuro della risposta dell'altro o del suo amore. L'altro resta un essere autonomo, libero e sempre nuovo. L'alleanza non esiste di per sé come un oggetto inanimato, come una roccia. Esiste perché viene continuamente rinnovata. Per essere rinnovata deve essere messa in discussione, sfidata dai pericoli, insidiata dalla seduzione. Nella coppia innamorata ciascuno deve scrutare il volto della persona amata per vedere se è contenta oppure no, per cogliervi una risposta e un sorriso. Dietro le quinte deve esservi sempre un po' di insicurezza, batticuore, gelosia, ansia. Ciascuno deve avvicinarsi all'altro con attenzione, con rispetto, perfino con timore, perché nessuno può essere assolutamente certo di venir ricambiato. Ma questa ricerca, questo dubitare, questo scrutare il volto dell'amato in attesa del sì, si conclude sempre in modo positivo. Il romanzo è a lieto fine.

Ma resta un romanzo. E il fatto che finisca sempre bene non è scontato, deve essere cercato e meritato. E comunque appare sempre come dono, grazia. Il sì dell'amato appare sempre come un miracolo. Un miracolo che si ripete. Nella preghiera *Jozer 'or* dello *Shemah* ringraziamo Dio perché quotidianamente fa apparire la notte e il giorno, perché rinnova ogni giorno l'opera della creazione.[2]

Nell'amore noi rifacciamo innumerevoli volte l'esperienza della perdita e del ritrovamento, dell'esilio e dell'arrivo alla Terra promessa. Ti ho desiderato e ti ho incontrato. Me ne sono andato e sono ritornato. Ti ho perso e ti ho ritrovato. L'amore è un continuo cercare, un continuo perdersi, ed un continuo ritrovarsi. L'essere è soltanto uno scoprire, qualcosa che ti viene incontro, che si svela. Perché nel mondo tutto resta fragile e precario, tutto svanisce. Ma nell'amore ritorna, si ritrova. Ci viene incontro più di quanto avessimo meritato. Anzi, più di quanto non avessimo immaginato, pensato. La nostra vita è stata incompiuta in altri campi, ma non dove c'è l'amore. Qui ha conosciuto la perfezione. È diventata degna, perché toccata dalla grazia.

La semprerinascente

Lo stato amoroso dura fino a quando continuano a funzionare gli stessi meccanismi che abbiamo visto all'opera nell'innamoramento: il piacere, la perdita, l'indicazione, lo stato nascente. Però non funzionano più in modo esplosivo, come in una supernova o in una esplosione termonucleare, ma in modo controllato, come avviene nel sole o in una centrale atomica. I processi sono gli stessi, la natura delle energie la stessa. Ma al posto di un'unica violenta esplosione, abbiamo il succedersi di tanti lampi di fuoco. L'amore resta, nella sua natura profonda, discontinuo. Nelle tempeste, negli errori e nelle ansie della vita, la persona amata torna ad essere ogni volta l'asse del mondo. Nella coppia amorosa noi perciò troviamo le stesse esperienze dell'innamoramento, ma come onde, come sussulti, come freschi getti che la rinnovano.

Incominciamo dall'*unicità* del nostro amato. Il miracolo dell'amore sta nel concedere ad ogni essere umano, anche al più povero, anche al più brutto, la divina esperienza di possedere ciò che è più importante di ogni altra cosa, ciò che vale di più al mondo. Questa esperienza, intensissima nel momento dell'innamoramento, in molte coppie scompare. Dopo qualche tempo ciascuno fa confronti con gli altri e gli sembra che esista qualcuno preferibile a sua moglie o suo marito. Nella coppia amorosa, invece, c'è sempre un momento, magari durante una festa, o una gita, in cui il marito guarda la moglie e ne è «rapito». Si rende conto che la preferisce ad ogni altra, che non avrebbe potuto trovare di meglio, che la vita, donandogliela, gli ha dato infinitamente di più di quanto lui non avrebbe mai potuto sognare, di quanto lui non avrebbe mai potuto immaginare. E si sente riconoscente, pago, felice.

Quando ci innamoriamo, la persona amata dà inizio alla nostra nuova vita, e ne costituisce il coronamento. È come una giornata di sole: inizia con lei e termina con lei. Lei è l'alfa e l'omega, l'alba e il tramonto. È questa l'esperienza di *inizio e di compiutezza* che accompagna, scandisce la vita della coppia amorosa. Non in modo continuo, ma discontinuo, per accensioni, ricominciamenti. Ogni tanto, ripensando alla nostra vita, la vediamo nella sua interezza e ci accorgiamo che, grazie all'amore, è stata bellissima. Capiamo che abbiamo ricevuto l'essenziale e ne siamo paghi. Certo, possiamo vivere ancora moltissimo e abbiamo infinite cose da fare però, qualsiasi cosa ci succeda, sappiamo che abbiamo avuto già molto, e potrebbe bastarci. In ogni caso siamo pronti ad affrontare il nostro destino. Accanto all'amato riusciamo a guardare, senza paura, anche la soglia della morte. Una vita completa è perfetta, e comprende anche la sua morte.

Tutti gli innamorati, all'inizio, si *corteggiano*. Ciascuno vuole rendersi bello, interessante, affascinante per piacere all'altro. L'uomo diventa gentile, sollecito, e sente spontaneamente sorgere sulle sue labbra espressioni poetiche. La donna diventa più morbida, tenera, attraente. Entrambi vogliono piacere all'altro, rendersi desiderabili, irresistibili. E, nello stesso tempo, promettono amore e devozione. Il comportamento di corteggiamento è un impegno, una promessa: «Guarda» esso dice «come mi comporterò con te quando saremo sposati». Ma, di solito, questi comportamenti scompaiono nella routine quotidiana. Come se, una volta assicurato il possesso stabile della persona amata, non ci fosse più nessun bisogno di conquistarla, di sedurla. Nella coppia innamorata, invece, la seduzione continua. La donna si prepara all'appuntamento col marito come se andasse ad una festa, come se volesse farsi corteggiare da uno sconosciuto. Noi abbiamo assoluto bisogno della novità. Proprio a questo servono la vita mondana, le feste, i balli, il corpo nudo sulla spiaggia, le separazioni, i giochi. Per poter guardare la propria moglie o il proprio marito con gli occhi degli altri. Nella coppia innamorata ciascuno vuol piacere all'altro, vuol sedurlo come se fosse uno sconosciuto. Non dà per scontato niente. Pensa sempre che l'altro potrebbe non amarlo, che se lo deve meritare. Ed ogni incontro conserva così un po' del batticuore dell'innamoramento.

Nella coppia innamorata ciascuno vuol anche dimostrare il proprio *valore* sociale. Tutte le società hanno prove, rituali in cui l'uomo mette in mostra ciò che viene considerato importante: la prestanza, la forza, la destrezza, il coraggio, la ricchezza, la capacità guerriera, la forza di carattere. E la donna la bellezza, l'eleganza, la grazia, la fedeltà, l'intelligenza. Avvenuto il matrimonio, nella vita in comune, spesso questo processo si interrompe. Nella coppia innamorata, invece, continua. Ciascuno vuol continuare a dimostrare all'amato che vale, che gli altri lo apprezzano per le sue qualità, per le sue virtù, per il suo valore. E che, perciò, merita la sua stima e il suo amore. Nella coppia innamorata ciascuno sa che l'amore deve meritarselo, guadagnarselo anche socialmente.

Nella coppia amorosa continua anche la ricerca della propria verità, della *propria essenza.* Amare vuol dire salire e aiutare l'altro a salire sulla scala dell'essere. Ciascuno è perciò impegnato ad un continuo perfezionamento di se stesso. Ai suoi occhi, agli occhi dell'amato, agli occhi degli altri. Nello stesso tempo, mentre guardiamo la persona amata come un prodigio dell'essere, sappiamo anche che può fiorire, sbocciare. Sentiamo che il nostro scopo è di aiutarla a rivelare il meglio di se stessa. Nella coppia amorosa questo perfezionamento di sé e dell'altro continua con la prudenza, la pazienza necessaria. Ciascuno si trasforma per adeguarsi al proprio ideale e all'ideale che l'altro ha di lui. In questo modo entrambi diventano migliori di quanto non sarebbero stati restando separati. Le loro volontà si fecondano, le loro intelligenze interagiscono, le loro capacità si completano. È il contrario della competizione e dell'invidia, dove ciascuno cerca di prevalere sull'altro, di abbassarlo. Nella coppia innamorata ciascuno desidera la perfezione dell'amato e vuole che quella perfezione venga riconosciuta. Perciò lo aiuta a salire anche socialmente.

Le persone che si amano veramente si dicono la *verità* per necessità interiore. Non sono appesantite dalla paura della menzogna. L'intimità è stata definita come possibilità di comunicarsi sentimenti profondi, rischiosi. Quindi un mettersi in gioco, col timore che l'altro non ti capisca, che non risponda. Per cui genera emozioni violente ed una grande gioia quando ti accorgi che l'altro ti comprende e sta dalla parte tua.[3]

Le persone innamorate sono sempre fresche, leggere. Non si lasciano incrostare dalle abitudini. Non si trascinano appresso infiniti bisogni. Vi sanno rinunciare. Un segno inconfondibile della coppia amorosa è la *duttilità*, la capacità di modificarsi, di adattarsi. Perché conserva la plasticità delle origini. Noi siamo capaci di apprendere e di correggerci. L'amore, come ogni cosa vivente, sopravvive grazie all'invenzione, alla flessibilità, all'intelligenza.

Un'altra caratteristica dell'amore che dura è il *comunismo amoroso*. Le persone che continuano ad amarsi non tengono una contabilità del dare e dell'avere. Anche la coppia che ha deciso di tenere i propri beni separati, di fatto, poi, agisce secondo il principio del comunismo. Ciascuno dà secondo le sue capacità e ciascuno prende in base ai propri bisogni. E l'amore, proprio perché è sincero e guarda all'essenziale, dà ad entrambi misura e moderazione.

Accanto al comunismo amoroso è molto forte il senso dell'uguaglianza di valore. Gli innamorati si sentono *assolutamente uguali* perché ciascuno pensa che l'altro valga più di lui. L'amore finisce nel momento in cui io penso di valere più del mio amato e di avere più diritti di lui.

Per continuare ad amare bisogna che la persona amata sia sempre, in parte, trasfigurata. Appaia, cioè, «nella luce dell'essere» in cui noi vediamo lo splendore delle cose come sono. È qualcosa che ha a che fare con l'umiltà, un sentimento prossimo al *religioso.* E ha qualcosa di religioso anche il rispetto e il timore con cui ci avviciniamo a lei. Perché essa ci è infinitamente vicina ma, nello stesso tempo, infinitamente lontana e infinitamente desiderabile. E sappiamo che, se non ci amasse, saremmo perduti. Allora vediamo, come in un bagliore, come avrebbe potuto essere la nostra vita se non ci fossimo incontrati, se non ci avesse amato, se non ci amasse. E proviamo un brivido di paura. Grazia, miracolo, stupore, paura, sono tutte emozioni che avvicinano l'amore all'esperienza religiosa.

Nell'innamoramento io voglio essere amato per quello che sono, per il bene e per il male. Ma, col passare del tempo, con il consolidarsi della relazione questo non mi basta più. Non mi basta che l'altro mi dica «ti amo, ti amo, qualsiasi cosa tu faccia, ti amo. Sei stupido, ma ti amo, non ti stimo, ma ti amo». Ciascuno vuol affermare se stesso, vuol essere riconosciuto nel suo valore, oggettivamente. Non mi basta esser amato, voglio anche essere stimato, apprezzato. Voglio poter dire: «Me lo sono meritato». Più l'altro mi dice: «Ti amo, ti amo» più dentro di me sorge l'obiezione: «Non voglio che tu mi dica che mi ami, voglio sentirti dire che mi stimi, che mi apprezzi perché valgo veramente. Se mi ami sempre, qualsiasi cosa io faccia, mi tratti come un bambino, non come un adulto. Se tu mi regali tante cose belle, ma non mi dai l'occasione di meritarmele, se me le dai solo come tuo dono grazioso, arbitrario, capriccioso, io ti sento come un despota, come un padrone a cui non avrò mai il diritto di chiedere. Io voglio non solo amore, ma anche riconoscimenti e diritti».

Una comunità vivente

La coppia è una comunità vivente in cui si svolge un continuo processo di differenziazione, di creazione. Ma, nello stesso tempo, ha un'attività che ricompone queste fratture, ricostituisce l'unità e, in questo modo, la mantiene in vita e ne conserva l'identità.

Le grandi civiltà sono animate da violenti processi creativi, da conflitti, da contrapposizioni. Ma tutte queste forze non portano alla disintegrazione, perché i suoi membri sono consapevoli dell'importanza della civiltà che stanno costruendo, l'amano. Vogliono modificarla ma non distruggerla. Una comunità vivente utilizza tutti gli individui, tutte le loro energie, tutti i conflitti, tutte le creazioni per accrescersi, proseguire. Essa è creata da loro, ma a sua volta li crea, li plasma, indica loro fini e valori. I suoi membri, perciò, non concepiscono di uscirne fuori. Come dice Romeo nella tragedia di Shakespeare: «Non c'è mondo fuori delle mura di Verona!». Quella società, quella chiesa, quel partito è il loro orizzonte di valore. È ciò che dà valore alle azioni. E ciò che dà senso persino allo scontro, al conflitto. I diversi partiti lottano per rendere migliore il proprio paese. Le scuole teologiche per consolidare la vera religione. L'esule, perciò, continua ad amare la sua patria anche se l'ha bandito, l'eretico la sua religione anche se lo ha condannato.

Noi non abbiamo solo degli oggetti individuali di amore. Amiamo anche degli oggetti collettivi: la nostra patria, il nostro partito, la nostra chiesa, la nostra famiglia. E queste entità collettive sono tanto più forti quanto più siamo orgogliosi di appartenervi e vi dedichiamo le nostre vite.

Lo stesso vale per la coppia. L'amore di coppia non è fatto solo dell'amore che ciascuno prova verso l'altro, ma anche di quello che noi due proviamo verso la collettività formata da entrambi. E la coppia dura solo se esiste questo tipo di amore, di orgoglio. Dura se diamo importanza al nostro amore, al nostro essere coppia, a ciò che stiamo facendo insieme. Se accettiamo fino in fondo la nostra vocazione amorosa. Ciò che rende fragile l'amore non è soltanto il disaccordo individuale, ma soprattutto la mancanza di fede nella nostra unione, nella nostra missione.

Gli innamorati sono orgogliosi del loro amore, sono orgogliosi di loro stessi. Sono convinti di avere un valore e un compito, pensano che ogni loro azione debba essere esemplare, modello per tutti. Nello stato nascente l'entità collettiva che emerge è più importante dei singoli membri che ne fanno parte, perché è attraverso di lei che si riconoscono, si rinnovano, si perfezionano. Anche in seguito l'amore continua solo se continua a rinnovarsi questo tipo di esperienza, questa fede. Quando i due membri della coppia incominciano a tenere una contabilità dei guadagni e delle perdite, quando tornano ad essere importanti come individui singoli, quando l'individuo ripiega su se stesso, sul suo egoismo e sulla sua meschinità, l'amore svanisce. L'amore esiste solo se è capace di dare più di quanto riceve. Solo se riesce a fondere il soggetto in una entità più importante di lui, che lo trascende e lo arricchisce.

La coppia è una entità vivente che vuol esistere, vuol affermarsi nel mondo. Essa deve essere vista come una potenza sociale, culturale, ideologica, politica. Come un centro organizzatore con una ideologia. Essa è cosciente del suo valore, giustifica la proprie azioni, si dà le proprie leggi. Si espande organizzando il proprio ambiente come uno Stato, come un Partito, come una Chiesa. E sopravvive se è capace di controllare le proprie tensioni interne e quelle che le provengono dall'ambiente. Se sa difendersi dagli innumerevoli attacchi, respingere vittoriosamente le minacce che tendono ad indebolirla e disintegrarla.

Storia e destino

Qualsiasi formazione sociale ricorda con orgoglio il suo passato per progettare il suo futuro. Anche la più piccola tribù commemora le gesta degli antenati, degli eroi, le tramanda nei racconti. E, facendole rivivere, rende nobile e splendente il presente. Il rito religioso è la riattivazione del tempo divino delle origini, quando gli dei abitavano la terra. Secondo Eliade[4] ogni religione è animata da una perenne nostalgia delle origini. La legge ed il rito ebraico riattivano ciò che è stato compiuto all'epoca dei patriarchi: Abramo, Giacobbe, Mosè. Il cristianesimo ricorda e rivive ciò che Cristo ha compiuto sulla terra. L'Islam la vita di Medina e la parola divina dettata a Maometto. Lo stesso marxismo ha i suoi padri fondatori e i suoi testi sacri. Ogni comunità trae la sua linfa vitale dal ricordo e dall'attivazione dei suoi momenti eroici, creativi. Trova la forza di guardare al futuro attingendo ai suoi ricordi, ai suoi periodi felici, alle sue glorie, ai suoi eroi, ai suoi grandi.

Ma noi sappiamo che ogni comunità scaturisce dallo stato nascente. Noi sappiamo che *il tempo divino delle origini* non è altro che lo stato nascente da cui essa è nata. Il tempo divino delle origini è il tempo della creazione, quando tutto era possibile.

Ogni civiltà perciò cresce ed evolve conservando la sua identità solo se, periodicamente, ritrova questo suo passato e vi attinge forza e freschezza di rinnovamento. In questo modo riesce a restare giovane e a ricrearsi. Tutti i grandi movimenti religiosi del cristianesimo, pensiamo a quello di san Benedetto, di san Francesco, o di Lutero o di Calvino, per nascere sono tornati alle origini, alla vita e all'insegnamento di Cristo. E quelli sorti in seguito si sono rifatti a questi grandi personaggi religiosi, costituendo così una tradizione ininterrotta. Lo stesso è avvenuto nell'ebraismo, nell'Islam. E anche nella sfera laica, nella politica. Pensiamo alla nazione americana che si è sempre richiamata allo spirito dei padri fondatori, alla dichiarazione di indipendenza, alle sue grandi figure del passato, Abramo Lincoln, per esempio.

Ebbene la coppia non è altro che la più piccola comunità esistente. E per essa valgono le stesse leggi delle comunità più grandi. Anche la coppia nasce da uno stato nascente, l'innamoramento, e si rivitalizza attraverso nuovi episodi di rinascita. Essa perciò dura e si rafforza se questi processi si rifanno all'innamoramento iniziale, lo riscoprono, vi attingono energie fresche, creative. La coppia continua ad essere innamorata se periodicamente riscopre le sue origini, ne ritrova lo spirito, la plasticità, l'entusiasmo e si rigenera in essi. Potremmo dire se ciascuno si re-innamora della stessa persona.

Quando tutto questo avviene, i ricordi, le esperienze esaltanti che i due innamorati hanno avuto in comune, le lotte sostenute insieme, le esperienze amorose vengono ricordate, riattivate. E costituiscono un fermento vivo, una energia che alimenta il presente. L'uomo non vede più sua moglie solo come è oggi, ma come è stata un tempo, in tutti i momenti più belli della loro vita, e riprova la tenerezza, l'orgoglio, la gioia di allora. E la donna, guardando l'uomo di oggi, vi rivede ciò che egli era, il volto, i gesti che ammirava e adorava. Riprova la dolcezza dei baci e degli abbracci di allora. Ogni individuo non è confinato al suo essere presente, ma acquista spessore, profondità, ricchezza in base a tutto ciò che è stato.

Per capire meglio questo processo dobbiamo ricordare che l'innamoramento è un movimento collettivo. E nei movimenti il capo carismatico non è una persona normale. È straordinario, brilla di luce divina. Col passare del tempo attorno a lui si forma una leggenda. La gente ne ricorda gli inizi difficili, le lotte, i trionfi. E tutti questi momenti si scolpiscono nella memoria collettiva e nel cuore dei fedeli. Ogni momento della sua vita viene ricordato e diventa esemplare. Ebbene, nell'innamoramento, ciascuno è il capo carismatico dell'altro. Ciascuno vede l'altro come qualcosa di elevato, di ammirevole, di sublime. E quando l'amore dura, la sua vita, come la vita del capo, diventa una biografia ammirevole, in cui tutti i momenti sono importanti e, quando vengono rievocati, danno forza, gioia, commozione. L'amante si commuove guardando le fotografie dell'amato quando era bambino, quando era giovane. E quando ripensa al passato, quando rivede le fotografie o i film di momenti passati insieme, riprova la gioia, la tenerezza, lo slancio di allora. Queste emozioni riscaldano e arricchiscono il presente.

Ma nella coppia non c'è solo la storia mia e dell'altro. C'è anche la storia del *noi*, della collettività creata insieme. C'è il ricordo di ciò che abbiamo fatto insieme. Le difficoltà, le lotte, gli sforzi, le vittorie. E poi le oggettivazioni del nostro lavoro comune. L'amore dura finché questo passato e le sue oggettivazioni sono vissute come un unico movimento positivo, che va verso il futuro. Perché passato e futuro si producono insieme, e non esiste l'uno senza l'altro. Quando si incrina il passato si incrina il futuro, e viceversa. Per questo una coppia deve conservare i ricordi piacevoli e deve aver paura del ricordo dei conflitti e delle ferite che i due amanti si sono procurati.

Erotismo

Ma una comunità di amanti deve avere anche una storia *erotica* ed un futuro erotico. Nella storia della coppia l'erotismo è una componente essenziale. Se perde di rilievo, se lascia il posto ad altri valori, se non c'è memoria dell'erotismo del passato, a poco a poco si spegne anche l'erotismo del presente. E lo stesso vale per il futuro. Se la coppia non dà importanza all'erotismo, se lo pone dopo altre cose, giorno dopo giorno l'erotismo scompare. E viene sostituito dalla simpatia, dalla tenerezza, dalla fiducia e dall'aiuto reciproco, dall'amicizia, che sono tutte forme di amore, ma non innamoramento. Esistono molte coppie di questo tipo, in cui i due coniugi non si desiderano più, non si toccano nemmeno più, come se fossero fratello e sorella, come se fossero separati dal tabù dell'incesto. Alcune persone ne sono anche soddisfatte. Noi però non possiamo considerarle coppie innamorate. Lo stato nascente amoroso si differenzia dallo stato nascente di tutti gli altri movimenti proprio perché è infiammato dall'erotismo, perché produce il desiderio spasmodico della comunione dei corpi, della fusione dei corpi. Il cemento della comunità amorosa è costituito dal piacere che i corpi si danno. L'erotismo costituisce il linguaggio specifico, insostituibile dell'innamoramento. Senza erotismo l'innamoramento è afasico. Non sa parlare, non può esistere. Una coppia eroticamente muta è un'entità diversa. Non è una coppia innamorata.

E non basta nemmeno l'amore rivolto alla comunità stessa, alla sua affermazione, alle sue oggettivazioni: i figli, la casa. Occorre che ti piaccia proprio l'altro individuo. Che ti piaccia fisicamente, eroticamente. Che ti piacciano i suoi occhi, i suoi capelli, il suo naso. Che ti piacciano il suo seno e le sue spalle, il modo in cui cammina. Occorre il desiderio di toccarlo, di baciarlo, di farti baciare, di stringerlo, di farti stringere, di coricarti nudo con lui, con lei, di fare all'amore. E poiché quel corpo non ti ha saziato, il desiderio rinasce, ritorna, si rinnova. La coppia innamorata non va a letto per dormire, va a letto per fare all'amore, anche se poi invece, sfinita, si addormenta subito mano nella mano.

Il desiderio erotico non c'è sempre, ogni istante. La vita

in comune non è sempre uniformemente erotismo. È fatta anche di altre cose. Ci si sveglia, ci si addormenta, si mangia, si lavora, si discute, si viaggia. Però nella coppia innamorata l'erotismo è sempre dietro l'angolo, pronto ad erompere. Mentre l'altro si lava, mentre l'altro si fa la barba, mentre l'altra si sfila la maglietta e mostra il suo corpo nudo. Oppure quando lei, perfettamente truccata, alza gli occhi maliziosi. L'erotismo è sempre un risveglio, un aprire gli occhi stupiti, ardenti di desiderio. È il passaggio ad un'altra dimensione.[5] Come aprire una porta.

La coppia innamorata è anche quella in cui ciascuno, quando vede da lontano il proprio amato in compagnia di altre persone, quando lo incrocia per strada, quando lo osserva non visto ad un pranzo, ad una festa, ha una curiosa impressione di sdoppiamento. Sa che quella persona è sua moglie o suo marito. Eppure resta incantato a guardarlo come se fosse uno sconosciuto, qualcuno che non ha mai visto. Ne è affascinato, non riesce a staccargli gli occhi di dosso. Gli sembra la più bella creatura che abbia mai visto, la più affascinante, la più desiderabile. E si meraviglia che quella persona che gli piace tanto sia proprio quella che sta con lui, quella che divide le sue giornate e il suo letto. Quasi non ci crede. Si scopre a pensare che, se già non la conoscesse, vorrebbe conoscerla, parlarle. E non sa nemmeno se avrebbe il coraggio di farlo, perché le appare distante, troppo in alto. Sarebbe esitante, timido.

Ma non è questa l'esperienza del colpo di fulmine, dei momenti di rivelazione, di discontinuità tipici dell'innamoramento? Noi sappiamo che queste esperienze appaiono quando lasciamo cadere le difese, quando ci abbandoniamo al fascino dell'altro, alla sua potenza seduttiva. Nella coppia amorosa la vita quotidiana crea a poco a poco delle opacità, delle resistenze. La fatica, il lavoro, le discussioni, la stanchezza, sono come tanti mattoni messi davanti al volto della persona amata. Sono dei veli, degli stracci posti sui nostri occhi. Dei freni, delle resistenze, delle paure, che ingabbiano il nostro entusiasmo, che frenano il nostro desiderio di vita straordinaria. La vita quotidiana ci ha ripreso, ci ha spento. Ma ecco che, ad un tratto, il nostro slancio vitale prevale. Rompe la barriera opaca e ci fa vedere di nuovo l'oggetto del nostro desiderio. Che è sempre stato lì, anche nei momenti in cui noi eravamo assopiti, addormentati. I nostri occhi si aprono. L'erotismo è un risveglio.

Complessità

La coppia amorosa è una entità complessa in cui ogni individuo assume, agli occhi dell'altro, innumerevoli ruoli. Come se non fossero due sole persone, ma molte persone che svolgono attività diverse e che interagiscono, discutono, creano, e modificano il mondo. La coppia amorosa non è costruita come un dialogo, *ma come una sinfonia*.

Essa è fondata sulla coesistenza di due principi apparentemente opposti. Il primo è quello della complementarità. Il secondo quello della sostituibilità.

Incominciamo dal primo. In ogni coppia le capacità dei due membri devono essere *complementari*. Le capacità e le qualità del primo devono completare e correggere quelle dell'altro. Se uno è entusiasta, l'altro sarà riflessivo e prudente. Se il primo è ottimista e non vede i pericoli, l'altro è bene che sia un po' pessimista, vigilante. Se uno è violento, l'altro dovrebbe essere diplomatico. Se uno è prodigo, è meglio che l'altro sia parsimonioso. Se il primo è rigido, che l'altro sia tollerante.

Anche le attività dovrebbero essere complementari, i compiti divisi. È inutile che tutti e due facciano tutto. Dell'arredamento della casa se ne occuperà soprattutto chi ha più gusto. Degli affari chi è più capace ed abile. E l'altro dovrebbe essere così umile da riconoscerlo e lasciar fare. Ci sono persone che hanno una visione d'insieme, altre che sanno curare il particolare. Ci sono persone dotate di fantasia, altre più realiste. Allora le prime creano le favole, i giochi per i bimbi. Le altre organizzano la casa, la vita in comune. Insomma ciascuno metta a frutto liberamente le sue qualità migliori, la sua creatività.

Ed ora vediamo il *principio di sostituibilità*. I membri di una coppia innamorata e affiatata devono anche avere una grande affinità elettiva. Ciascuno deve capire, apprezzare il lavoro dell'altro, essere in condizione di collaborare con lui. Se il marito non ha gusto estetico per arredare, è però importante che sappia capire e apprezzare ciò che ha fatto sua moglie. Se è distratto, deve però essere d'accordo sul fatto che è meglio l'ordine e saper eseguire con cura le direttive che riceve. In realtà, in una coppia innamorata, anche se ciascuno si ritaglia come ruolo quello che sa far meglio, è anche identificato con l'altro. Lo capisce perfettamente, condivide le sue mete, le apprezza e sa riprodurre i suoi processi mentali. Due coniugi innamorati si capiscono senza parlarsi, basta un semplice gesto, uno sguardo, o talvolta niente. Così reagiscono nello stesso modo senza nemmeno consultarsi. Anche se fanno lavori diversi, ciascuno segue quello dell'altro, e può aiutarlo, consigliarlo, dargli suggerimenti utili. Fino a sostituirlo quando manca, a prendere una decisione al posto suo.

Ricordo il caso di una coppia molto affiatata. Lui aveva creato una importante impresa di strumenti elettronici, nota in tutto il mondo. Sua moglie non vi aveva mai lavorato. Nella loro divisione dei compiti se ne occupava il marito. Lui però le raccontava tutto quanto vi accadeva. Lei ascoltava con attenzione, partecipava intensamente. In questo modo, nel corso degli anni, avevano discusso insieme tutti i problemi e tutte le decisioni finanziarie ed organizzative più importanti. Lei conosceva tutti i collaboratori del marito e più volte aveva espresso le sue valutazioni ed i suoi suggerimenti. Però sempre dal di fuori, senza nessun ruolo formale.

Quando il marito morì, tutti si aspettavano che lei vendesse l'impresa. Con loro meraviglia, invece, chiamò i dirigenti e disse loro che l'avrebbe diretta personalmente. Dovevano solo essere un po' pazienti nello spiegarle le questioni tecniche che ancora non conosceva. Ma avrebbe imparato. E così fece. Si installò nell'ufficio del marito e, in poco tempo, prese in pugno la situazione. Si dimostrò una ottima imprenditrice ed oggi la sua impresa è più prospera ed importante di prima.

Nella coppia innamorata ciascuno non vede nell'altro una sola persona, ma tante persone diverse, sempre nuove, sempre stupefacenti. Una sera, conversando con un mio amico che, dopo quindici anni di matrimonio, guardava con occhi amorosi sua moglie gli dicevo: «Guarda che tua moglie, per te, non è una sola donna. È tante donne diverse. Fragile come un giunco, graziosa, la tieni sulle ginocchia come una bambina, ci giochi: è tua figlia. Nello stesso tempo si prende cura di te: è tua madre. È bella, l'ammiri: è una diva. Però è anche la tua amante, la tua geisha. Cura la tua casa, quindi è la tua governante. Ti aiuta piena di premura: è la tua segretaria. Nello stesso tempo ti guida: è il tuo manager. Impara da te: è la tua allieva. Ti insegna come agire: è la tua maestra. Poiché sei nevrotico è la tua psicoterapeuta. Ti spalleggia: è la tua complice. Ti rimprovera: è la tua coscienza morale. E, infine, è la tua più fedele alleata nella lotta della vita. Vedi, voi due in realtà siete tante persone diverse. E avete così tanto da fare, da discutere, tanto da dirvi, che non vi stancherete mai».

Note

CAPITOLO PRIMO

1. È curioso che gli studiosi della famiglia, di solito, le ignorino completamente. Vedi, per esempio Pierpaolo Donati, *Famiglia e politiche sociali*, Franco Angeli, Milano 1981. William Goode, *Famiglia e trasformazioni sociali*, trad. ital. Zanichelli, Bologna 1982. Chiara Saraceno, *Sociologia della famiglia*, Il Mulino, Bologna 1988. Antonio Golini, *La famiglia in Italia*, ISTAT, Roma 1986. Rossella Palomba, *Vite di coppie e di figli*, La Nuova Italia, Firenze 1987. Marzio Barbagli, *Provando e riprovando*, Il Mulino, Bologna 1990.
2. È impressionante vedere quante poche ricerche sono state condotte sull'argomento, quanta imprecisione ci sia in questo campo. Con alcune eccezioni naturalmente. E fra queste voglio ricordare in particolare il lavoro di Murray S. Davis, *Intimate Relations,* The Free Press, Macmillan, New York 1973. Dorothy Tennov, *Love and Limerence,* Stein and Day, New York 1979. C. S. Lewis, *I quattro amori,* trad. ital. Jaka Book, Milano 1982. R. G. Sternberg «A triangular Theory of Love», in «Psychological Review», 1986, 93, pp. 119-135. E, fra le opere più recenti,Willy Pasini, *Intimità*, Mondadori, Milano 1991; Jurg Willi, *Che cosa tiene insieme le coppie*, trad. ital. Mondadori, Milano 1992. Gilbert Tordjman *La couple*, Hachette, Paris 1992. Giorgio Abraham, *Un amore tutto nuovo*, Mondadori, Milano 1995.
3. Sigmund Freud, P*sicologia delle masse e analisi dell'Io.* In *Opere*, Boringhieri, Torino, vol IX, p. 299.
4. Per spiegare questa anomalia, anche Freud ha dovuto cambiare la spiegazione data in precedenza. Ci dice che l'innamoramento non scaturisce dal succedersi di esperienze sessuali piacevoli ma, al contrario, da un impulso sessuale inibito alla meta. Non potendo soddisfarsi, la libido sessuale esplode e genera una sopravvalutazione dell'oggetto amato. Sigmund Freud, *Psicologia delle masse e analisi dell'Io*, cit., p. 300.

5. Simone de Beauvoir, *Il secondo sesso*, trad. ital. il Saggiatore, Milano 1961.
6. Sesto Properzio, *Elegie*, trad. ital. Rizzoli, Milano 1989, p. 95.
7. Helen E. Fisher, *Anatomia dell'amore*, trad. ital. Longanesi, Milano 1992, p. 47. E l'autrice aggiunge: «Anche i Bem-Bem degli altipiani della Nuova Guinea non ammettono di provare passione, ma a volte può capitare che una ragazza si rifiuti di sposare l'uomo che il padre ha scelto per lei, fuggendo invece col suo "vero amore". I Tiv dell'Africa, che non possiedono un concetto formale per l'amore, chiamano questa passione, *follia*». *Ibidem*, p. 47.
8. Vedi William Jankoviak e Edward Fischer, «A cross culturale perspective on romantic love», in «Ethnology», 31(n 2) 1992, pp. 149-155.
9. Due noti sociologi si sono occupati della comparsa dell'amore in questo periodo storico. Niklas Luhmann col suo libro *Amore come passione*, trad. ital. Laterza, Bari 1982 e Anthony Giddens con *La trasformazione dell'intimità*, trad. ital. Il Mulino, Bologna 1994. Né l'uno né l'altro però sono in condizione di darne una spiegazione. Il fenomeno invece è perfettamente comprensibile alla luce di una teoria che considera l'innamoramento (sia esso chiamato passione o amore romantico) un processo collettivo che genera il formarsi di una coppia. Finché sono molto forti le famiglie parentali, il matrimonio viene combinato o dominato da queste. Ma, ad un certo punto, la trasformazione economica e la divisione del lavoro indeboliscono questi legami tradizionali ed allora la coppia si forma con gli stessi meccanismi con cui emergono le altre comunità: lo stato nascente e i processi di istituzionalizzazione. Si assiste allora ad un crescere dell'importanza della passione amorosa e ad una epidemia di innamoramenti. Vedi questa tesi in Francesco Alberoni, *Genesi*, Garzanti, Milano 1989.
10. Chi anticipa i tempi è Shakespeare. L'innamoramento come base del matrimonio è presente in tutte le sue opere da *Romeo e Giulietta*, a *Tanto rumore per nulla*, fino a *La tempesta*. Anche Goethe e Manzoni danno voce alla sensibilità popolare. Nel *Werther* di Goethe il protagonista vorrebbe sposare Lotte. E questo rispecchia un episodio della vita di Goethe stesso che si era innamorato di Charlotte Buff. *Le affinità elettive* incominciano con un dialogo fra Edoardo e Carlotta che, dopo il matrimonio imposto loro dalle famiglie, finalmente realizzano il loro amore sposandosi. Ne *I promessi sposi* di Manzoni, Renzo e Lucia sono due contadini che si amano, e la Chiesa si batte per permettere il loro matrimonio contro le prepotenze di Don Rodrigo.
11. José Ortega y Gasset, *Saggi sull'amore*, trad. ital. Sugarco, Milano 1984.
12. Denis de Rougemont, *L'amore e l'occidente*, trad. ital. Rizzoli, Milano 1977.

13. Erich Fromm, *L'arte di amare*, trad. ital. il Saggiatore, Milano 1966.
14. Credo che questo dipenda dal fatto che la lingua inglese non ha la parola «innamoramento» e quando manca la parola spesso manca il concetto. L'attenzione si è allora fissata sulle forme storiche in cui l'innamoramento si presenta. Da Stendhal è stato preso il concetto di *Amore passione*. Il concetto di *Romantic Love* invece è stato tratto dalla letteratura. Basta vedere come lo analizza Giddens (Anthony Giddens, *La trasformazione dell'intimità*, trad. ital. Il Mulino, Bologna 1994, pp. 51-57, oppure Steven Seidman in *Romantic Longings*, Routledge, New York 1991). Sono state fatte delle scale per misurare questa «ideologia romantica» come nel caso di I. M. Rubin, *The Social Psychology of Romantic Love*, The Univ. of Michigan, Ph. D. Thesis. A poco a poco, molti hanno finito per identificare *romantic love* ed innamoramento. Per sfuggire a questo equivoco, Dorothy Tennov ha creato l'infelice neologismo *limerence*.
15. Questa tesi è sostenuta da tutti gli psicoanalisti. Vedi per esempio, fra le centinaia di citazioni possibili, Jole Baldaro Verde e Gian Franco Pallanca, *Illusioni d'amore,* Raffaello Cortina, Milano 1984. Anche la teoria dell'amore come attaccamento non fa che sviluppare la stessa idea. Le persone si innamorano e si attaccano a sostituti dei genitori e stabiliscono fra di loro rapporti di accudimento reciproco come quelli fra la madre e il figlio. In questo campo il lettore troverà una sterminata bibliografia nel libro di Lucia Carli, *Attaccamento e rapporto di coppia*, Raffaello Cortina, Milano 1995. La presenza di questo schema anche nella psicoanalisi junghiana è visibile nelle pregevoli opere di Aldo Carotenuto, *Eros e patos*, Bompiani, Milano 1987, *Amare tradire*, Bompiani, Milano 1991; *Riti e miti della seduzione*, Bompiani, Milano 1994.
16. È la tesi che ho sostenuto nel mio libro *Innamoramento e amore*, Garzanti, Milano 1979.
17. Sigmund Freud, *Tre saggi sulla teoria sessuale.* In *Opere* cit., vol. IV p. 531. *Introduzione alla psicoanalisi.* In *Opere* cit., vol. VIII p. 540.
18. Martin Heidegger, *Essere e tempo*, trad. ital. Longanesi, Milano 1982.
19. Abraham Maslow, *Religions, Values and Peak-Experience*, Penguin Books, London 1976.

CAPITOLO SECONDO

1. Dino Buzzati, *Un amore*, Mondadori, Milano 1966, p. 25·
2. *Ibidem*, p. 255.
3. *Ibidem*, p. 256.
4. Ludwig G. Biswanger, *Tre forme di esistenza mancata*, trad. ital. Garzanti, Milano 1978.
5. È la tesi esposta da Stendhal in *Dell'amore*, trad. ital. Garzanti, Mila-

no 1972. Nella nostra teoria l'innamoramento sorge attraverso numerose esplorazioni. In ogni esplorazione il soggetto valuta la possibilità di essere ricambiato. Se è certo di non esserlo, l'innamoramento non procede. Però può anche compiere un errore. Interpretare un atteggiamento amichevole o gentile, o una risposta erotica, come disponibilità all'amore reciproco.

6. Sigmund Freud, *Lutto e melanconia*, in *Opere*, *Introduzione alla psicoanalisi*, vol. VIII, p. 102.
7. L'espressione *porta* appare anche nel linguaggio religioso. Nelle litanie, la Madonna viene chiamata *Janua coeli,* porta del cielo. Nel mondo islamico, *bab* è la porta d'accesso alla divinità. Il sultano-califfo è chiamato *La sublime porta.*
8. Roland Barthes, *Frammenti di un discorso amoroso*, trad. ital. Einaudi, Torino 1979, p. 38.
9. Edith Wharton, *L'età dell'innocenza,* trad. ital. Corbaccio, Milano 1993, p. 156.
10. David Herbert Lawrence, *L'amante di lady Chatterley*, trad. ital. Mondadori, Milano 1946, pp. 25-27.
11. *Ibidem*.
12. *Ibidem*, p. 58.
13. *Ibidem*, pp. 62-63.
14. Sigmund Freud, *Opere,* Boringhieri, Torino vol V, pp. 256-336.
15. Abbiamo già fatto riferimento all'altra corrente di pensiero che considera il legame amoroso lo sviluppo e l'elaborazione dell'attaccamento materno così come è stato studiato da John Bowlby. Le opere di riferimento di questo punto di vista sono John Bowlby vol. I: *L'attaccamento alla madre*, trad. ital. Boringhieri, Torino 1972. John Bowlby, vol II: *La separazione dalla madre*, trad. ital. Boringhieri, Torino 1975 e John Bowlby, *Costruzione e rottura dei legami affettivi,* trad. ital. Raffaello Cortina, Milano 1982. Sull'intero argomento vedi poi Lucia Carli, *Attaccamento e rapporto di coppia*, Raffaello Cortina, Milano 1995.
16. John Money, *Lovemaps: Clinical Concepts of Sexual/Erotic Health and Pathology, Paraphilia, and Gender Transposition in Childhood, Adolescence and Maturity*, Irving Publishers, New York 1986; *Amore e mal d'amore*, trad. ital. Feltrinelli, Milano 1983.
17. Wolfgang Goethe ha scritto tre libri con questo personaggio: *La missione teatrale di Wilhelm Meister* (1777), *Gli anni di noviziato di Wilhelm Meister* (1797) e *Gli anni di pellegrinaggio di Wilhelm Meister* (a cui lavora fino al 1829).
18. Pietro Citati, *Goethe*, Adelphi, Milano 1990, p. 73.
19. *Ibidem*, pp. 62-63.
20. Erica Jong, *Paura dei cinquanta*, trad. ital. Bompiani, Milano 1994, pp. 293-296.
21. E questo hanno causato due fontane
    che di diverso effetto hanno liquore

ambe in Ardenna, e non sono lontane;
d'amoroso disio l'una empie il core;
chi beve all'altra, senza amor rimane
e volge tutto in ghiaccio il primo ardore.
Ludovico Ariosto, *Orlando furioso*, Utet, Torino 1969, canto I, 78, pp. 64-65.

22. Françoise Giroud, *Alma Mahler, o l'arte di essere amata*, trad. ital. Garzanti, Milano 1989, pp. 48-54.

CAPITOLO TERZO

1. Francesco Alberoni, *L'amicizia*, Garzanti, Milano 1984.
2. È la teoria già citata di John Money, *Lovemaps: Clinical Concepts of Sexual/Erotic Health and Pathology, Paraphilia and Gender Transposition in Childhood, Adolescence and Maturity*, Irving Publishers, New York 1986.
3. Madame de La Fayette, *La principessa di Clèves*, trad. ital. Rizzoli, Milano 1986, p. 156.
4. Françoise Giroud, *Alma Mahler, o l'arte di essere amata*, trad. ital. Garzanti, Milano 1989.
5. Di questo autore vedi in particolare René Girard, *Menzogna romantica e verità romanzesca*, trad. ital. Mondadori, Milano 1964, *La violenza e il sacro*, trad. ital. Adelphi, Milano 1980.
6. René Girard, *La violenza e il sacro*, cit., p. 193.
7. *Ibidem*.
8. Nell'elaborare il concetto di stato nascente ho utilizzato in modo particolare le ricerche di Max Wertheimer sulla soluzione dei problemi. Più in generale sulla psicologia della forma, vedi Kurt Koffka, *Elementi di psicologia della forma*, trad. ital. Boringhieri, Torino 1977. Wolfgang Kohler, *Psicologia della Gestalt*, trad. ital. Feltrinelli, Milano 1961. Gaetano Kanizsa, *Grammatica del vedere*, Il Mulino, Bologna 1980. Ed infine Max Wertheimer, *Il pensiero produttivo*, trad. ital. Ed. Univ. Fiorentina, Firenze 1965.
9. Arthur Koestler, *L'atto della creazione*, trad. ital. Ubaldini, Roma 1975, p. 110.
10. Ho dovuto introdurre questo principio per spiegare il processo esplosivo dei movimenti collettivi e dell'innamoramento. La teoria completa dei tre principi della dinamica è esposta in Francesco Alberoni, *Genesi*, Garzanti, Milano 1989.
11. L'idealizzazione, secondo questa teoria, è il prodotto dei meccanismi di difesa contro l'ambivalenza. Essi sono di tipo depressivo e persecutivo. Vedi l'esposizione completa in Francesco Alberoni, *Genesi*, cit., pp. 134-166.
12. Essi sono una elaborazione della posizione depressiva e schizopara-

noidea di Melanie Klein. Vedi sull'argomento i lavori di Franco Fornari, *La vita affettiva originaria del bambino*, Feltrinelli, Milano 1963 e la già citata *Genesi.*

13. Scrive Lou Salomé: «In fondo l'amante non si interessa di come è veramente l'amato [...] gli basta sapere che l'altro lo rende miracolosamente felice. In che modo non sa. I due rimangono un mistero l'uno per l'altro». Lou Andreas Salomé, *La materia erotica*, trad. ital. Editori Riuniti, Roma 1985, p. 26. Sulla inconoscibilità della persona amata vedi Roland Barthes, *Frammenti di un discorso amoroso*, trad. ital. Einaudi, Torino 1978, e Alain Finkielkraut, *La sagesse de l'amour*, Gallimard, Paris 1984.

CAPITOLO QUARTO

1. Esistono tre tipi di formazioni sociali: la *Società, la Comunità, e il Movimento.* Le prime due sono state descritte dal sociologo tedesco Tonnies (Ferdinand Tonnies, *Comunità e società*, trad. ital. Comunità, Milano 1963). La *comunità* preesiste all'individuo ed è fondata sulla tradizione. L'individuo vi nasce ed è legato agli altri membri da una comunanza di sentimenti, emozioni, idee. Sono *comunità* la famiglia, la nazione, la città-stato, la chiesa. Invece la *società* è qualcosa che gli individui costruiscono con la volontà, con la ragione, attraverso un patto, un contratto. Pensiamo ad una società per azioni, ad una associazione sportiva.

   Il terzo tipo di formazione sociale, il *movimento collettivo*, Tonnies non lo conosceva. Esso ha qualcosa della comunità perché i suoi membri hanno in comune sentimenti e valori. Però non è fondato sulla tradizione. Nasce come la società, ma non viene costruito freddamente dalla ragione con un accordo, un patto. Erompe sotto l'impulso delle emozioni, della fede e della passione. Al suo inizio, chi vi entra a farne parte vive una esperienza di liberazione, di rinascita, di rivelazione. Proprio quella conversione, quel mutamento interiore che abbiamo descritto come *stato nascente.* E tutti coloro che si trovano in questo stato si *riconoscono* fra di loro e tendono a fondersi, a produrre una *comunità* dotata di altissima solidarietà. L'istituzione è ad un tempo una comunità per i vincoli emotivi fra i suoi membri, ed una società per i patti ed i contratti che la regolano.
2. Vedi il saggio sull'adulterio di Tony Tanner, *L'adulterio nel romanzo*, Marietti, Genova 1990.
3. Il cristianesimo viene visto dai cristiani come la fioritura del giudaismo. Ma per gli ebrei è stata una frattura della comunità ebraica, una terribile eresia, che ha provocato innumerevoli danni al popolo israelita. La Riforma protestante può essere vista come la creazione di un nuovo cristianesimo, l'emergere di una pluralità di comunità religio-

se, i luterani, i calvinisti, gli anabattisti e poi, via via, fino ai metodisti, ai battisti riformati. Ma può anche essere considerata la disintegrazione della chiesa cattolica medioevale, la perdita irreparabile della sua unità. Il bolscevismo si è affermato disintegrando il sistema politico russo, distruggendo i socialrivoluzionari, il Partito dei Contadini, il Bund. I movimenti giovanili degli anni Sessanta, pensiamo solo agli hippies, hanno sconvolto le università, messo in crisi le vecchie associazioni, modificato i rapporti all'interno della famiglia. E lo stesso è avvenuto con il femminismo che ha unito le donne, ma alterando, distruggendo, modificando rapporti fra i sessi.

4. La nascita della moralità dal dilemma etico è esposta in Francesco Alberoni, *Innamoramento e amore, cit.* e, soprattutto, *Le ragioni del bene e del male*, Garzanti, Milano 1981. La descrizione che dà dell'innamoramento Dorothy Tennov in *Love and Limerence*, Stern and Day, New York 1979, è incompleta perché ignora questa natura conflittuale. La Tennov descrive l'*idillio*, non la realtà concreta dell'amore.
5. Vedi Francesco Alberoni. *Valori*, Rizzoli, Milano 1992, p. 90.
6. Vedi il capitolo *Differenza sessuale* in James Q. Wilson, *Il senso morale*, trad. ital. Comunità, Milano 1995.
7. Nel divertente libro di Maria Venturi, *L'amore s'impara: come conquistare e tenersi un uomo*, Rizzoli, Milano 1989, tutte le strategie per tenersi il marito e sconfiggere la rivale si basano sul senso di colpa dell'uomo. Lo attivano, lo aumentano, lo esasperano. Questi stessi meccanismi non sono applicabili ad una donna. A meno che questa non debba rinunciare ai figli.
8. Françoise Giroud, *Mio carissimo amore*, trad. ital. Rizzoli, Milano 1995, p. 62.
9. Come nel libro di Susanna Tamaro, *Va' dove ti porta il cuore*, Baldini & Castoldi, Milano 1994.

CAPITOLO QUINTO

1. È la stessa definizione che usa Karl Marx ne *L'ideologia tedesca*, trad. ital. Editori Riuniti, Roma 1956.
2. Cfr. Jurg Willi, *Che cosa tiene insieme le coppie*, trad. ital. Mondadori, Milano 1992.
3. Verena Kast, *Paare, Beziehungsphantasien oder: Wie Götter sich in Menchen Spiegeln*, Krenz, Stuttgart, 1984, trad. ital. *La coppia*, Ed. Red, Como 1991.
4. Sulla ricerca della perfezione estetica propria e dell'altro vedi Sasha Weitman, *On The Elementary Forms of Socioerotic Life*, Pro manuscripto, Univ. of Tel Aviv 1995.

CAPITOLO SESTO

1. Il processo è illustrato qui di seguito:

	Vero innamoramento	
	Stato Nascente	
Principio del piacere	**La perdita**	**Indicazione**
Pseudoinnamoramento erotico	Amore competitivo	Pseudoinnamoramento divistico

2. Edgar Morin, *I divi*, trad. ital. Garzanti, Milano 1958. Francesco Alberoni, *L'élite senza potere*, Vita e Pensiero, Milano 1963; nuova edizione Bompiani, Milano 1973. Francesco Alberoni, *Il volo nuziale*, Garzanti, Milano 1992. Adoring Audience, Routledge, London 1991.
3. È un tema sviluppato in Francesco Alberoni, *L'erotismo*, Garzanti, Milano 1986.
4. Vedi Francesco Alberoni, *Il volo nuziale*, Garzanti, Milano 1992.
5. Dorothy Tennov, *Love and Limerence*, cit., p. 47.
6. Volendo rappresentare in un grafico i legami amorosi che esistono all'interno del movimento, non abbiamo solo quelli stellari fra il capo ed i seguaci, ma un legame di ciascuno con la collettività tutt'intera. Anzi l'amore che si stabilisce fra i singoli membri non è, propriamente parlando, un amore fra individui, ma è mediato dalla collettività. Vedi l'illustrazione:

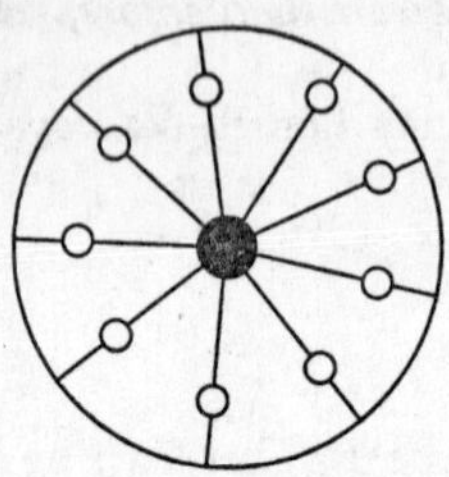

7. Vedi l'illustrazione

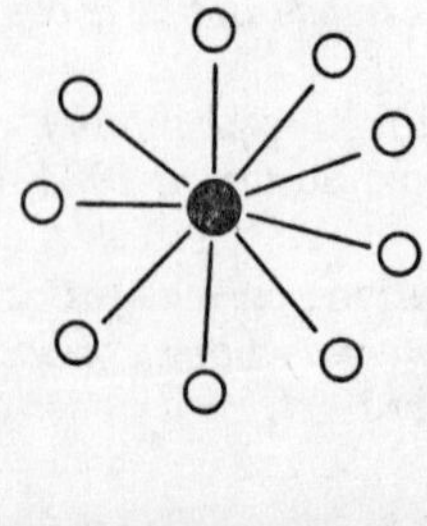

8. Sigmund Freud, *Psicologia delle masse e analisi dell'Io*, cit.
9. Sigmund Freud, *Totem e tabù*, in *Opere*, vol. VII.
10. Giacomo Casanova, *Memorie*.
11. Carlo Castellaneta, *Le donne di una vita*, Mondadori, Milano 1993.
12. Jeanne Cressanges, *Tutto quello che le donne non hanno mai detto*, trad. ital. Rizzoli, Milano 1983, p. 91.
13. Carlo Castellaneta, *Passione d'amore*, Mondadori, Milano 1987.
14. Francis Scott Fitzgerald, *Il grande Gatsby*, trad. ital. Mondadori, Milano 1950, p. 157.
15. Elena Gianini Belotti, *Amore e pregiudizio*, Mondadori, Milano 1992 p. 92.
16. Rosa Giannetta Alberoni, *Paolo e Francesca*, Rizzoli, Milano 1994.
17. Jurg Willi, *La collusione di coppia*, trad. ital. Franco Angeli, Milano 1993, pp. 50-57.

CAPITOLO SETTIMO

1 Una preziosa descrizione dell'erotismo amoroso ci è stata data da Sasha Weitman, *On The Elementary Forms of the Socioerotic Life*, cit. Essa è caratterizzata da: piacevolezza, naturalezza, giocosità, larghezza, piacere di dare, desiderio di bellezza per sé e per l'altro.
2. Robert Woods Kennedy, *Un anno d'amore*, trad. ital. Rizzoli, Milano 1973.
3. Vladimir Nabokov, *Lolita*, trad. ital. Mondadori, Milano 1966, p. 60.
4. *Ibidem*, p. 64.
5. *Ibidem*, p. 80.
6. *Ibidem*, p. 205.
7. Elena Gïanini Belotti, *Amore e pregiudizio*, Mondadori, Milano 1992.
8. *Ibidem*, p. 223.
9. *Ibidem*, p. 225.
10. Marguerite Duras, *L'amante*, trad. ital. Feltrinelli, Milano 1985, p. 50-51.
11. *Ibidem*, p. 89.
12. *Ibidem*, p. 107.
13. *Ibidem*, p. 123.
14. H. F. Peters, *Mia sorella, mia sposa. La vita di Lou Andreas Salomé*, trad. ital. Mondadori, Milano 1979.
15. Vedi Francesco Alberoni, *L'amicizia*, cit.

CAPITOLO OTTAVO

1. Il concetto di *amore passione* è stato introdotto da Stendhal e coincide, in ampia misura, con il nostro concetto di innamoramento.

Stendhal, *Dell'amore*, trad. ital. Garzanti, Milano 1956. Teniamo presente che in francese manca l'espressione innamoramento. Esisteva l'arcaico *s'enamourer* e il sostantivo *enamouration*, ma non sono stati più usati. In inglese c'è l'espressione *to be enamoured of* che vuol dire «sono innamorato di» ma non è di uso corrente. Entrambe le lingue hanno voluto sottolineare non il processo, ma la discontinuità: *tomber amoureux*, *fall in love*. Roland Barthes sosteneva che sarebbe stato opportuno reintrodurre in francese l'espressione *enamouration*. Per lo stesso motivo io ritengo che anche in inglese si dovrebbe potere usare, perlomeno a livello scientifico, *The Nascent State of Love, to be enamoured*, ed *Enamouration*. Ma nessuno finora l'ha fatto.
2. Etienne Gilson, *Eloisa ed Abelardo*, trad. ital. Einaudi, Torino 1950. Maria Teresa Fumagalli Beonio Brocchieri, *Eloisa e Abelardo*, Mondadori, Milano 1984.
3. Denis de Rougemont, *L'amore e l'occidente*, cit., pp. 83-84.
4. Vedi il capitolo *Zarathustra* in Francesco Alberoni, *Genesi*, Garzanti, Milano 1989.
5. Vedi il capitolo *Il misticismo* in Francesco Alberoni, *Genesi*, Garzanti, Milano 1989.

CAPITOLO NONO

1. Sulla gelosia vedi Peter Van Sommers, *La gelosia*, trad. ital. Laterza, Bari 1991.
2. Henri Troyat, *Tolstoj*, trad. ital. Rizzoli, Milano 1969, vol. I, p. 319.
3. Dino Buzzati, *Un amore*, cit., p. 255.
4. Paul Robinson, *Caro Paul*, in AA.VV., *Omosessualità*, trad. ital. Feltrinelli, Milano 1981.
5. Vedi la bella ricerca di Letitia Anne Peplau, dove vengono confrontate coppie omosessuali maschili, femminili e coppie eterosessuali «What Homosexuals Want», «Psychology Today», March 1981. Vedi anche il capitolo *Between Pleasure and Community*, in Steven Seidman, *Romantic Longings*, Routledge, New York 1991.

CAPITOLO DECIMO

1. Francesco Alberoni, *Il volo nuziale,* Garzanti, Milano 1992.
2. Igor A. Caruso, *La separazione degli amanti*, trad. ital. Einaudi, Torino 1988.
3. *Ibidem*, p. 81.
4. *Ibidem*, p. 41.

5. *Ibidem*, pp. 36-37.
6. *Ibidem*, p. 92.
7. Sigmund Freud, *Lutto e melanconia*, *Opere*, vol. VIII, p. 102.
8. John Bowlby, *La separazione dalla madre*, trad. ital. Boringhieri, Torino 1975 e *Costruzione e rottura dei legami affettivi*, trad. ital. Raffaello Cortina, Milano 1982.
9. H. F. Peters, *Mia sorella, mia sposa. La vita di Lou Andreas-Salomé*, cit. p. 203.

CAPITOLO UNDICESIMO

1. Aldo Carotenuto, *Riti e miti della seduzione*, Bompiani, Milano 1994.
2. Francesco Alberoni, *L'erotismo,* Garzanti, Milano 1986, pp. 212-213.
3. Pierre-A. F. Choderlos de Laclos, *Le relazioni pericolose*, trad. ital. Garzanti, Milano 1979.
4. *Ibidem*, p. 171.
5. *Ibidem*, p. 167.
6. Vedi Roland Barthes, *Frammenti di un discorso amoroso*, trad. ital. Einaudi, Torino 1978.
7. Maria Venturi, *L'amore si impara,* Rizzoli, Milano 1988, p. 323.

CAPITOLO DODICESIMO

1. Peter Berger, M. Kellner, «Marriage and the Construction of Reality» in «Diogenes», 46, 1964.
2. Cfr. Francesco Alberoni, *Innamoramento e amore*, Garzanti, Milano 1979.
3. Il *patto* amoroso è il corrispondente della *costituzione* dei grandi movimenti collettivi. La costituzione pone dei limiti insuperabili alla sovranità del gruppo, alla sua violenza totalitaria. È ciò a cui si inchina anche il sovrano.

CAPITOLO TREDICESIMO

1. Vedi sul significato del litigio Murray S. Davis, «Il litigio: meccanismo integrativo di un'intimità in pericolo», «Rassegna Italiana di sociologia», anno XIII, 2, aprile-giugno 1972, pp. 327-339.
2. Marcel Mauss, *Saggio sul dono*, trad. ital. Einaudi, Torino 1960.
3. Le tre tappe che descriviamo sono quelle stesse descritte per primo da Giambattista Vico ne *La scienza nuova*, all'inizio del Settecento

(Rizzoli, Milano 1988.) Vedi anche Rosa Giannetta Alberoni, *Gli esploratori del tempo*, Rizzoli, Milano 1994. Secondo Vico la società passa ciclicamente attraverso tre fasi. La prima è quella degli dei, la seconda degli eroi e la terza degli uomini. Alla prima corrisponde il bisogno, alla seconda la comodità, alla terza il lusso.

4. Vedi Luisa Leonini, *L'identità smarrita*, Il Mulino, Bologna 1988.

CAPITOLO QUATTORDICESIMO

1. Murray S. Davis, *Intimate Relations*, Macmillan, The Free Press, New York 1972, pp. 170-171.
2. Da lettere di Karen Blixen tratte da Pietro Citati, *Ritratti di donne*, Rizzoli, Milano 1992, p. 248.
3. Erica Jong, *Paura dei cinquanta*, trad. ital. Bompiani, Milano 1994, p. 162.
4. *Ibidem,* p. 163.
5. *Ibidem.*
6. Vi è un divertente racconto di Patricia Highsmith, *La fattrice*, in *Piccole storie di misoginia*, trad. ital. La Tartaruga, Milano 1984, pp. 39-49, in cui la donna esprime tutta la sua femminilità nel fare figli, finché il marito non impazzisce.
7. Michel Foucault, *L'uso dei piaceri*, trad. ital. Feltrinelli, Milano 1984.
8. Si tratta di un fenomeno diffuso in tutto il mondo animale, vedi Lynn Margulis Dorion Sagan, *La danza misteriosa,* trad. ital. Mondadori, Milano 1992.

CAPITOLO QUINDICESIMO

1. Ci sono anche tradizioni amorose in cui fedeltà non vuol dire esclusività. Per esempio nelle società poligamiche fra i Sénoufo Nafata della Costa d'Avorio non esiste il matrimonio. Gli uomini, la notte, vanno a visitare delle «amiche». In questo caso la fedeltà ha lo stesso significato dell'amicizia. È fedele chi ritorna, chi non dimentica, chi aiuta. Vedi Andras Zempleni, *L'amie et l'étranger*, in Cécile Wajsbrot, *La fidélité*, Ed. Autrement, Paris 1990, p. 57.
2. Georges Bataille, *L'erotismo,* trad. ital. Sugar, Milano 1967.
3. Vedi Gay Talese, *La donna d'altri,* trad ital. Mondadori, Milano 1980. E Francesco Alberoni, *L'erotismo,* Garzanti, Milano 1986, p. 107 e segg.
4. La forma generale dei cicli amorosi è perciò la seguente:

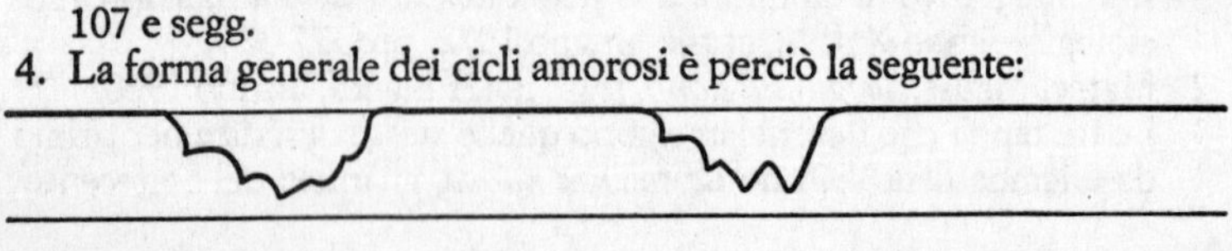

5. Gay Talese, *La donna d'altri,* trad. ital. Mondadori, Milano 1980.
6. Albert Goldman, *Elvis Presley,* trad. ital. Mondadori, Milano 1983. Lo schema della promiscuità assoluta può essere visualizzato dall'illustrazione seguente:

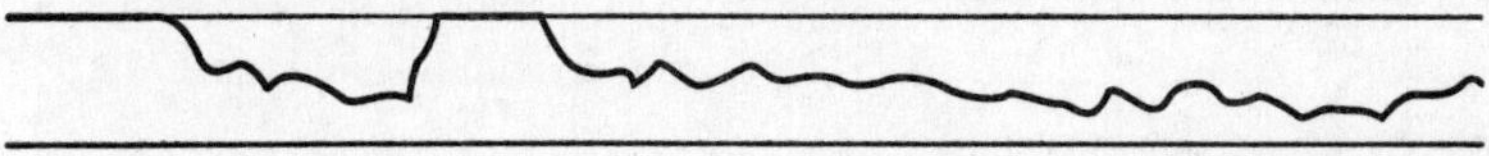

7. Joseph Barry, *George Sand*, trad. ital. Dall'Oglio, Milano 1980.
8. Lo schema degli amori subentranti può essere rappresentato nella illustrazione che segue:

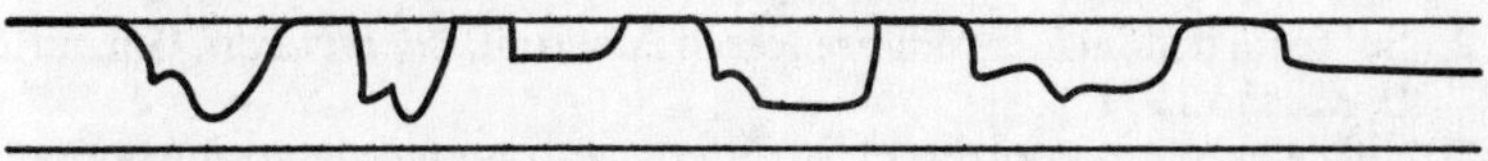

9. Possiamo rappresentare questa modalità con la seguente figura:

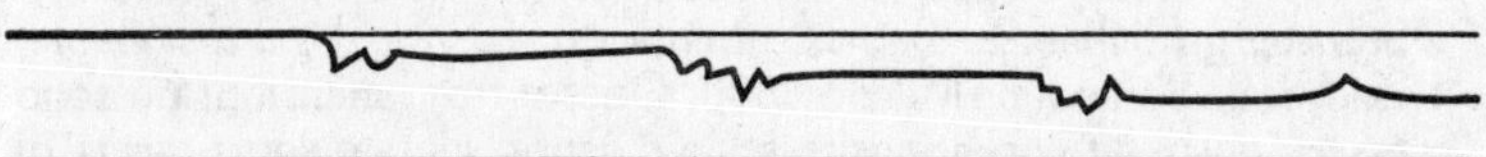

10. In questo caso la forma è rappresentata dalla figura seguente:

11. La forma può essere rappresentata in questo modo:

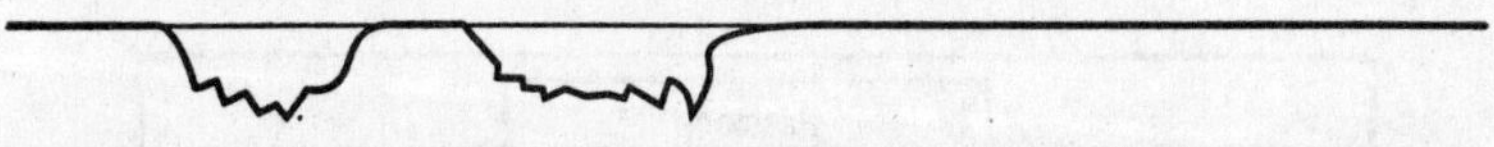

12. Ernest Jones *Vita e opere di Freud*, trad. ital. Il Saggiatore, Milano 1962.

CAPITOLO SEDICESIMO

1. Vedi Helen Fisher, *Anatomia dell'amore,* cit., pp. 52-55.
2. Donata Francescato, *Quando l'amore finisce*, Il Mulino, Bologna 1992, p. 73.
3. *Ibidem*, p.70.
4. Vedi Francesco Alberoni, *Il volo nuziale*, cit. p. 93.
5. Dalma Heyn, *Il silenzio erotico delle mogli,* trad. ital. Frassinelli, Milano, pp. 33 e 81.
6. Jurg Willi, *La collusione di coppia*, trad. ital. Franco Angeli, Milano 1993, p. 179.

7. Henri Troyat, *Tolstoj*, trad. ital. Rizzoli, Milano 1969, vol. I, p. 335.
8. Robert Woods Kennedy, *Un anno d'amore*, trad. ital. Rizzoli, Milano 1973.
9. Rosa Giannetta Alberoni, Guido di Fraia, *Complicità e competizione*, Harlequin Mondadori, Milano 1992.

CAPITOLO DICIASSETTESIMO

1. Per quanto mi consta questo concetto è stato introdotto da Jurg Willi, che vi ha dedicato uno studio intenso. Vedi di questo autore, *Che cosa tiene insieme le coppie*, cit.
2. Sul tema dell'invidia vedi Francesco Alberoni, *Gli invidiosi*, Garzanti, Milano 1991.
3. Sul tema dei rapporti e delle differenze fra amicizia ed innamoramento, vedi Francesco Alberoni, *L'amicizia*, Garzanti, Milano 1984.
4. Robert J. Sternberg, *La triangolazione dell'amore*, in Robert J. Sternberg-Michael L. Barnes, (a cura di), *La psicologia dell'amore*, trad. ital. Bompiani, Milano 1990. Queste tre dimensioni possono essere misurate con apposite scale e rappresentate sotto forma di triangolo. Nella coppia equilibrata esse sono di intensità uguale e il triangolo sarà equilatero. Se invece domina una delle tre dimensioni il triangolo avrà forma appuntita o schiacciata dall'uno o dall'altro lato.
5. Infatti scompare il triangolo. Vedi la figura tratta da Guido di Fraia, *La passione amorosa*, Harlequin Mondadori, Milano 1991, p. 59:

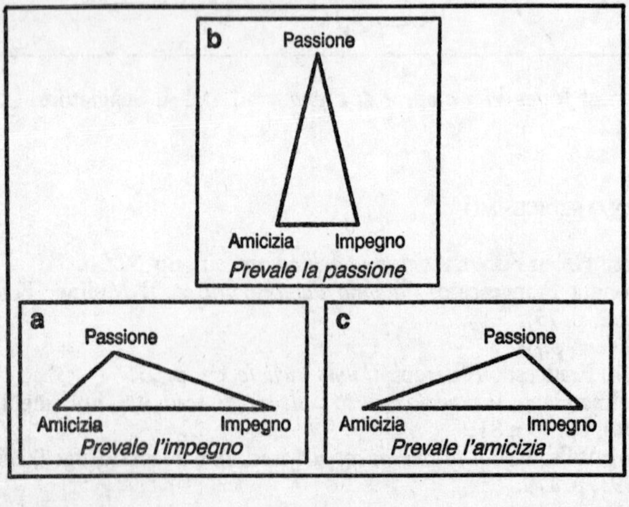

6. Nel campo dello studio delle relazioni intime, ricordiamo l'opera pionieristica di Murray S. Davis, *Intimate Relations*, The Free Press, Macmillan Publishing Co., New York 1973. Per le sue applicazioni alla coppia, vedi Willy Pasini, *Intimità*, Mondadori, Milano 1990.
7. L'autore che ha cercato di dar voce a questo «flusso di coscienza» è stato James Joyce, ne l'*Ulisse*.

CAPITOLO DICIOTTESIMO

1. Studi condotti nei Kibbutz mostrano che su 2769 matrimoni, solo 13 sono avvenuti fra bambini cresciuti insieme. La vita in comune durante l'infanzia e l'adolescenza tende a sviluppare sentimenti di tenerezza e di amicizia, mentre indeboliscono l'attrazione erotica.
2. Guido di Fraia, *La passione amorosa*, Harlequin Mondadori, Milano 1991, pp. 82-83. Le differenze sono illustrate dalla seguente figura:

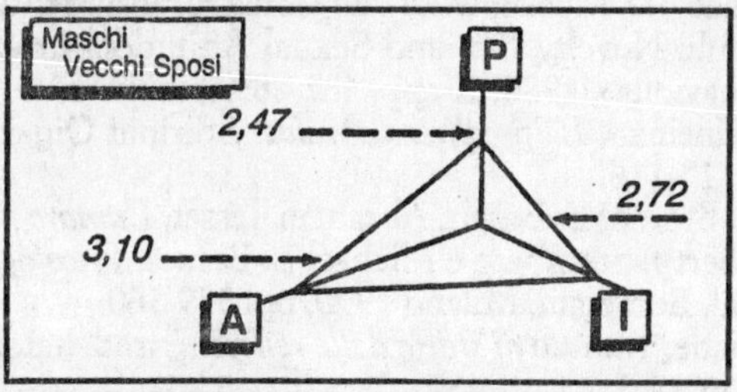

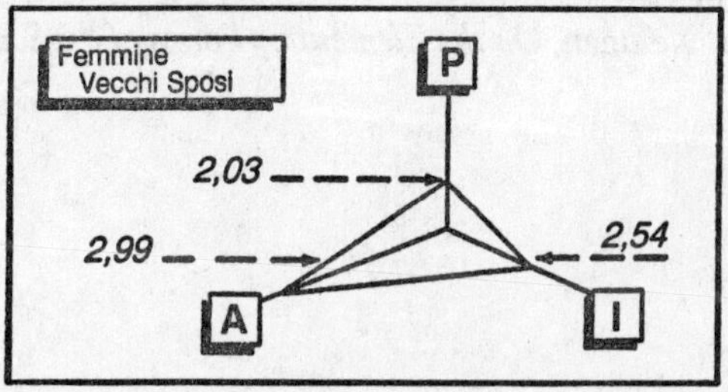

3. Intervista compiuta nell'ambito della ricerca poi pubblicata nel libro di Francesco Alberoni, *Il volo nuziale*, cit.
4. È la tesi sostenuta da Sasha Weitman nel saggio in corso di pubblicazione, *On the Elementary Forms of the Socioerotic Life*, cit.
5. Donata Francescato, *Quando l'amore finisce*, cit., pp. 88-90.
6. Rosa Giannetta Alberoni e Guido di Fraia, *Complicità e competizione*, Arlequin Mondadori, Milano 1992.
7. Eric Berne, *A che gioco giochiamo?*, trad. ital. Il Saggiatore, Milano 1965.

8. AA. VV., *I giochi psicotici nella famiglia,* Raffaello Cortina, Milano 1988.
9. Emil Ludwig, *Goethe*, trad. ital. Mondadori, Milano 1932, pp. 249 e 250.
10. *Ibidem*, p. 251.
11. Pietro Citati, *Goethe*, cit., p. 30.
12. Guglielmo Gatti, *Le donne nella vita e nell'arte di Gabriele D'Annunzio*, Guanda, Milano 1951, p. 281.
13. Rosa Giannetta Alberoni, *Paolo e Francesca*, Rizzoli, Milano 1994, p. 152.
14. George Sand-Alfred de Musset, *Lettere d'amore*, Archinto, Milano 1986.

CAPITOLO VENTESIMO

1. Vedi K. Kelley, D. Musialowsky «Repeated Exposure to Sexually Explicit Stimuli: Novelty, Sex and Sexual Attitudes» in «Archives of Sexual Behaviour», 1986, 15, pp. 487-489.
2. Joseph Heineman, *La preghiera ebraica*, Edizioni Qiqajon, Vicenza 1992, pp. 115-116.
3. Vedi R. H. Steven, E. Beach, Abraham Tesser, *L'amore nel matrimonio*, in Robert J. Sternberg e Michael L. Barnes, *Psicologia dell'amore*, trad. ital. Bompiani, Milano 1990, pp. 359-360.
4. Mircea Eliade, *Trattato di storia delle religioni*, trad. ital. Boringhieri, Torino 1956.
5. Vedi Sasha Weitman, *On the Elementary Forms of the Socioerotic Life*, cit.

INDICE DEI CASI

Casi biografici

Casi clinici di altri autori (per fonte d'autore)

Casi letterari e cinematografici (per opera)

INDICE DEI CONCETTI

INDICE DEI NOMI

Finito di stampare nell'Ottobre 2006 presso
il Nuovo Istituto Italiano d'Arti Grafiche - Bergamo
Printed in Italy

RCS Libri

ISBN 88-17-10784-0